KB271953

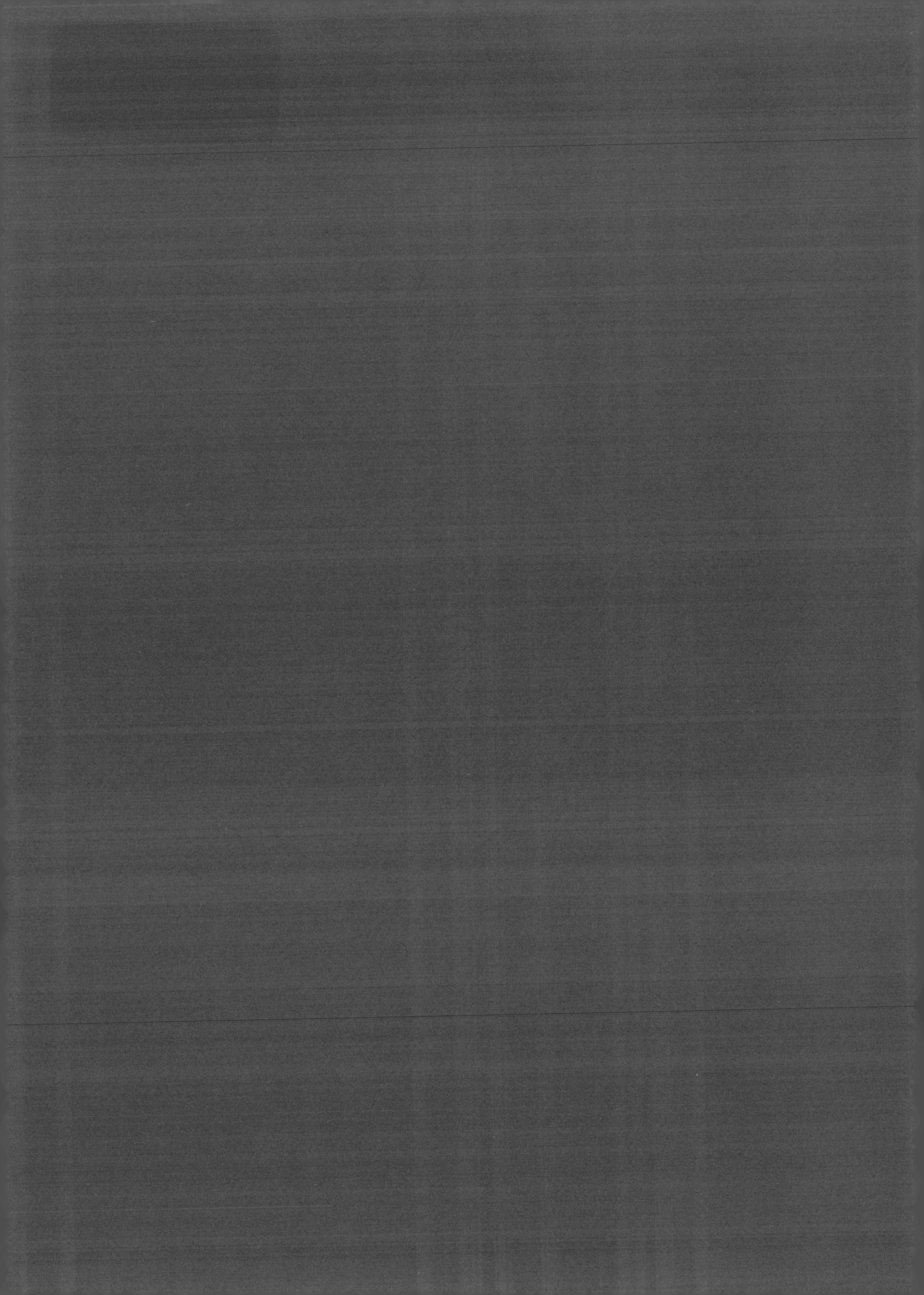

PICK TOPIK II

읽기

한글파크

머리말

　최근 몇 년 동안 TOPIK 시험은 PBT뿐 아니라 IBT 방식이 도입되면서 그 환경이 빠르게 변화하고 있습니다. 특히 TOPIK II [읽기]는 다양한 분야의 주제를 다루며 응시자의 종합적인 독해 능력과 배경지식 활용 능력을 평가하는 방향으로 발전하고 있습니다. 난이도는 회차마다 차이가 있지만, 전반적으로 논리적 사고와 긴 호흡의 독해를 요구하는 문제가 강화되는 추세입니다. 이러한 변화는 학습자가 최신 경향을 정확하게 이해하고 대비하는 것이 매우 중요하다는 점을 보여 줍니다.

　이 책은 가장 최근의 TOPIK II 기출 문제를 면밀하게 분석하여 최신 경향을 100% 반영한 실전형 읽기 대비서입니다. TOPIK II를 처음 준비하는 학습자는 물론 읽기 점수를 집중적으로 향상시키고 싶은 학습자를 위해 듣기와 분리하여 읽기 영역만을 체계적으로 학습할 수 있도록 구성했습니다. 기존에 출제되었던 익숙한 주제뿐만 아니라 실제 시험에서 변별력을 높이는 사회의 변화, 과학 기술, 사람들의 생각과 가치관, 경제 등 다양한 고난도 소재도 적극적으로 포함했습니다. 또한 기출 문제를 바탕으로 자신의 이해도와 취약 유형을 점검할 수 있는 '스스로 확인하기' 항목을 포함하여 능동적이고 효율적인 자기주도 학습이 가능하도록 했습니다. 이후 이어지는 연습문제와 친절한 해설은 혼자 공부하는 학습자도 충분히 따라갈 수 있도록 구성했습니다.

　TOPIK은 학습자가 한국어로 다양한 글을 읽고 핵심 내용을 파악하며 필요한 정보를 정확하게 찾아낼 수 있는지를 평가하는 중요한 시험입니다. 이 교재가 최신 시험 경향을 충실히 반영한 실전형 읽기 대비서로써 여러분이 TOPIK II 읽기 영역을 자신 있게 준비하고 목표하는 성과에 한 걸음 더 가까워지는 데 든든한 도움이 되기를 바랍니다.

여러분의 TOPIK II 합격을 진심으로 응원합니다.

저자 일동

책의 구성 및 활용

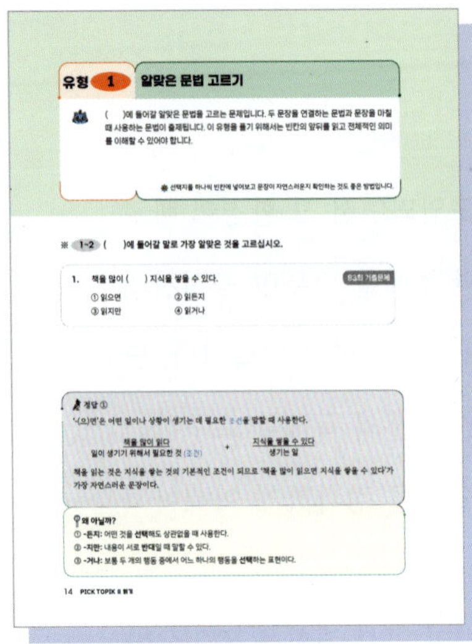

TOPIK II에서 자주 나오는 문제의 유형을 분류하여 문제의 특징과 풀이 방법을 설명하였습니다.

가장 최근의 기출을 바탕으로 각 유형이 실제 시험에서는 어떤 식으로 나오는지 연습합니다. 오답을 함께 확인하며 실수를 예방할 수 있습니다.

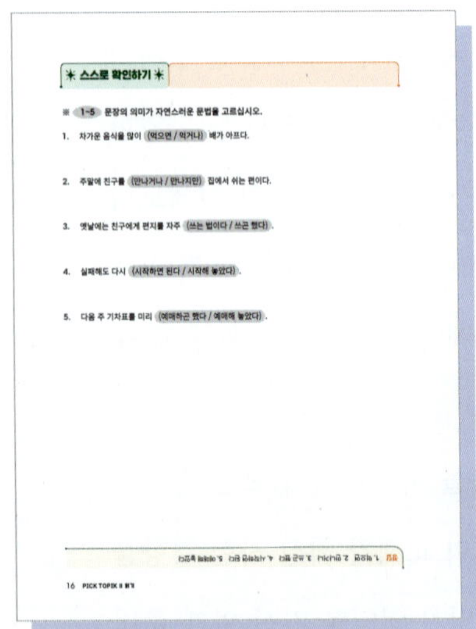

스스로 확인하기

'스스로 확인하기'는 기출 문제의 지문을 바탕으로 문제를 얼마나 이해했는지 직접 확인할 수 있는 단계입니다. 문제를 풀어 보며 자신의 이해도를 확인하고 부족한 부분은 다시 지문으로 돌아가 보완해 보세요.

TIP

각 유형과 관련된 내용을 정리해 두었습니다. 특히 문제를 풀 때 도움이 되는 효과적인 표현이나 문법 포인트를 한눈에 확인할 수 있습니다.

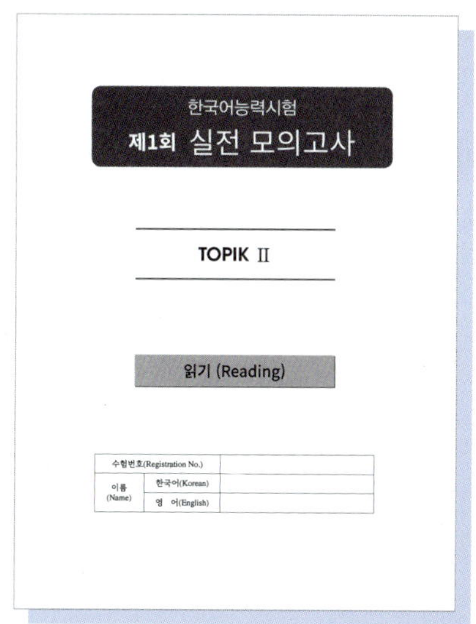

실전 모의고사

실전 모의고사는 실제 시험과 가장 가까운 형태로 구성되어 있어 실전 감각을 익히는 데 매우 효과적입니다. 문제를 풀 때는 실제 TOPIK과 같은 제한 시간을 설정하고 풀어 보세요. 시간 관리 능력을 키울 수 있을 뿐만 아니라 자신의 실제 실력을 객관적으로 점검하는 데 큰 도움이 됩니다.

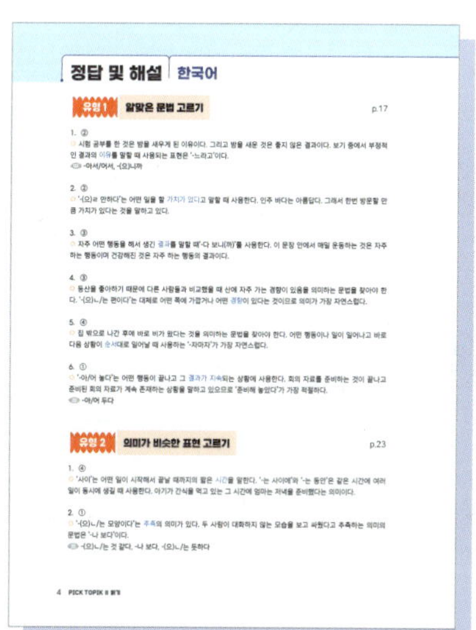

책 속의 책 [해설]

책을 완독한 후에는 해설만 천천히 읽어도 복습과 추가 학습이 가능하도록 꼼꼼하게 설명해 두었습니다. 해설만으로도 또 하나의 책처럼 활용할 수 있습니다.

고득점을 위한 필수 어휘200

고득점 달성을 목표로 하는 학습자를 위한 어휘를 엄선하여 정리해 두었습니다. 고난도 지문을 정복하고 목표 점수를 달성하는 데 필요한 고급 어휘를 집중적으로 학습함으로써 지문의 이해도를 높이고 문제 해결 속도를 향상시킬 수 있습니다.

토픽 II 소개

◆ 한국어능력시험의 목적

- 한국어를 모국어로 하지 않는 재외동포·외국인의 한국어 학습 방향 제시 및 한국어 보급 확대
- 한국어 사용 능력을 측정·평가하여 그 결과를 국내 대학 유학 및 취업 등에 활용

◆ 응시 대상

한국어를 모국어로 하지 않는 재외동포 및 외국인으로서
- 한국어 학습자 및 국내 대학 유학 희망자
- 국내·외 한국 기업체 및 공공기관 취업 희망자
- 외국 학교에 재학 중이거나 졸업한 재외국민

◆ 주관기관

교육부 국립국제교육원

◆ 시험의 수준 및 등급

- 시험의 수준 : TOPIK Ⅰ, TOPIK Ⅱ
- 평가 등급 : 6개 등급(1~6급)

TOPIK Ⅰ		TOPIK Ⅱ			
1급	2급	3급	4급	5급	6급
80점 이상	140점 이상	120점 이상	150점 이상	190점 이상	230점 이상

◆ 시험 시간

구분	교시	영역	시간
TOPIK Ⅰ	1교시	듣기/읽기	100분
TOPIK Ⅱ	1교시	듣기/쓰기	110분
	2교시	읽기	70분

◆ 문항구성

1)수준별 구성

시험 수준	교시	영역/시간	유형	문항수	배점	배점 총계
TOPIK Ⅰ	1교시	듣기(40분)	선택형	30	100	200
		읽기(60분)	선택형	40	100	
TOPIK Ⅱ	1교시	듣기(60분)	선택형	50	100	300
		쓰기(50분)	서답형	4	100	
	2교시	읽기(70분)	선택형	50	100	

2)문제 유형

① 선택형 문항(4지선다형)
② 서답형 문항(쓰기 영역)
• 문장완성형(단답형): 2문항
• 작문형 : 2문항
- 200~300자 정도의 중급 수준 설명문 1문항
- 600~700자 정도의 고급 수준 논술문 1문항

◆ 문제지의 종류

종류	A형	B형
시행 지역	미주, 유럽, 아프리카, 오세아니아	아시아
시행 요일	토요일	일요일

◆ 토픽 읽기 시험 내용

토픽 Ⅱ의 '읽기' 영역은 주어진 글을 읽고 문제를 푸는 것으로 다양한 형식의 문제가 제시된다.
어휘·문법 관련 표현 고르기, 밑줄 친 부분과 의미가 비슷한 것 고르기, 글의 내용을 보고 주제 찾기, 도표 분석하기, 문맥에 따른 글 순서 고르기, 문맥에 알맞은 말 고르기, 적절한 위치에 문장 넣기, 글과 일치하는 내용 고르기 등과 같은 다양한 유형의 문제가 출제된다. 그리고 한 지문을 통해 2~3개의 문제를 제시하기도 한다. 글의 주제로는 사회, 환경, 문화, 과학, 교육, 경제, 문학 등 다양한 분야의 글이 출제되는 편이다.

다양한 주제가 다양한 유형의 문제로 출제되지만 문제를 푸는 데 포인트가 되는 것은 바로 제시된 글의 핵심을 파악하는 것이다. 글의 내용이 무엇인지 파악한다면 어떤 형식의 문제라도 어렵지 않게 풀 수 있다. 따라서 '읽기' 영역을 공부하기 위해서는 최대한 많은 글을 접하고 그 글에서 말하고자 하는 바가 무엇인지 찾아보는 것이 중요하다고 할 수 있다. 그리고 문제에서 '무엇을 묻고자 하는지'를 파악하는 것도 중요하다. 또한 70분 동안 50문제를 풀어야 하기 때문에 읽기 연습을 많이 하지 않은 수험생들에게는 시간이 부족하게 느껴질 수도 있다. 그러므로 틈틈이 짧은 글이라도 많은 글을 읽으면서 어휘와 문법 공부도 병행하며 읽기 능력을 향상시킬 수 있어야 '읽기' 영역에서 높은 점수를 얻을 수 있다.

◆ 등급별 평가 기준

시험수준	평가 기준	평가 기준
TOPIK I	1급	- 자기 소개하기, 물건 사기, 음식 주문하기 등 생존에 필요한 기초적인 언어 기능을 수행할 수 있으며 자기 자신, 가족, 취미, 날씨 등 매우 사적이고 친숙한 화제와 관련된 내용을 이해하고 표현할 수 있다. - 약 800개의 기초 어휘와 기본 문법에 대한 이해를 바탕으로 간단한 문장을 생성할 수 있다. 또한 간단한 생활문과 실용문을 이해하고, 구성할 수 있다.
	2급	- 전화하기, 부탁하기 등의 일상생활에 필요한 기능과 우체국, 은행 등의 공공시설 이용에 필요한 기능을 수행할 수 있다. - 약 1,500~2,000개의 어휘를 이용하여 사적이고 친숙한 화제에 관해 문단 단위로 이해하고 사용할 수 있다. - 공식적 상황과 비공식적 상황에서의 언어를 구분해 사용할 수 있다.
TOPIK II	3급	- 일상생활을 영위하는 데 별 어려움을 느끼지 않으며, 다양한 공공시설의 이용과 사회적 관계 유지에 필요한 기초적 언어 기능을 수행할 수 있다. - 친숙하고 구체적인 소재는 물론, 자신에게 친숙한 사회적 소재를 문단 단위로 표현하거나 이해할 수 있다. - 문어와 구어의 기본적인 특성을 구분해서 이해하고 사용할 수 있다.

TOPIK II	4급	- 공공시설 이용과 사회적 관계 유지에 필요한 언어 기능을 수행할 수 있으며, 일반적인 업무 수행에 필요한 기능을 어느 정도 수행할 수 있다. - '뉴스, 신문 기사' 중 평이한 내용을 이해할 수 있다. 일반적인 사회적·추상적 소재를 비교적 정확하고 유창하게 이해하고 사용할 수 있다. - 자주 사용되는 관용적 표현과 대표적인 한국 문화에 대한 이해를 바탕으로 사회·문화적인 내용을 이해하고 사용할 수 있다.
	5급	- 전문 분야에서의 연구나 업무 수행에 필요한 언어 기능을 어느 정도 수행할 수 있다. - '정치, 경제, 사회, 문화' 전반에 걸쳐 친숙하지 않은 소재에 관해서도 이해하고 사용할 수 있다. - 공식적, 비공식적 맥락과 구어적, 문어적 맥락에 따라 언어를 적절히 구분해 사용할 수 있다.
	6급	- 전문 분야에서의 연구나 업무 수행에 필요한 언어 기능을 비교적 정확하고 유창하게 수행할 수 있다. - '정치, 경제, 사회, 문화' 전반에 걸쳐 친숙하지 않은 주제에 관해서도 이용하고 사용할 수 있다. - 원어민 화자의 수준에는 이르지 못하나 기능 수행이나 의미 표현에는 어려움을 겪지 않는다.

목차

Part 1 유형 분석 1 12

Part

01

유형 분석 1

 (　　)에 들어갈 알맞은 문법을 고르는 문제입니다. 두 문장을 연결하는 문법과 문장을 마칠 때 사용하는 문법이 출제됩니다. 이 유형을 풀기 위해서는 빈칸의 앞뒤를 읽고 전체적인 의미를 이해할 수 있어야 합니다.

🌸 선택지를 하나씩 빈칸에 넣어보고 문장이 자연스러운지 확인하는 것도 좋은 방법입니다.

※ **1~2** (　　)에 들어갈 말로 가장 알맞은 것을 고르십시오.

1. 책을 많이 (　　) 지식을 쌓을 수 있다.　　　　83회 기출문제

① 읽으면　　　　② 읽든지

③ 읽지만　　　　④ 읽거나

🦉 **정답 ①**

'-(으)면'은 어떤 일이나 상황이 생기는 데 필요한 조건을 말할 때 사용한다.

책을 많이 읽다　　　　　　　　　지식을 쌓을 수 있다
일이 생기기 위해서 필요한 것 (조건)　+　　생기는 일

책을 읽는 것은 지식을 쌓는 것의 기본적인 조건이 되므로 '책을 많이 읽으면 지식을 쌓을 수 있다'가 가장 자연스러운 문장이다.

왜 아닐까?

① **-든지**: 어떤 것을 **선택**해도 상관없을 때 사용한다.

② **-지만**: 내용이 서로 **반대**일 때 말할 수 있다.

③ **-거나**: 보통 두 개의 행동 중에서 어느 하나의 행동을 **선택**하는 표현이다.

※ **1~2** (　　)에 들어갈 말로 가장 알맞은 것을 고르십시오.

2. 내일 김밥을 만들려고 재료를 미리 (　　).

① 준비해 놓았다 ② 준비하곤 했다
③ 준비하면 된다 ④ 준비하는 법이다

🐦 정답 ①

'-아/어 놓다'는 어떤 행동이 끝나고 그 결과가 계속되는 상황에 사용한다.

내일 만들 김밥의 재료를 준비했다. ＋ 그래서 지금도 그 재료가 준비되어 있다.
재료 준비 끝! 　　　　준비된 재료가 계속 있는 상황

김밥을 만들기 위한 재료 준비가 끝났고 준비가 완료된 그 상태가 내일까지 계속 유지될 것이라는 뜻의 문장이다. 따라서 '내일 김밥을 만들려고 재료를 미리 **준비해 놓았다**'가 가장 자연스럽다.

🔍 **왜 아닐까?**

② **-곤 했다**: 과거에 **반복했던 행동**을 나타낼 때 사용한다. 그러나 지금은 그 행동을 하지 않는다는 의미도 있다.

③ **-(으)면 되다**: 어떤 행동을 하면 **충분**하거나 문제가 없을 때 쓰는 표현이다.

④ **-(으)ㄴ/는 법이다**: 어떤 일의 결과가 생기는 것이 **당연**하다고 생각할 때 사용한다.

※ **1~5** 문장의 의미가 자연스러운 문법을 고르십시오.

1. 차가운 음식을 많이 (먹으면 / 먹거나) 배가 아프다.

2. 주말에 친구를 (만나거나 / 만나지만) 집에서 쉬는 편이다.

3. 옛날에는 친구에게 편지를 자주 (쓰는 법이다 / 쓰곤 했다).

4. 실패해도 다시 (시작하면 된다 / 시작해 놓았다).

5. 다음 주 기차표를 미리 (예매하곤 했다 / 예매해 놓았다).

※ **1~6** (   )에 들어갈 말로 가장 알맞은 것을 고르십시오. (각 **2점**)

1. 시험 공부를 (   ) 밤을 새웠다.

① 하거나   ② 하느라고   ③ 하자마자   ④ 하고 나서

2. 인주 바다는 아름다워서 한번 (   ).

① 가 본 셈이다   ② 가 볼 만하다   ③ 가 볼 수 있다   ④ 가 본 적이 없다

3. 매일 운동을 (   ) 건강해졌다.

① 하다시피   ② 하더라도   ③ 하다 보니   ④ 하는 데다

4. 나는 등산을 좋아해서 산에 자주 (   ).

① 갈 뻔했다   ② 가는 척한다   ③ 가는 편이다   ④ 갈 리가 없다

5. 집에서 (   ) 비가 오기 시작했다.

① 나가면   ② 나가려고   ③ 나가지만   ④ 나가자마자

6. 회의에 필요한 자료를 미리 (   ).

① 준비해 놓았다   ② 준비해 버렸다   ③ 준비할 것 같다   ④ 준비하고 말았다

분류	문법	예문
결과	-(으)ㄴ 결과	오랫동안 연습한 결과 대회에서 우승했다.
	-(으)ㄴ 끝에	많이 논의한 끝에 계획이 확정되었다.
	-(으)ㄴ 나머지	밤새운 나머지 수업 시간에 졸았다.
	-아/어 놓다	날씨가 더워서 창문을 열어 놓았다.
	-아/어 두다	문을 잠가 두었다.
기회	-는 김에	은행에 온 김에 공과금도 냈다.
	-는 길에	퇴근하는 길에 장을 봤다.
대립	-(으)나	최선을 다했으나 결국 팀이 패배하고 말았다.
	-(으)ㄴ/는데	비가 오는데 우산이 없다.
	-(으)ㄴ/는가 하면	온라인 수업은 장점이 있는가 하면 단점도 있다.
	-되	사용하되 파손에 주의하세요.
목적	-(으)러	사진을 찍으러 공원에 갔다.
	-도록	늦지 않도록 알람을 맞췄다.
	-(으)라고	밤에 잘 자라고 베개를 선물했다.
양보	-(으)ㅁ에도 (불구하고)	열심히 노력함에도 실력향상이 더디다.
	-아/어 봤자	지금 가 봤자 문을 닫았을 것이다.
원인 • 이유	-기 때문에	비가 오기 때문에 야외 수업을 취소했다.
	-(으)니까	약속을 했으니까 꼭 지켜야 한다.
	-아/어 가지고	지갑을 잃어버려 가지고 못 갔어요.
	-(으)ㄴ/는다길래	세일한다길래 백화점에 가 보려고 한다.
	-더니	어제 저녁에 비가 오더니 오늘 아침부터 추워졌다.
	-느라고	청소하느라고 전화를 못 받았다.
	-(으)로 인해	폭우로 인해 도로가 통제되었다.

분류	문법	예문
조건	-(으)면	시간이 되면 모임에 참석할 것이다.
	-거든	오늘 시간이 없거든 내일 하면 된다.
	-아/어야	수험료를 납부해야 접수가 완료된다.
가능성	-(으)ㄹ 만하다	이 영화는 한 번 더 볼 만한 영화다.
	-(으)ㄹ 법하다	그럴 법한 일이다.
	-(으)ㄹ지도 모른다	차가 막혀서 늦을지도 모른다.
	-(으)ㄹ 리(가) 없다	그 사람이 나를 모를 리가 없다.
	-(으)ㄹ 수밖에 없다	이 방법을 선택할 수밖에 없다.
능력	-(으)ㄹ 수 있다/없다	한국어로 설명할 수 있다.
	-(으)ㄹ 줄 알다/모르다	동생은 자전거를 탈 줄 안다.
판단	-(으)ㄴ/는 편이다	매운 음식을 잘 먹는 편이다.
	-(으)ㄴ/는 축에 들다	그는 키가 큰 축에 든다.
	-(으)ㄴ/는 감이 있다	가격이 좀 비싼 감이 있다.
계획	-고자 하다	설비를 늘려 안정적인 공급을 하고자 한다.
	-(으)ㄹ 것이다	올해는 국내 여행을 많이 할 것이다.
	-(으)ㄹ 테다	일이 잘못된다면 내가 책임질 테다.
희망	-고 싶다	언젠가 세계 여행을 하고 싶다.
	-(으)면 하다	조금이라도 쉴 시간이 있으면 한다.
	-았/었으면 좋겠다	내일은 날씨가 맑았으면 좋겠다.
순서	-자마자	집에 오자마자 손을 씻었다.
	-는 대로	도착하는 대로 연락해 주세요.
	-기가 무섭게	종이 울리기가 무섭게 학생들이 나갔다.

유형 2 — 의미가 비슷한 표현 고르기

밑줄 친 부분과 의미가 비슷한 표현을 찾는 문제입니다. 두 문장을 연결하는 문법과 문장을 마칠 때 사용하는 문법이 출제됩니다. 비슷한 문법을 함께 묶어서 공부하는 것이 좋습니다.

🌼 단순히 문법 형태가 비슷하다고 고르기보다는 문장이 전달하는 의미가 같은지를 확인하는 것이 중요합니다.

※ **3~4** 밑줄 친 부분과 의미가 가장 비슷한 것을 고르십시오.

3. 버스를 잘못 <u>타는 바람에</u> 수업에 늦었다.   `96회 기출문제`

① 탄 탓에   ② 타는 김에

③ 탄 반면에   ④ 타는 대신에

🦜 **정답 ①**

'-는 바람에'는 보통 좋지 않은 일이 생긴 이유를 말할 때 사용한다.

버스를 잘못 탔다   +   그래서 수업에 늦었다
좋지 않은 일이 생긴 이유   좋지 않은 결과

따라서 좋지 않은 결과의 원인이나 이유를 나타내는 '-는 탓에' 문법과 바꿔 쓸 수 있다. '버스를 잘못 탄 탓에 수업에 늦었다'가 문제의 문장과 의미가 가장 비슷하다.

💡 **왜 아닐까?**

① **-는 김에**: 어떤 일을 하면서 그 기회에 다른 일도 같이 한다는 의미이다.

② **-(으)ㄴ/는 반면에**: 서로 반대되는 것을 설명한다.

③ **-(으)ㄴ/는 대신에**: 서로 반대되는 것을 설명하거나 처음 계획한 일을 하지 않고 다른 일을 할 때 사용한다.

※ **3~4** 밑줄 친 부분과 의미가 가장 비슷한 것을 고르십시오.

4. 지난 3년 동안 영화를 한 편 봤으니 거의 안 <u>본 셈이다</u>.　　　

　① 본 척했다　　　　　② 보기 나름이다
　③ 볼 수밖에 없었다　　④ 본 거나 마찬가지이다

🐦 **정답 ④**

'-(으)ㄴ/는 셈이다'는 두 상황이 거의 비슷한 결과일 때 사용한다.

　　　　지난 3년 동안 영화를 한 편 봤다　　+　　거의 안 봤다
　　　→ 영화 한 편은 너무 적어서 안 본 것과 차이가 없다

'-(으)ㄴ 거나 마찬가지이다'는 'A와 B는 크게 차이가 없다'는 의미를 가지고 있다. 따라서 '지난 3년 동안 영화를 한 편 봤으니 거의 안 본 거나 마찬가지이다'라고 쓰면 의미가 가장 비슷하다.

🔍 **왜 아닐까?**

① **-(으)ㄴ/는 척하다**: 어떤 행동이나 상태를 거짓으로 꾸미는 것을 나타내는 표현이다.

② **-기 나름이다**: 행동에 따라서 결과가 달라질 수 있다는 뜻이 있다.

③ **-(으)ㄹ 수밖에 없다**: 다른 방법이나 가능성이 없을 때 사용한다.

✦ 스스로 확인하기 ✦

※ **1~5** 문장의 의미가 자연스러운 문법을 고르십시오.

1. 휴대폰이 (고장나는 바람에 / 고장나는 대신에) 중요한 전화를 못 받았다.

2. 서울은 택시의 요금이 (비싼 반면에 / 비싼 김에) 버스는 요금이 싼 편이다.

3. 친구에게 생일 선물을 (사 주는 탓에 / 사 주는 대신에) 저녁을 사 주었다.

4. 오늘은 수업을 듣고 싶지 않아서 (아픈 것과 마찬가지다 / 아픈 척했다).

5. 우산을 잃어버려서 비를 맞고 (갈 수밖에 없었다 / 간 셈이다).

※ **1~6** 밑줄 친 부분과 의미가 가장 비슷한 것을 고르십시오. (각 **2점**)

1. 아이가 간식을 <u>먹는 사이에</u> 엄마는 저녁을 준비했다.

① 먹다가　　　　② 먹어도　　　　③ 먹고 나서　　　　④ 먹는 동안에

2. 두 사람이 이야기하지 않는 것을 보니 <u>싸운 모양이다</u>.

① 싸웠나 보다　　　　② 싸운 척한다　　　　③ 싸우기도 한다　　　　④ 싸운 적이 없다

3. 출근 시간에는 길이 <u>막힐까 봐</u> 일찍 출발한다.

① 막히던데　　　　② 막히더라도　　　　③ 막히는 반면에　　　　④ 막힐 것 같아서

4. 처음 시작하는 일은 누구나 <u>어렵기 마련이다</u>.

① 어려울 것 같다　　　② 어려운 법이다　　　③ 어려운 모양이다　　　④ 어려울지도 모른다

5. 제주도의 바다는 <u>눈부시도록</u> 아름다웠다.

① 눈부시던　　　　② 눈부시게　　　　③ 눈부시다가　　　　④ 눈부시든지

6. 오랫동안 컴퓨터 화면을 보면 눈이 <u>나빠지기 쉽다</u>.

① 나빠지기 십상이다　　　　　　② 나빠질 수도 있다

③ 나빠지기 때문이다　　　　　　④ 나빠질 줄 몰랐다

비슷한 의미의 문법

시간: 순서	나는 언제나 식사를 하고 나서 과일을 먹는다. 나는 언제나 식사를 한 후에 과일을 먹는다. 나는 언제나 식사를 한 다음에 과일을 먹는다.
시간: 동시	내가 전화 통화를 할 때 친구가 커피값을 계산했다. 내가 전화 통화를 하는 동안 친구가 커피값을 계산했다. 내가 전화 통화를 하는 중에 친구가 커피값을 계산했다. 내가 전화 통화를 하는 사이에 친구가 커피값을 계산했다.
경험	공항에서 좋아하는 연예인을 만나 봤다. 공항에서 좋아하는 연예인을 만난 적이 있다.
이유	백화점에서 세일을 해서 여름 옷을 좀 샀다. 백화점에서 세일을 하길래 여름 옷을 좀 샀다. 백화점에서 세일을 하기에 여름 옷을 좀 샀다.
이유: 부정	약을 안 먹는 바람에 기침이 더 심해졌다. 약을 안 먹은 탓에 기침이 더 심해졌다. 약을 안 먹은 통에 기침이 더 심해졌다.
결과	공항에 10분 늦게 도착했더니 비행기가 떠나 버렸다. 공항에 10분 늦게 도착했더니 비행기가 떠나고 말았다.
행동: 순서	회의가 끝나자마자 전화드리겠습니다. 회의가 끝나는 대로 전화드리겠습니다.
당연	봄이 오면 꽃이 피는 법이다. 봄이 오면 꽃이 피기 마련이다.
한정	나이는 숫자일 뿐이다. 나이는 숫자에 불과하다.
추측	사람들이 우산을 쓰고 있는 것을 보니 비가 오는 것 같다. 사람들이 우산을 쓰고 있는 것을 보니 비가 오는 모양이다. 사람들이 우산을 쓰고 있는 것을 보니 비가 오나 보다. 사람들이 우산을 쓰고 있는 것을 보니 비가 오는 듯하다.
가능성	계획 없는 쇼핑을 하면 돈을 많이 쓰기 쉽다. 계획 없는 쇼핑을 하면 돈을 많이 쓰기 십상이다.

유사	겨울이 지나면 봄이 오듯이 힘든 시간이 지나면 좋은 일이 생길 것이다.
	겨울이 지나면 봄이 오다시피 힘든 시간이 지나면 좋은 일이 생길 것이다.
	일주일 뒤면 방학이니까 학기가 거의 끝난 셈이다.
	일주일 뒤면 방학이니까 학기가 거의 끝난 거나 마찬가지다.
대립	이 식당은 비싸지만 음식이 맛있어서 자주 방문한다.
	이 식당은 비싼 반면에 음식이 맛있어서 자주 방문한다.
	이 식당은 비싼 대신에 음식이 맛있어서 자주 방문한다.
	이 식당은 비싸기는 하지만 음식이 맛있어서 자주 방문한다.
상태: 지속	청소하는 동안 창문을 열어 두세요.
	청소하는 동안 창문을 열어 놓으세요.
추가	지금 살고 있는 집은 회사와 가까운 데다가 월세도 싸서 마음에 든다.
	지금 살고 있는 집은 회사와 가까울 뿐만 아니라 월세도 싸서 마음에 든다.
목적	한국 문화를 직접 경험하려고 한국에 왔다.
	한국 문화를 직접 경험하고자 한국에 왔다.
	한국 문화를 직접 경험하기 위해서 한국에 왔다.
조건	비가 오면 등산 모임은 취소될 것이다.
	비가 온다면 등산 모임은 취소될 것이다.
	비가 오는 한 등산 모임은 취소될 것이다.
	친구와의 우정은 서로가 노력하기 나름이다.
	친구와의 우정은 서로가 노력하기에 달려있다.
정도	야구를 보면서 목이 쉴 정도로 응원했는데 결국 우리 팀이 졌다.
	야구를 보면서 목이 쉬도록 응원했는데 결국 우리 팀이 졌다.
	야구를 보면서 목이 쉬게 응원했는데 결국 우리 팀이 졌다.
양보	그 모임에는 늦어도 꼭 참석해야 한다.
	그 모임에는 늦더라도 꼭 참석해야 한다.
	그 모임에는 늦을지라도 꼭 참석해야 한다.
계획	최근에 계속 야근을 해서 이번 주말에는 집에서 쉬기로 했다.
	최근에 계속 야근을 해서 이번 주말에는 집에서 쉬려고 한다.
	최근에 계속 야근을 해서 이번 주말에는 집에서 쉴까 한다.

 짧은 글을 읽고 무엇에 대해서 이야기하는지 찾는 문제입니다. 주로 5번 문제는 '제품', 6번은 '장소'를 광고하는 글이 출제됩니다. 또한 7번은 '공익 광고', 8번은 '설명문'이나 '안내문' 형식의 문제가 나오는 편입니다. 문장에서 서로 관련이 있는 표현을 찾아 무엇에 대한 글인지 찾아보세요. 이 유형을 쉽게 풀기 위해 어휘를 주제별로 공부할 필요가 있습니다.

※ 5~8 다음은 무엇에 대한 글인지 고르십시오.

5.   `96회 기출문제`

> 덮자마자 꿈나라로~
> 아침까지 포근하고 따뜻하게!

① 장갑   ② 이불   ③ 화장품   ④ 손수건

🦉 정답 ②

꿈은 '잠'과 관련이 있다. 잠을 자면서 '덮는 것', 덮었을 때 '포근하고 따뜻한 것'을 찾아야 한다. 잠과 관련되고 몸에 덮을 수 있는 물건은 '이불'이다.

🎏 관련 어휘: 꿈, 덮다, 포근하다, 따뜻하다

※ **1~5** 주제와 관련된 표현을 찾으십시오.

1. 칫솔 •

2. 운동화 •

3. 에어컨 •

4. 우유 •

5. 침대 •

• (ㄱ) 바람, 더위, 시원하다

• (ㄴ) 잠, 자다, 눕다, 편안하다

• (ㄷ) 발, 신다, 걷다, 뛰다, 편하다, 가볍다

• (ㄹ) 입속, 치아, 깨끗하다, 닦다

• (ㅁ) 아침, 영양소, 신선하다

8.

① 식사를 원하는 날짜와 시간, 인원수를 선택하십시오.

② 연락 받을 분의 성함과 연락처를 입력하십시오.

① 예약 방법　　　② 일정 문의　　　③ 이용 후기　　　④ 제품 소개

🐦 **정답 ①**

식사를 하기 위해서 '날짜와 시간, 인원수'와 같은 정보가 필요한 상황은 식당을 예약을 할 때이다. ❶, ❷와 같이 순서가 쓰여 있으므로 '예약 방법'을 설명하고 있다는 것을 알 수 있다.

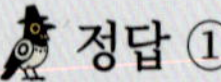 **관련 어휘: 식사, 날짜, 시간, 인원수**

※ **1~10** 주제와 관련된 표현을 찾으십시오.

1. 건강 관리 •

2. 생활 예절 •

3. 환경 보호 •

4. 화재 예방 •

5. 교통 안전 •

6. 관람 규칙 •

7. 안전 규칙 •

8. 접수 방법 •

9. 주의 사항 •

10. 배달 안내 •

• (ㄱ) 산, 강, 지키다, 쓰레기, 버리다

• (ㄴ) 운동, 몸, 챙기다, 실천하다

• (ㄷ) 어린이, 학교, 속도, 길, 지키다

• (ㄹ) 등산, 담배, 라이터, 불씨, 꺼지다

• (ㅁ) 이웃, 인사, 배려하다, 따뜻하다

• (ㅂ) 기한, 관련 서류, 이메일, 보내다

• (ㅅ) 하십시오, 하지 마십시오, 안 됩니다

• (ㅇ) 사진 촬영 금지, 휴대폰 전원, 음식물

• (ㅈ) 주문, 가져다주다, 구매 금액, 무료

• (ㅊ) 보호, 확인, 안내

정답 1.(ㄴ) 2.(ㅁ) 3.(ㄱ) 4.(ㄹ) 5.(ㄷ) 6.(ㅇ) 7.(ㅅ) 8.(ㅂ) 9.(ㅈ) 10.(ㅊ)

※ **1~12** 다음은 무엇에 대한 글인지 고르십시오.(2점)

1.

보이지 않는 먼지까지 싹 ~
당신의 집에 깨끗함을 드립니다.

① 침대　　　② 청소기　　　③ 냉장고　　　④ 선풍기

2.

과거가 숨 쉬는 곳!
역사를 직접 만나 보세요.

① 공원　　　② 병원　　　③ 우체국　　　④ 박물관

3.

사람이 없는 방, 불을 꺼 주세요.
작은 습관이 지구를 지킵니다.

① 경제 활동　　　② 화재 예방　　　③ 안전 운전　　　④ 에너지 절약

4.

1) 제품명과 오류 현상을 써 주십시오.
2) 사진이나 영상을 첨부하면 더욱 정확한 처리가 가능합니다.

① 고장 접수　　　② 구입 안내　　　③ 이용 후기　　　④ 설치 방법

5.

무게는 가볍게! 작업 속도는 빠르게!
어디든 당신의 사무실이 됩니다.

① 신발　　　② 시계　　　③ 노트북　　　④ 세탁기

6.

새로운 나를 만나는 곳
스타일은 머리부터 시작됩니다.

① 공항　　　② 병원　　　③ 미용실　　　④ 사진관

7.

함께 사는 우리 아파트!
나에게 작은 소리가 누군가에게는 큰 소음이 됩니다.

① 전기 절약　　　② 이웃 배려　　　③ 범죄 예방　　　④ 봉사 활동

8.

개봉 후에는 냉장 보관해야 합니다.
유통기한이 지난 상품은 드시지 마십시오.

① 주의 사항　　　② 재료 안내　　　③ 교환 방법　　　④ 이용 후기

9.

풍성한 거품으로 뽀득뽀득 ~
씻는 순간 깨끗함이 느껴집니다.

① 안경　　　② 거울　　　③ 수건　　　④ 비누

10.

소설부터 만화까지!
당신이 찾는 모든 지식이 있는 곳

① 서점　　　② 꽃집　　　③ 식당　　　④ 은행

11.

올라가는 기온, 건강을 지키세요!
충분한 물! 햇빛 없는 그늘에서 휴식!

① 봉사 활동　　　② 폭염 예방　　　③ 직업 활동　　　④ 생활 예절

12.

⚠ 해당 상품은 현재 일시 품절 상태입니다.
⚠ 7월 16일 금요일부터 정상적으로 구매하실 수 있습니다.

① 배달 안내　　　② 제품 설명　　　③ 판매 안내　　　④ 예약 방법

관련 단어를 함께 공부하면 글의 주제를 더 쉽게 찾을 수 있습니다. 주제와 연결되는 단어를 스스로 떠올리는 연습도 해 보세요.

1. 제품

비누	거품, 풍성하다, 녹다, 깨끗하다, 상쾌하다	&
장갑	손, 겨울, 끼다, 벗다, 따뜻하다, 방수, 두껍다, 얇다	&
이불	잠, 자다, 덮다, 포근하다, 따뜻하다, 가볍다	&
수건	얼굴, 세수, 땀, 닦다, 물, 흡수, 깨끗하다, 부드럽다	&
안경	눈, 나쁘다, 보다, 쓰다, 벗다, 가볍다, 차단	&
청소기	강력한 모터, 돌리다, 조용하다, 깨끗하다, 무선, 먼지	&
냉장고	채소, 얼음, 신선하다, 보관하다	&
세탁기	옷, 빨래, 얼룩, 더럽다, 깨끗하다	&
노트북	성능, 기능, 뛰어나다, 배터리, 가볍다, 빠르다	&
화장품	피부, 성분, 바르다, 깨끗하다, 촉촉하다, 자극이 없다	&

2. 장소

병원	의사, 아프다, 치료하다, 건강, 회복하다	&
은행	돈, 통장, 모으다, 환전하다	&
여행사	예약하다, 항공권, 숙소, 일정, 패키지	&
체육관	운동하다, 건강, 전문적인 강사, 넓다, 등록하다	&
서점	책, 독서, 지식, 소설	&
빨래방	이불, 옷, 깨끗하다, 건조, 세탁	&
사진관	카메라, 찍다, 추억, 예쁘다, 한 장	&
유치원	아이, 꿈, 희망, 배우다, 선생님, 안전하다, 부모의 마음	&
우체국	편지, 소포, 택배, 보내다, 신속하다, 부치다	&

공원	꽃, 나무, 산책하다, 휴식, 자연	&
식당	매운, 담백한, 깔끔한, 예약하다, 주문하다, 계산하다	&
꽃집	싱싱하다, 향기, 한 송이, 기념일, 선물, 꽃다발, 주문하다	&

3. 공익 광고

이웃 사랑	나누다, 배려하다, 친절, 따뜻하다	&
전기 절약	전등, 낭비, 끄다, 전자기기, 효율, 환경 보호, 에너지	&
전화 예절	인사, 여보세요, 늦은 시간, (전화를) 걸다, 받다, 끊다	&
절약 습관	아끼다, 낭비, 돈, 전기, 에너지, 실천, 알뜰하다	&
봉사 활동	사랑, 돕다, 나누다, 기부, 어려운 이웃, 따뜻하다	&
안전 운전	신호, 과속, 교통 사고, 음주 운전, 도로, 위험, 안전벨트, 속도, 조심하다	&

4. 안내문

교환 안내	기한, 한 달 이내, 영수증, 접수하다, 가능하다, 배송비	&
구입 문의	주문하다, 가격, 제품명, 재고, 한정, 고객 센터	&
이용 후기	만족/불만족, 친절하다, 추천하다, 마음에 들다	&
제품 소개	새로운, 최신, 인기, 특징, 장점, 기능, 혜택, 이벤트, 알맞다, 편리하다	&
예약 방법	당일, 방문, 홈페이지, 변경, 무료 취소, 수수료, 성명, 연락처, 원하는 날짜	&
상품 안내	가격, 크기, 색상, 특장, 장점, 효과, 품질, 보증, 출시하다	&
사용 순서	방법, 절차, 먼저, 다음, 마지막, 누르다	&
사원 모집	채용, 조건, 경력, 신입, 근무 시간, 접수, 서류, 면접	&
재료 안내	준비하다, 필요하다, 포함하다, 신선하다, 넣다, 들어 있다	&
이용 안내	운영하다, 시간, 장소, 요금, 예약, 주의하다	&

유형 **4** 그림과 같은 내용 고르기

안내문과 그래프를 분석하여 내용과 같은 것을 고르는 문제입니다. 이 유형을 풀기 위해서는 제목과 무엇에 관한 글인지 먼저 확인해야 합니다. 대체로 완성된 문장이 아닌 단어로 정보가 제시되므로 꼼꼼히 확인하고 내용을 문장으로 풀어서 이해해야 합니다. 그래프 문제에서는 자주 나오는 어휘와 표현을 알고 있으면 문제를 풀기 쉽습니다.

❉ 선택지를 먼저 읽고 글과 그래프에서 내용을 찾으면 더 빠르게 풀 수 있습니다.

※ **9~12** 다음 글 또는 그래프의 내용과 같은 것을 고르십시오.

9.

① 결과는 이메일로 알려 준다.
② 11월 29일까지 신청서를 내야 한다.
③ 신청서는 홈페이지에서 내려받을 수 있다.
④ 노래하는 영상은 직접 가서 제출해야 한다.

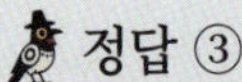 정답 ③　　　　신청서는 홈페이지에서 내려받을 수 있다.

◆ 제3회 인주시 영상 노래 대회 ◆

제출 방법 : 노래하는 영상과 신청서를 이메일(norae@inju.go.kr)로 전송
※ 신청서는 인주시청 홈페이지 게시판에서 다운로드 가능

제출 기간 : 2024년 11월 1일(금)~15일(금)　　　결과 발표 : 11월 29일(금), 인주시청 홈페이지 게시

왜 아닐까?

① 결과는 이메일로 알려 준다. (X)

→ 홈페이지에서 확인할 수 있다.

② 11월 29일까지 신청서를 내야 한다. (X)

→ 11월 29일은 결과 발표날이다. 신청서는 11월 15일까지 제출해야 한다.

④ 노래하는 영상은 직접 가서 제출해야 한다. (X)

→ 이메일로 전송해야 한다.

※ **1~2** 앞의 안내문을 읽고 빈칸에 알맞은 말을 쓰십시오.

1.

1) 제목		2) 안내 기관	
3) 목적			

2.

　제3회 __________에 참가하려면 __________을/를 __________(으)로 보내야 합니다. 제출 기간은 2024년 __________부터 __________까지입니다. 신청서는 __________에서 다운로드할 수 있습니다. 결과 발표는 __________에 __________에서 확인할 수 있습니다.

※ **9~12** 다음 글 또는 그래프의 내용과 같은 것을 고르십시오.

10.

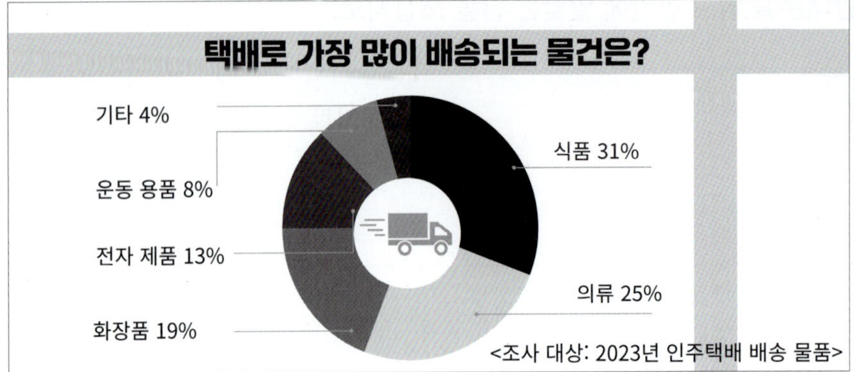

① 택배로 배송되는 물건 중 의류가 가장 많다.
② 택배로 화장품이 배송되는 비율이 식품보다 낮다.
③ 택배로 운동 용품이 배송되는 비율은 10%가 넘는다.
④ 택배로 전자 제품이 배송되는 비율이 두 번째로 높다.

정답 ② **택배로 화장품이 배송되는 비율이 식품보다 낮다.**

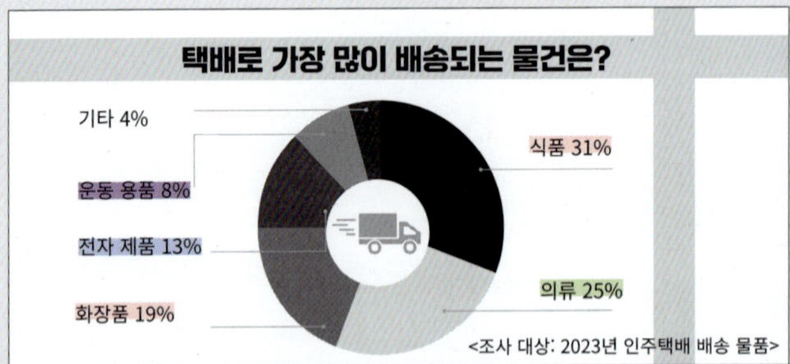

왜 아닐까?

① 택배로 배송되는 물건 중 의류가 가장 많다. **(X)**
→ 의류는 25%로 식품 31% 다음으로 두 번째로 배송이 많다.

③ 택배로 운동 용품이 배송되는 비율은 10%가 넘는다. **(X)**
→ 운동 용품은 8%로 배송 비율이 10%를 넘지 않는다.

④ 택배로 전자 제품이 배송되는 비율이 두 번째로 높다. **(X)**
→ 전자 제품은 13%로 배송 비율이 네 번째로 높다.

※ **1~2** 앞의 그래프을 보고 빈칸에 알맞은 말을 쓰십시오.

1.

1) 제목		2) 대상	

2.

　이 그래프는 ________의 비율을 보여 준다. 조사 결과 ________이/가 ________%로 가장 많이 배송되었고, 그 다음으로 ________이/가 ________%를 차지했다. ________와/과 전자 제품도 각각 19%와 ________%로 높은 비율을 보였다. 반면 ________은/는 ________%, 기타 물품은 4%로 낮은 비율을 차지했다. 이를 통해 택배를 통한 소비가 생활 필수품과 관련된 품목에서 활발하다는 것을 알 수 있다.

※ **1~8** 다음 글 또는 그래프의 내용과 같은 것을 고르십시오. (각 **2점**)

1.

 **꽃길 만들기 자원봉사자 모집** 

봉사 시간 오전 10시 ~ 오후 4시 (점심시간 포함)

신청 기간 2026년 4월 1일 (수) ~ 4월 7일(화)

신청 방법 이메일(kkot-gil@inju.go.kr) 또는 인주주민센터 방문 신청

활동 혜택 기념품 및 점심 제공

※ 기념품으로 티셔츠와 모자를 드립니다.

① 이메일과 방문 신청 모두 가능하다.
② 점심시간은 봉사 시간에서 제외된다.
③ 점심은 참가자가 직접 준비해야 한다.
④ 봉사자는 티셔츠와 모자를 사야 한다.

2.

 ⚠ **인주도서관 휴관 안내** ⚠ 

휴관 기간: 2026년 3월 2일(월) ~ 3월 20일(금)

휴관 사유: 자료실 바닥 교체 및 휴게 공간 확대

휴관 대상: 도서관 시설 전체

※ 휴관 기간에는 도서 대출 및 반납이 중단됩니다.
※ 휴관 기간은 공사 진행 상황에 따라 변동될 수 있습니다.
※ 재개관일은 홈페이지 별도 안내

① 도서관의 바닥 전체를 교체한다.
② 휴관 기간에도 책을 빌릴 수 있다.
③ 쉴 수 있는 장소를 더 크게 만들려고 한다.
④ 재개관일은 1층 게시판에 안내될 예정이다.

3.

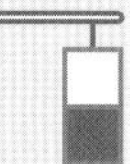

달빛에 잠긴 궁궐, 별빛에 물든 시간

경복궁 야간 관람

행사 기간: 2026년 5월 7일(목) ~ 6월 14일(일) ※ 월·화요일 휴무
관람 시간: 오후 7시 ~ 9시 30분 (입장 마감 8시 30분)
요금: 3,000원
온라인 예매: 2026년 4월 30일 오전 10시부터 가능
현장 구매: 외국인 대상, 하루 300매 한정

※ 만 6세 이하·65세 이상·한복 착용자는 매표소에서
　무료 입장권을 받을 수 있습니다.

① 오후 8시 30분부터 입장이 가능하다.
② 현장에서는 외국인만 표를 살 수 있다.
③ 야간 관람 행사에는 무료 관람 혜택이 없다.
④ 4월 30일부터 저녁에도 경복궁을 구경할 수 있다.

4.

 정전 안내 

전기 사고 예방을 위한 안전 검사를 실시합니다.
일시: 2026년 10월 29일(수), 오전 10시 ~ 오후 1시

• 안전 검사 중에는 승강기 운행이 중단됩니다.
• 정전 동안 수도 사용이 불가능합니다. 필요한 물은 미리 받아 놓으시기 바랍니다.
• 검사 상황에 따라 종료 시간이 변경될 수 있습니다.

불편하게 해 드려 죄송합니다.

- 인주마을 3단지 관리사무소 -

① 검사 시간은 변경되지 않을 예정이다.
② 정전 동안에는 승강기를 사용할 수 없다.
③ 정전은 10월 29일 오후 1시부터 시작된다.
④ 정전 중에는 수도를 정상적으로 사용할 수 있다.

5.

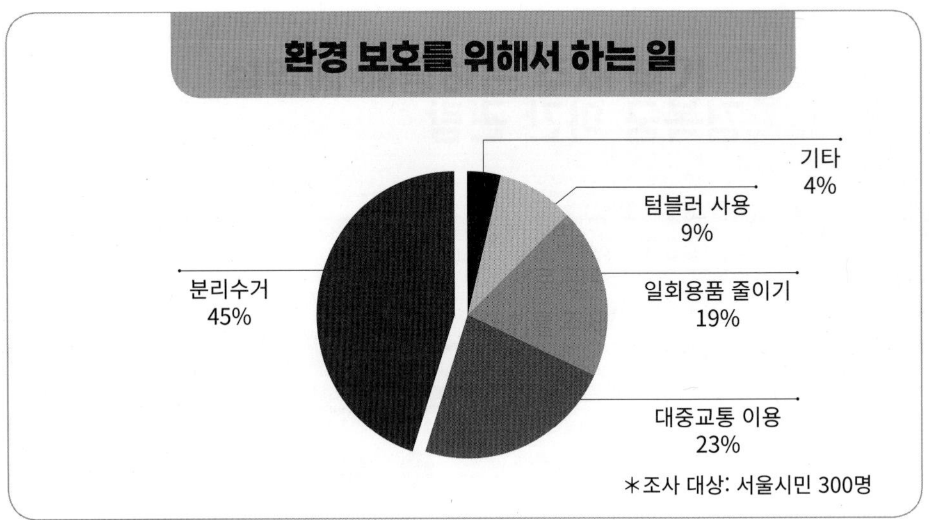

① 일회용품을 적게 사용하려고 하는 사람은 20%가 넘는다.
② 환경보호를 위해 텀블러를 사용하는 비율이 세 번째로 높다.
③ 서울시민들이 가장 많이 실천하는 방법은 대중교통 이용이다.
④ 환경보호를 위해 분리수거를 하는 사람이 전체의 절반에 가깝다.

6.

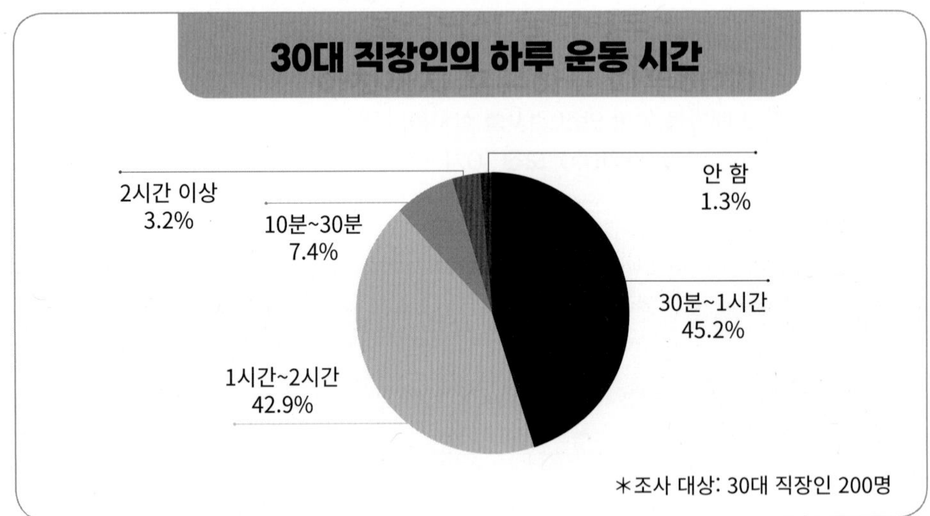

① 1~2시간 정도 운동하는 직장인의 비율이 가장 높다.
② 1시간 넘게 운동하는 직장인의 비율은 50% 이상이다.
③ 30분보다 적게 운동하는 직장인의 비율은 10%를 넘는다.
④ 운동하는 직장인보다 운동을 안 하는 직장인의 비율이 낮다.

7.

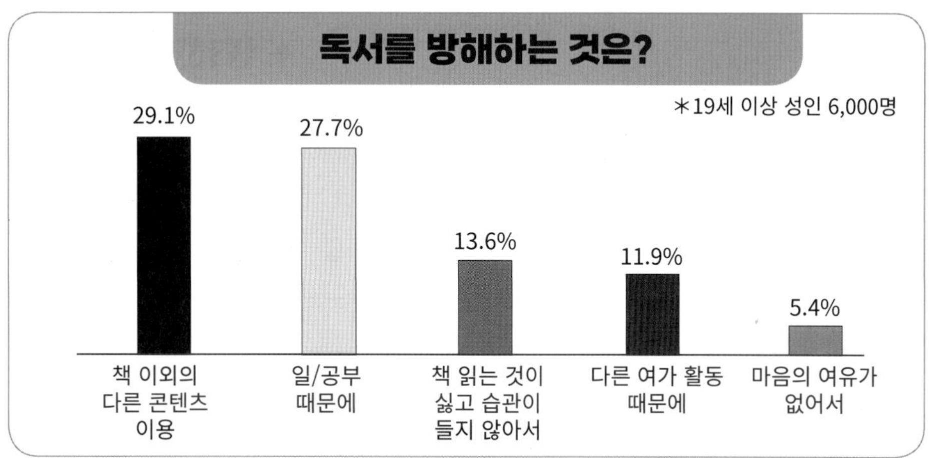

① 다른 여가 활동 때문에 시간이 없다는 응답이 20%를 넘었다.

② 책을 읽는 것이 싫고 습관이 되지 않는다는 응답이 가장 많았다.

③ 습관 문제가 마음의 여유가 없다는 응답보다 두 배 이상 높았다.

④ 일과 공부 때문에 시간이 없다는 응답이 전체의 절반 이상을 차지했다.

8.

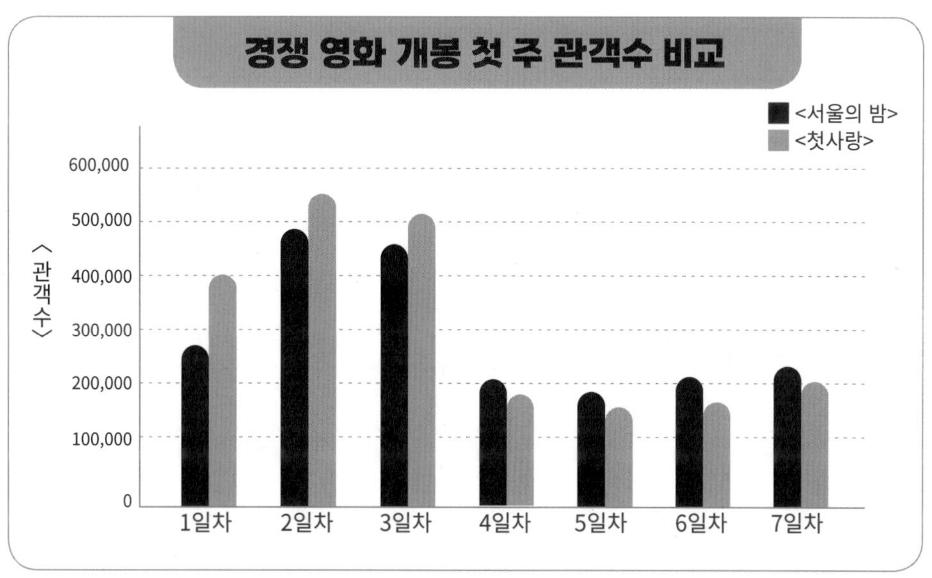

① 두 영화 모두 2일차부터 관객이 급감했다.

② 개봉 4일차부터 ＜첫사랑＞을 본 관객이 더 많아졌다.

③ 1일차에 ＜서울의 밤＞을 본 관객은 30만 명에 못 미쳤다.

④ 두 영화의 관객 수가 줄어들다가 4일차부터 다시 증가했다.

📖 <읽기>에서 그래프 문제는 어렵지 않지만 자주 쓰이는 표현을 알면 풀기가 훨씬 쉬워집니다. 또한 이런 표현은 TOPIK 쓰기 시험에서 자료를 분석하고 설명할 때도 유용하게 활용할 수 있습니다.

1 증가하다 vs 감소하다

늘다 / 늘어나다	줄다 / 줄어들다
많아지다	적어지다
커지다	작아지다
상승하다	하락하다
확대되다	축소되다
인상되다	인하되다
급증하다	급감하다
꾸준히 오르다	꾸준히 내려가다
점차 증가하다	점차 감소하다
최고치를 기록하다	최저치를 기록하다
상승세를 보이다	하락세를 보이다

2 그래프 읽기

을/를 차지하다	전체에서 어느 정도의 비중을 차지하는지 설명 💬 영화 감상이 취미인 사람이 전체의 30%를 차지했다.
에 불과하다 / 그치다	기대보다 수치가 낮거나 적음을 나타낼 때 사용 💬 물건 구매 시 현금을 사용하는 사람은 5%에 불과했다.
에 비해서 / 보다	비교 표현 💬 학원비 사용은 교통비보다 두 배 더 많았다.
순으로 나타나다	순위를 나열할 때 사용 💬 받고 싶은 선물이 카메라, 휴대폰, 현금 순으로 나타났다.

3 원그래프

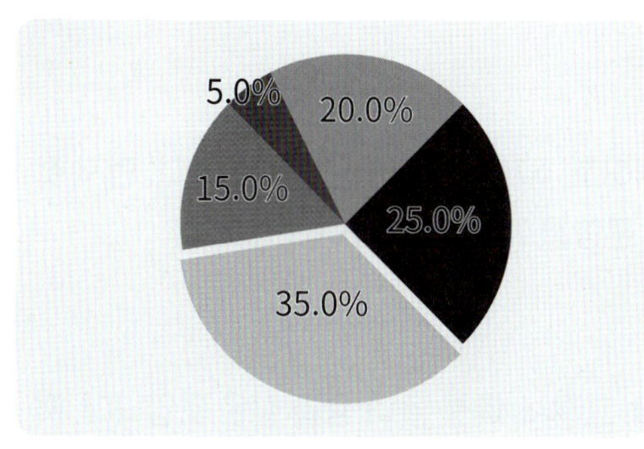

💬 A가 전체의 ○○%를 차지한다
💬 A의 비중이 가장 크다 / 가장 작다
💬 A는 전체에서 절반 이상을 차지한다
💬 A는 전체의 ○○분의 1 수준이다
💬 A와 B의 비율 차이가 뚜렷하다
💬 전체의 비율이 고르게 분포되어 있다

4 막대그래프

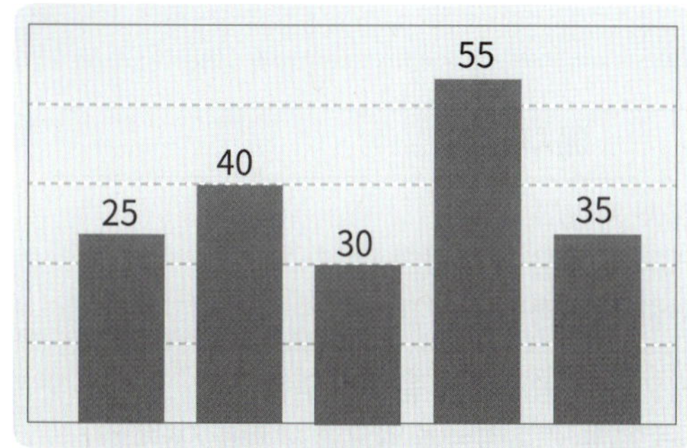

💬 A가 가장 높다 / 가장 낮다
💬 A가 다른 항목보다 두드러진다
💬 A와 B의 차이가 뚜렷하다
💬 A에 비해 B가 많다 / 적다
💬 A와 B는 큰 차이를 보이지 않는다
💬 A와 B의 비율이 비슷하다

5 꺾은선그래프

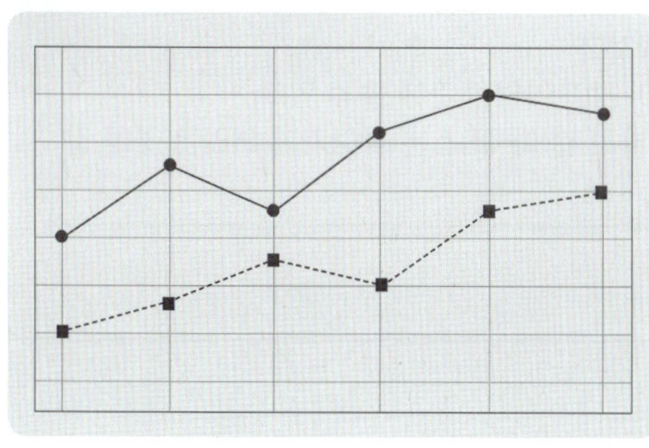

💬 A는 꾸준히 증가하고 있다
💬 A가 점차 감소하는 추세를 보인다
💬 A는 일정 기간 동안 변화가 없다
💬 A가 급격히 상승하다 / 급격히 하락하다
💬 최고점 / 최저점을 기록하다
💬 변동이 심하다 / 안정적이다
💬 상승세 / 하락세를 이어가고 있다

유형 5 순서대로 배열하기

네 개의 문장을 순서에 맞게 배열하여 자연스러운 글을 만드는 문제입니다.

✶ 첫 문장 찾기

첫 문장은 지시어와 연결어 등이 없고 보통 독립적이고 주제를 제시하는 문장입니다. 먼저 첫 문장이 정해지면 선택 문항에서 관계없는 두 개의 문항을 지울 수 있습니다.

✶ 연결어·지시어 확인

연결어, 지시어 등을 확인합니다. 연결어는 그러나, 그래서, 예를 들어 등과 같은 것입니다. 지시어는 이런, 이러한, 그것과 같은 것입니다. 연결어와 지시어는 앞 문장이 필요합니다. 그래서 연결어와 지시어가 나오면 문장의 앞뒤 관계를 알 수 있습니다. 'N만', 'N도'와 같은 조사 역시 순서를 찾는 데에 도움이 됩니다.

✶ 글의 진행 방법

전개 흐름	예시 문장
시간 순서 (과거 → 현재 → 미래)	어렸을 때 나는 시골에서 자랐다. → 지금은 서울에서 직장 생활을 하고 있다. → 앞으로는 외국에서 새로운 경험을 하고 싶다.
설명 → 예시	한국 사람들은 명절에 가족과 함께 모여 음식을 먹는다. → 예를 들어, 설날에는 함께 모여 떡국을 먹으며 새해를 지낸다.
문제 → 원인 → 해결 방안	요즘 청소년들의 스마트폰 사용 시간이 너무 길다. → 공부에 대한 스트레스와 친구들과 이야기하고 싶기 때문이다. → 스마트폰 사용 시간을 조절하고 다른 취미 활동을 추천해야 한다.
A 설명 → B 설명 → 비교	지하철은 빠르고 정확하다. → 반면 버스는 노선이 많아 다양한 곳에 갈 수 있다. → 그래서 지하철은 빨리 갈 때, 버스는 찾아가기 어려운 곳에 갈 때 좋다.

※ **13~15** 다음을 순서에 맞게 배열한 것을 고르십시오.

13.

> (가) 대학생 때 처음으로 해외여행을 가게 되었다.
> (나) 가족들은 그 엽서를 받고 아주 감동적이었다고 했다.
> (다) 여행지에서 가족들을 위한 선물을 사고 싶었는데 돈이 별로 없었다.
> (라) 고민하다가 그 나라 풍경이 담긴 엽서에 여행 이야기를 담아 보냈다.

① (가) – (나) – (라) – (다) 　　　② (가) – (다) – (라) – (나)
③ (다) – (나) – (가) – (라) 　　　④ (다) – (라) – (나) – (가)

🔍 **정답 ②**

먼저 선택지를 보면 첫 문장은 (가) 또는 (다)인 것을 알 수 있다. 그러나 (가)는 여행을 시작하는 이야기이고 (다)는 여행지에서 생긴 일을 말하고 있다. 따라서 첫 문장은 (가)를 선택하는 것이 알맞다.

💡 **왜 그럴까?**

(가) 대학생 때 처음으로 해외여행을 가게 되었다.

　　→ 지시어와 연결어가 없으며 독립적으로 주제를 나타내고 있어서 첫 문장이 된다.

(다) 여행지에서 가족들을 위한 선물을 사고 싶었는데 돈이 별로 없었다.

　　→ 여행을 가서 생긴 일과 고민에 대해 이야기하고 있다.

(가) 고민하다가 그 나라 풍경이 담긴 엽서에 여행 이야기를 담아 보냈다.

　　→ 고민을 해결한 방법을 말하고 있어서 앞의 내용과 자연스럽게 이어진다.

(라) 가족들은 그 엽서를 받고 아주 감동적이었다고 했다.

　　→ 앞서 언급된 엽서를 '그 엽서'라고 지시어를 사용해 나타내고 있다.

※ **1~3** 글을 읽고 질문에 대답을 쓰십시오.

1. 언제 처음으로 해외여행을 가게 되었습니까?　＿＿＿＿＿＿＿＿＿＿＿＿＿＿＿＿

2. 가족들에게 엽서를 보낸 이유는 무엇입니까?　＿＿＿＿＿＿＿＿＿＿＿＿＿＿＿＿

3. 가족들은 엽서를 받고 기분이 어땠습니까?　＿＿＿＿＿＿＿＿＿＿＿＿＿＿＿＿

정답　**1.** 대학생 때　**2.** 여행지에서 가족들을 위한 선물을 사고 싶었는데 돈이 없었기 때문에
3. 아주 감동적이었다고 했다 / 감동을 받았다

※ **13~15** 다음을 순서에 맞게 배열한 것을 고르십시오.

13.

(가) 또한 고양이는 수염으로 기분을 드러내기도 한다.
(나) 고양이는 높고 좁은 담 위에서도 흔들림 없이 걷는다.
(다) 수염으로 바람의 방향을 느끼며 몸의 균형을 잡기 때문이다.
(라) 두려울 때는 수염을 뒤쪽으로 당기고, 편안할 때는 아래로 내린다.

① (나) – (다) – (가) – (라) ② (나) – (라) – (가) – (다)
③ (라) – (가) – (나) – (다) ④ (라) – (나) – (다) – (가)

🐦 정답 ①

먼저 선택지만 고려했을 때 첫 문장은 (나) 또는 (라)인 것을 알 수 있다. 그러나 문장의 내용을 읽어 보면 (라)는 설명의 대상이 무엇인지 알 수 없기 때문에 첫 문장이 될 수 없다.

📍 왜 그럴까?

(나) 고양이는 높고 좁은 담 위에서도 흔들림 없이 걷는다.

　　→ 지시어와 연결어가 없으며 독립적으로 주제를 나타내고 있어서 첫 문장이 된다.

(다) 수염으로 바람의 방향을 느끼며 몸의 균형을 잡기 때문이다.

　　→ 고양이가 높고 좁은 담 위에서 흔들림 없이 걸을 수 있는 이유를 말하고 있다.

(가) 또한 고양이는 수염으로 기분을 드러내기도 한다.

　　→ 연결어 '또한'이 사용되어 고양이 수염의 역할을 하나 더 언급한다.

(라) 두려울 때는 수염을 뒤쪽으로 당기고 편안할 때는 아래로 내린다.

　　→ 앞서 언급된 고양이의 수염이 기분을 나타내는 구체적인 예시를 보여준다.

※ **1~3** 글을 읽고 질문에 대답을 쓰십시오.

1. 고양이의 특성을 쓰십시오. ______________________________

2. 고양이가 흔들림 없이 높고 좁은 담 위에서 걸을 수 있는 이유는 무엇입니까?

____

3. 고양이는 기분을 드러내기 위해서 어떻게 합니까?

- 두려울 때: ______________________________

- 편안할 때: ______________________________

정답 1. 높고 좁은 담 위에서 흔들림 없이 걷는다 & 수염으로 기분을 드러낸다
2. 수염으로 바람의 방향을 느끼며 몸의 균형을 잡기 때문에   3. 두려울 때: 수염을 뒤쪽으로, 편안할 때: 수염을 아래로

✦ 연습문제 ✦

※ **1~12** 다음을 순서에 맞게 배열한 것을 고르십시오. (각 **2점**)

1.
> (가) 부모가 미리 합의하거나 법원의 허가를 받으면 이것이 가능하다.
> (나) 한국에서는 전통적으로 자녀가 아버지 성을 따르는 것이 원칙이다.
> (다) 하지만 최근에는 자녀가 어머니의 성을 물려 받는 경우도 늘고 있다.
> (라) 이러한 제도의 변화는 다양한 가족 형태를 존중하는 사회적 흐름을 보여준다.

① (가) – (나) – (다) – (라)　　② (나) – (가) – (라) – (다)
③ (가) – (라) – (나) – (다)　　④ (나) – (다) – (가) – (라)

2.
> (가) 나의 정성이 친구에게 전해진 것 같아서 마음이 따뜻해졌다.
> (나) 그래서 친구가 좋아하는 색으로 팔찌를 만들어 선물하기로 했다.
> (다) 선물을 받은 친구는 세상에서 가장 소중한 것을 받은 듯이 기뻐했다.
> (라) 친구의 생일에 물건을 사서 주는 것보다 더 의미가 있는 선물을 주고 싶었다.

① (다) – (가) – (나) – (라)　　② (라) – (나) – (다) – (가)
③ (다) – (나) – (라) – (가)　　④ (라) – (가) – (나) – (다)

3.
> (가) 제주 남방큰돌고래는 제주도 바다에 사는 야생 돌고래로 유명하다.
> (나) 그 덕분에 최근에는 돌고래를 보기 위한 관광 상품도 인기를 끌고 있다.
> (다) 그래서 돌고래가 사는 바다를 보호구역으로 지정하고 엄격하게 관리하고 있다.
> (라) 하지만 버려진 그물이나 가까이 다가오는 배 때문에 돌고래들이 다치기도 한다.

① (가) – (나) – (라) – (다)　　② (나) – (라) – (가) – (다)
③ (가) – (다) – (라) – (나)　　④ (나) – (가) – (다) – (라)

4.

(가) 혹시 큰 병일까 봐 병원에 가서 진료를 받아 보았다.

(나) 다행히 심각한 병은 아니라는 이야기를 듣고 안심이 되었다.

(다) 며칠 전부터 몸이 좋지 않아서 약을 사 먹었지만 낫지 않았다.

(라) 이 일로 나는 건강이 얼마나 중요한지 다시 한번 깨닫게 되었다.

① (나) – (다) – (가) – (라)　　　　② (다) – (나) – (라) – (가)

③ (나) – (가) – (라) – (다)　　　　④ (다) – (가) – (나) – (라)

5.

(가) 필요한 공간과 시설을 저렴하게 이용할 수 있기 때문이다.

(나) 공유사무실은 사업을 처음 시작하는 사람들에게 인기가 높다.

(다) 또한 사무실을 이용하는 다양한 사람들과 교류할 기회도 얻을 수 있다.

(라) 이 과정에서 우연한 대화로 새 아이디어를 얻거나 사업 동료를 만나기도 한다.

① (나) – (가) – (다) – (라)　　　　② (나) – (다) – (라) – (가)

③ (라) – (가) – (나) – (다)　　　　④ (라) – (다) – (가) – (나)

6.

(가) '오늘만 세일'이나 '한정 수량'과 같은 말을 광고에 넣는 것이다.

(나) 이 말을 들은 소비자는 제품이 곧 사라질 수 있다고 생각하기 쉽다.

(다) 한정 판매는 수량이나 기간을 제한해서 구매를 유도하는 마케팅이다.

(라) 따라서 오래 고민하지 않고 물건을 사게 되어 회사의 매출이 오르게 된다.

① (가) – (나) – (라) – (다)　　　　② (가) – (다) – (나) – (라)

③ (다) – (가) – (나) – (라)　　　　④ (다) – (라) – (가) – (나)

7.

(가) 그런데 이렇게 사람을 괴롭히는 모기는 암컷뿐이다.

(나) 여름이 되면 모기에 물려서 고생하는 사람들이 많다.

(다) 수컷 모기는 사람이나 동물의 피가 아니라 꽃의 꿀을 먹고 산다.

(라) 반면 암컷 모기는 알을 낳을 때 영양분이 필요하기 때문에 피를 찾는다.

① (나) – (다) – (라) – (가)　　② (다) – (가) – (나) – (라)
③ (나) – (가) – (다) – (라)　　④ (다) – (라) – (가) – (나)

8.

(가) 그때 같은 반 친구가 다가와서 자기 우산을 같이 쓰자고 했다.

(나) 나는 우산이 없어서 교실에서 비가 그치기를 기다리고 있었다.

(다) 어색했지만 빗소리를 들으며 함께 걷는 시간이 나쁘지 않았다.

(라) 작은 우산 안에 둘이 들어가려니 서로 어깨가 닿을 수밖에 없었다.

① (나) – (다) – (라) – (가)　　② (나) – (가) – (라) – (다)
③ (다) – (가) – (라) – (나)　　④ (다) – (라) – (가) – (나)

9.

(가) 그런데 뜻밖에도 음식을 다시 받은 손님은 매우 만족스러워했다.

(나) 이렇게 만들어진 음식이 오늘날의 인기 간식인 감자칩이 되었다.

(다) 요리사는 화가 난 나머지 감자를 아주 얇게 썰어 바삭하게 튀겨 버렸다.

(라) 식당의 한 손님이 주문한 감자튀김을 먹더니 너무 두껍다고 불평을 했다.

① (다) – (가) – (나) – (라)　　② (다) – (나) – (라) – (가)
③ (라) – (가) – (나) – (다)　　④ (라) – (다) – (가) – (나)

10.

(가) 하지만 그는 힘든 재활 과정을 이겨내고 코트로 돌아왔다.

(나) 농구선수 황민수는 경기 도중 사고로 심각한 부상을 입었다.

(다) 사람들은 그가 더 이상 농구를 할 수 없을 것이라고 생각했다.

(라) 다시 농구를 하게 된 그를 보고 관중들은 감동의 눈물을 흘렸다.

① (나) – (다) – (가) – (라)
② (다) – (나) – (라) – (가)
③ (나) – (가) – (라) – (다)
④ (다) – (가) – (나) – (라)

11.

(가) 태풍의 이름은 여러 나라에서 제출한 것을 돌아가며 사용한다.

(나) 우리나라에 큰 피해를 입힌 태풍 '매미'도 퇴출된 이름 중 하나이다.

(다) 만약 태풍으로 큰 피해를 받으면 그 태풍의 이름은 다시 쓰지 않는다.

(라) 최근에는 동물이나 식물과 같이 자연 친화적인 이름으로 많이 부르고 있다.

① (가) – (다) – (나) – (라)
② (나) – (가) – (라) – (다)
③ (가) – (라) – (다) – (나)
④ (나) – (다) – (가) – (라)

12.

(가) 돼지풀은 과거에는 우리나라에 없었던 귀화식물이다.

(나) 우리나라 고유의 식물들이 성장할 자리를 빼앗기 때문이다.

(다) 이를 막기 위해서는 귀화식물에 대한 면밀한 관리가 필요하다.

(라) 돼지풀과 같은 귀화식물들은 기존의 생태계에 큰 피해를 입힌다.

① (가) – (나) – (다) – (라)
② (가) – (라) – (나) – (다)
③ (라) – (가) – (나) – (다)
④ (라) – (다) – (가) – (나)

연결어는 문장과 문장을 이어주는 역할을 하며 글의 흐름을 만듭니다. 따라서 한국어의 다양한 연결어를 체계적으로 정리해 두면 내용의 흐름을 파악하기 쉽고 특히 문장을 순서대로 배열하는 문제를 푸는 데 큰 도움이 됩니다. 또한 문장의 위치를 찾는 문제(유형12)에서도 활용할 수 있습니다. 그러나 같은 의미로 분류된 연결어라 하더라도 모든 상황에서 완전히 바꿔 쓸 수 있는 것은 아닙니다. 문맥에 맞는 연결어를 선택해야 자연스러운 글을 만들 수 있습니다.

1　나열 · 추가

: 앞의 내용에 정보를 더하거나 비슷한 것들을 이어서 말할 때 사용하는 표현

> 그리고, 또한, 게다가, 더불어, 뿐만 아니라

예) 이 노트북은 가볍다. 게다가 배터리도 오래 간다.

2　대조 · 비교

: 대조는 반대되는 내용을 연결하고 비교는 비슷하거나 다른 내용을 연결하는 표현

> 그러나, 하지만, 반면(에), 그런데, 반대로, 오히려, 달리

예) 도시는 대중교통이 편리하다. 반면에 집값이 비싸다.

3　양보

: 생각과 반대되는 결과가 이어질 때 사용하는 표현

> 그럼에도 (불구하고), 그렇지만, 비록

예) 날씨가 추웠다. 그럼에도 불구하고 등산을 갔다.

4 **원인 · 이유**

: 어떤 일이 왜 생겼는지를 말할 때 사용하는 표현

왜냐하면, 그러니까, 그래서, 그로 인해

예) 도서관에서 공부하고 있다. 왜냐하면 내일 시험을 보기 때문이다.

5 **결과 · 결론**

: 어떤 이유로 인해 생긴 상황이나 일을 설명할 때 사용하는 표현

그래서, 따라서, 그러므로, 그 결과, 이에 따라

예) 연습을 많이 했다. 그래서 실력이 빨리 늘었다.

6 **목적 · 의도**

: 무엇을 이루려는 목표를 위해 하는 행동을 나타내는 표현

그래서, 그러려고, 이를 위해, 이에

예) 새해에는 운전면허증을 취득하려고 한다. 이를 위해 학원에 등록했다.

7 **조건 · 가정**

: 어떤 일이 이루어지는데 필요한 상황을 설명하는 표현

그러면, 만약, 그래야만

예) 다음 주부터 학생들이 열심히 준비한 축제가 시작된다. 만약 비가 오면 개막식은 실내에서 진행될 예정이다.

8 화제 전환

: 글의 흐름을 부드럽게 연결하고 새로운 주제나 관점으로 넘어갈 때 사용하는 표현

그런데, 한편, 우선, 다음으로

예) 놀이공원에 새로운 놀이기구가 많이 생겼다. 그런데 제일 중요한 것은 재미보다 안전이다.

9 예시 · 부연 설명

: 앞에서 한 말을 예를 들어 자세히 말할 때 사용하는 표현

예를 들어, 예를 들면, 예컨대, 다시 말해서

예) 한국에는 다양한 김치가 있다. 예를 들면 배추김치와 깍두기가 대표적이다.

10 선택 · 대안

: 여러 가지 중에서 하나를 고르거나 다른 방법을 내놓을 때 사용하는 표현

또는, 혹은, 아니면

예) 문의사항은 이메일로 보내주세요. 또는 사무실로 연락 바랍니다.

11 강조 · 초점

: 중요한 정보를 강하게 말해서 주의를 집중시키는 표현

특히, 무엇보다, 바로, 심지어, 더욱이

예) 이번 프로젝트를 성공시키기 위해서 고려할 부분이 많다. 무엇보다 일정 관리가 중요하다.

12 시간·순서

: 글의 흐름을 자연스럽게 연결하고 사건의 진행 순서를 분명히 나타내는 표현

먼저, 다음으로, 그 후, 이후, 그러고 나서

예) 수업이 끝나고 잠깐 친구를 만났다. 이후 도서관에 가서 책을 빌렸다.

※ **1~4** 빈칸에 들어갈 말을 고르십시오.

1. 비가 많이 왔다. (　　　) 축제는 예정대로 열렸다.
① 먼저　　　　② 또는　　　　③ 심지어　　　　④ 그럼에도

2. 한국에는 전통놀이가 많다. (　　　) 윷놀이와 제기차기가 있다.
① 그런데　　　　② 따라서　　　　③ 무엇보다　　　　④ 예를 들어

3. 이 계획은 위험이 크다. (　　　) 철저한 준비가 필요하다.
① 한편　　　　② 심지어　　　　③ 따라서　　　　④ 예컨대

4. 이 컴퓨터 프로그램은 유용하다. (　　　) 사용법이 복잡하다.
① 특히　　　　② 결국　　　　③ 심지어　　　　④ 그런데

글을 읽고 빈칸에 들어갈 자연스러운 말을 고르는 문제입니다. 빈칸의 앞뒤에 오는 문장을 주의 깊게 읽고 대응되는 내용이 있는지 찾거나 전체 내용을 정리하는 문장을 완성하는 경우가 많습니다.

※ 16~18 (　　　)에 들어갈 말로 가장 알맞은 것을 고르십시오.

17.   96회 기출문제

　　30년 전 에너지 전문가들은 그로부터 40년 후에는 지구에 사용할 수 있는 석유가 남아 있지 않을 거라고 경고했다. 그러나 현재의 전문가들은 앞으로도 50년 이상은 계속해서 석유를 사용할 수 있을 거라고 예측한다. 이렇게 석유의 (　　　　　) 이유는 석유를 찾는 기술이 발전했기 때문이다. 이 기술로 석유가 있는 곳을 더 많이 발견하게 된 것이다.

① 품질이 더 좋아진   ② 가격이 상승하고 있는

③ 사용 가능 기간이 늘어난   ④ 가치가 계속해서 떨어지는

🦉 **③ 사용 가능 기간이 늘어난**

　　30년 전 에너지 전문가들은 그로부터 40년 후에는 지구에 사용할 수 있는 석유가 남아 있지 않을 거라고 경고했다. 그러나 현재의 전문가들은 앞으로도 50년 이상은 계속해서 석유를 사용할 수 있을 거라고 예측한다. 이렇게 석유의 (　　　　　) 이유는 석유를 찾는 기술이 발전했기 때문이다. 이 기술로 석유가 있는 곳을 더 많이 발견하게 된 것이다.

30년 전과 현재의 석유 사용 가능 기간을 이야기하고 있다. 대응되는 부분을 비교해서 빈칸에 알맞은 말을 찾으면 된다.

30년 전 → 40년 사용 가능
현재 → 50년 이상 사용 가능 　➡　 사용 기간 길어짐

※ 앞의 글을 읽고 질문에 답하십시오.

1. 빈칸에 어울리는 단어를 쓰십시오.

언제	누가	무엇을	얼마나	
1)		2)	40년	사용할 수 있을 것이다.
현재	에너지 전문가		3)	

2. 이러한 변화가 일어난 이유는 무엇입니까?

3. 앞에서 말한 변화는 무엇입니까?

29.

> '산조'는 한 명의 연주자가 악기 하나를 가지고 다채로운 가락과 장단을 즉흥적으로 표현하는 한국 전통 음악의 한 갈래이다. 산조의 독특한 특성은 연주자가 악보대로 연주하는 것이 아니라 무대마다 다른 독주를 선보인다는 데 있다. 현장 분위기에 맞춰 ( ) 연주하기 때문에 같은 연주자의 공연을 여러 번 보아도 그때마다 새로운 감동을 받을 수 있다.

① 여러 사람이 동시에
② 다양한 변화를 주면서
③ 새로운 악기를 더하여
④ 악보를 보면서 그대로

② 다양한 변화를 주면서

> '산조'는 한 명의 연주자가 악기 하나를 가지고 다채로운 가락과 장단을 즉흥적으로 표현하는 한국 전통 음악의 한 갈래이다. 산조의 독특한 특성은 연주자가 악보대로 연주하는 것이 아니라 무대마다 다른 독주를 선보인다는 데 있다. 현장 분위기에 맞춰 ( ) 연주하기 때문에 같은 연주자의 공연을 여러 번 보아도 그때마다 새로운 감동을 받을 수 있다.

'산조'는 한 명의 연주자와 한 개의 악기로 연주되지만 '표현되는 음악은 한 가지가 아니다'라는 것을 이야기하고 있다.

즉흥적 표현
무대마다 다른 독주   ➡   변화가 많음
여러 번 보아도 새로움

※ 앞의 글을 읽고 빈칸에 어울리는 단어를 쓰십시오.

'1. ___________'는 연주자 2. ___________ 명이 악기 3. ___________ 개로 연주하는 한국 전통 음악이다. 하지만 악보대로 연주하지 않고 분위기에 맞춰 4. ___________으로 표현하기 때문에 무대마다 5. ___________ 느낌을 받을 수 있다.

※ **1~12** (   )에 들어갈 말로 가장 알맞은 것을 고르십시오. (각 **2점**)

1.

　　우산과 양산은 비슷해 보이지만 기능과 재질이 다르기 때문에 사용할 때 구분이 필요하다. 우산은 물이 스며들지 않아야 하기 때문에 방수 기능이 중요하다. 하지만 양산은 햇빛이 강할 때 자외선 차단이 목적이기 때문에 (　　　　　　　　) 것이 많다. 따라서 날씨와 목적에 맞게 사용할 필요가 있다.

① 크고 무거운　　　　　　　　　② 방수가 되지 않는
③ 바람에 잘 견디는　　　　　　　④ 햇빛을 막지 못하는

2.

　　노란색은 눈에 잘 띄는 색이기 때문에 주의나 경고의 표시로 자주 사용된다. 게다가 노란색은 멀리서도 쉽게 (　　　　　　　) 교통 표지판이나 공사 현장의 안전모 등에 사용되기도 한다. 이 경우 흐린 날씨나 어두운 곳에서도 잘 보여서 사고 위험을 줄이는 데 도움이 된다. 이처럼 노란색은 사람들의 주의를 빠르게 끌어야 하는 상황에서 매우 효과적이다.

① 기억할 수 있어서　　　　　　　② 상상할 수 있어서
③ 인식할 수 있어서　　　　　　　④ 결정할 수 있어서

3.

　　요즘은 기부하는 방법이 다양해지고 있다. 예전에는 돈이나 물건을 직접 도움이 필요한 사람이나 단체에 주는 경우가 많았지만, 이제는 자전거를 타거나 책을 읽는 활동이 기부로 연결되기도 한다. 이런 새로운 기부 방법은 누구나 (　　　　　　　　) 참여할 수 있어 기부에 대한 더 많은 사람의 관심과 참여를 불러일으키고 있다.

① 부담 없이　　　　　　　　　　② 쉽지 않게
③ 정성을 다해　　　　　　　　　④ 용기를 내서

4.

걷기를 꾸준히 하면 심장 건강에 큰 도움이 된다. 걷기는 심장이 혈액을 온몸 구석구석까지 잘 보내도록 도와주기 때문이다. 또한 걷는 동안 우리 몸에서는 스트레스를 일으키는 호르몬 양이 줄어들어서 기분이 좋아진다. 그래서 꾸준히 걷기를 하면 (   ) 일상에서 받는 스트레스도 줄어든다.

① 시력이 좋아져서　　　　　　　　② 친구를 사귀게 되어
③ 휴식을 취할 수 있어　　　　　　　④ 몸과 마음이 건강해지고

5.

후방단속카메라는 운전자가 과속 단속을 피하기 위해 단속 카메라 앞에서만 속도를 줄이는 행동을 방지하기 위해 설치되었다. 이는 카메라가 있는 교차로나 횡단보도를 통과한 후에도 (   ) 유도한다. 급제동과 급가속을 막아 교통 사고가 줄기 때문에 점차 설치가 확대되고 있다.

① 후방을 살피도록　　　　　　　　② 차를 잠시 멈추도록
③ 보행자를 의식하도록　　　　　　④ 규정 속도를 지키도록

6.

최근 과학 기술이 발전하면서 플라스틱의 옷을 만드는 새로운 방법이 개발되었다. 사용된 페트병을 깨끗이 씻어 아주 작게 부수고 뜨거운 열로 녹여 플라스틱 실을 만들어 티셔츠나 청바지 등을 만들고 있다. 이러한 기술은 플라스틱 쓰레기를 줄이는 동시에 (   ) 친환경 기술로 주목받고 있다.

① 공해를 줄이는　　　　　　　　　② 자연을 이용하는
③ 자원을 재활용하는　　　　　　　④ 에너지 효율을 높이는

7.

    아이들은 보호자가 가까이 있을 때 감정을 다르게 표현하는 경우가 많다. 보호자가 없을 때보다 있을 때 (   ) 더 강하게 드러낸다. 때로는 보호자의 관심을 끌기 위해 이런 부정적인 감정을 이용하기도 한다. 이것은 보호자와의 관계를 가깝게 느껴 마음이 편하기도 하고, 보호자에게 자신이 이해 받을 거라고 믿기 때문이다.

① 불편한 마음을   ② 뛰어난 실력을

③ 밝아지는 표정을   ④ 집중하는 모습을

8.

    공부나 일을 한 뒤에 잠시 쉬는 시간은 정보를 기억하는 데 큰 도움이 된다. 사람의 뇌는 정보를 입력한 직후에 바로 저장하는 것이 아니라 일정한 시간이 지나면서 그 내용을 체계화하고 강화한다. 이때 휴식은 새로운 자극을 줄이고 뇌가 (   ) 돕는다. 특히 조용한 환경에서의 짧은 휴식은 학습한 내용을 장기 기억으로 전환하는 데 효과적이다.

① 정보를 쉽게 잊도록   ② 정보를 잘 정리하도록

③ 정보를 빨리 수집하도록   ④ 정보를 가볍게 생각하도록

9.

    한국의 도로 위에는 다양한 색깔의 표지판이 존재하는데 각 색깔에 따라서 의미하는 것이 다르다. 그중에서도 갈색 표지판은 관광지나 문화유산과 같은 여행의 목적지를 안내하기 위해 사용된다. 이 표지판들은 해당 관광지까지 남은 거리나 방향을 함께 안내해주기 때문에 운전자가 미리 (   ) 도와준다. 이처럼 갈색 표지판은 관광지 접근성을 높이고 문화유산이나 지역 명소에 대한 관심을 유도하는 데 긍정적인 역할을 한다.

① 교통비를 계산하도록   ② 목적지에 흥미를 가지게

③ 여행 계획을 세울 수 있게   ④ 진로를 결정할 수 있도록

10.

제로칼로리 음료는 이름처럼 '0 칼로리(kcal)'라고 생각하기 쉽다. 그래서 다이어트를 하거나 건강을 생각하는 사람들이 제로칼로리 음료를 찾는 경우가 많다. 그렇지만 실제로는 인공감미료가 포함되어 있어 체중 조절이나 당뇨 예방에 효과가 없다는 연구를 찾아볼 수 있다. 오히려 뇌가 단맛을 느끼게 되어 (   ) 때문에 오히려 체중 증가로 이어지기도 한다. 따라서 전문가들은 건강을 생각한다면 제로칼로리 음료보다 가능한 물을 섭취할 것을 권장한다.

① 졸리게 되기
② 식욕을 자극하기
③ 갈증을 일으키기
④ 체력을 소모시키기

11.

최근 인기를 끌고 있는 '출동! 집 구하기'는 직접 집을 구하기 어려운 사람들을 위해 신청자가 원하는 조건과 예산에 맞는 집을 대신 찾아주는 프로그램이다. 집 구조부터 채광, 교통 등 여러가지 조건을 꼼꼼히 확인하는 모습을 보면서 시청자는 집을 구하는 과정을 생생하게 경험할 수 있다. 특히 (   ) 집은 실제 부동산 매물인 경우가 많기 때문에 집을 찾고 있는 사람들에게는 현실적인 도움이 되기도 한다.

① 존재하지 않는
② 조건에 맞지 않는
③ 방송을 통해 소개된
④ 사람들이 찾기 쉬운

12.

조선 시대의 광화문은 단순히 궁궐의 정문이 아니라, 유교적 이념과 국가 통치 철학이 담긴 상징적인 공간이었다. 특히 광화문을 기준으로 (   ) 것에서 그 의도가 잘 나타난다. 그 당시 광화문의 왼쪽에는 문관과 관련된 기관들이 자리하고 있었고, 오른쪽에는 무관과 군사 시설이 배치되어 있었다. 이는 해가 뜨는 동쪽, 즉 왼쪽이 더 중요한 곳으로 인식되었기 때문에 학문을 중요하게 생각한 조선의 철학과 사상이 녹아 있는 것이다.

① 전쟁을 대비한
② 길을 직선으로 만든
③ 산과 강을 주변에 둔
④ 좌우가 다르게 설계된

어휘	예문	확인
결국	일의 결과로서 💬 그는 오래 고민하다가 결국 여행을 가지 않기로 했다.	☐
결코	어떤 경우에도 절대 💬 부모님의 믿음을 결코 배신하지 않을 것이다.	☐
곧	시간이 많이 흐르지 않고, 머지않아 💬 회의가 곧 시작될 예정이다.	☐
과연	생각대로, 정말로 💬 새로운 정책이 과연 효과를 낼 수 있을지 주목된다.	☐
다행히	운이 좋게 💬 화재가 발생했으나 다행히 인명 피해는 없었다.	☐
당분간	앞으로 일정 기간 동안 💬 고장 수리를 해야 해서 당분간 엘리베이터를 탈 수 없다.	☐
당연히	마땅히 그렇게 💬 친구니까 당연히 서로 도와야 한다.	☐
대체로	일반적으로 💬 이번 시험 결과는 대체로 괜찮은 편이다.	☐
드디어	오랜 기다림이나 노력 끝에 💬 기다리던 공연이 드디어 시작됐다.	☐
또한	앞선 것에 더하여, 더불어 💬 이 상품은 가격도 저렴하고 또한 품질도 좋은 편이다.	☐
마침	우연히 시기가 딱 맞게 💬 길을 찾고 있었는데 마침 아는 사람을 만났다.	☐
마침내	드디어 마지막에 💬 4년 간의 유학 생활 끝에 마침내 학교를 졸업했다.	☐
물론	의심 없이, 말할 필요 없이 💬 기초 과학 연구는 물론 응용 연구에도 큰 도움이 된다.	☐

어휘	예문	확인
바로	지체 없이, 시간 차이를 두지 않고 그는 자신의 실수를 알자마자 바로 고쳤다.	☐
반드시	틀림없이 꼭 모든 지원자들은 서류를 반드시 기한 내에 제출해야 한다.	☐
분명히	확실하게, 틀림없이 이번 사고는 미리 대비했으면 분명히 예방할 수 있었다.	☐
비록	어떤 것을 인정하면서도 그에 반대되는 결과도 있을 때 비록 날씨는 추웠지만 마음만은 따뜻했다.	☐
상당히	실력이나 정도가 꽤 높게, 보통보다 많이 그 영화는 상당히 재미있었다.	☐
실제로	거짓이나 상상이 아니고 현실에서 말로만 듣다가 그녀를 실제로 보니 더 아름다웠다.	☐
역시	생각했던 대로 그는 어려운 상황에서도 역시 침착함을 잃지 않았다.	☐
오히려	일반적인 예상이나 기대와는 반대로 도와주려고 했는데 오히려 방해만 됐다.	☐
우선	다른 것보다 먼저 문제 해결을 위해서는 우선 정확한 분석이 필요하다.	☐
이미	이전에 벌써 그 이야기는 내가 이미 알고 있는 것이다.	☐
일단	우선 먼저 집에 오면 일단 손부터 씻는 습관이 있다.	☐
점차 / 점점	시간이 지남에 따라 조금씩 날씨가 점점 추워지고 있다.	☐
즉	다시 말하면 기차는 오전 9시, 즉 3시간 후에 출발할 것이다.	☐
차마	부끄럽거나 안타까워서 도저히 나는 친구에게 그 소식을 차마 말하지 못했다.	☐

어휘	예문	확인
특히	특별히, 여럿 중에서 두드러지게 💬 나는 과일 중에서 사과를 특히 좋아한다.	☐
하필	다른 방법으로 하지 않고 어찌하여 💬 중요한 시험을 앞두고 하필 감기에 걸렸다.	☐
한편	다른 관점에서 💬 정부는 경제 성장을 강조했다. 한편 기업은 규제 완화를 주장했다.	☐
혹시	그러할 리는 없지만 만약에 💬 혹시 비가 올지도 몰라서 우산을 챙겼다.	☐

※ **1~5** 의미가 자연스러운 부사어를 고르십시오.

1. 수술 후에는 (당분간 / 마침내) 무리한 운동을 하지 않는 것이 좋다.

2. 길이 많이 막혔지만 (상당히 / 다행히) 기차 시간을 놓치지 않을 수 있었다.

3. 늦잠을 자서 지각할 줄 알았는데 (하필 / 오히려) 평소보다 일찍 도착했다.

4. 내가 도착했을 때 친구들은 (이미 / 결국) 모두 집에 가고 없었다.

5. 우리 동네 버스는 (마침 / 대체로) 정해진 시간에 도착하는 편이다.

정답 1. 당분간 2. 다행히 3. 오히려 4. 이미 5. 대체로

Part

02

유형 분석 2

 빈칸에 알맞은 말을 넣어 문장을 완성하는 문제입니다. 이 유형에는 문장의 뜻을 더 자세히 설명하는 말(부사어)을 넣는 문제와 두세 개 이상의 단어가 함께 쓰여 특별한 의미를 나타내는 표현(관용어)을 찾는 문제가 있습니다. 따라서 이 유형의 문제를 풀려면 먼저 글의 흐름을 확인해야 합니다. 그리고 선택 문항에 있는 단어와 표현이 무슨 뜻인지 알아야 합니다.

	표현	의미
부사어	혹시	확실하지 않지만 생길 수도 있는 일이나 약한 추측을 나타낼 때 쓰는 말이다. 예) 혹시 아픈 것이 아닐지 걱정이 된다.
	비록	앞선 사실을 인정하면서도 그와 상반되거나 기대와 다른 내용이 뒤에 이어질 때 사용하는 말이다. 예) 비록 몸은 아프지만 마음은 건강하다.
관용어	눈이 높다	쉽게 만족하지 않고 선택하는 기준이 높고 까다로운 사람에게 사용하는 말이다. 예) 내 친구는 눈이 높아서 비싼 옷만 좋아한다.
	발이 넓다	친구나 아는 사람이 많은 사람에게 사용하는 말이다. 예) 나는 발이 넓은 편이라서 친구가 많다.

19. 96회 기출문제

> 좋은 생각을 끌어내려면 질문을 어떻게 할지 잘 고민해야 한다. 어떤 회사에서 신제품을 만들고자 직원에게 질문을 한다고 치자. "어떤 물건이 잘 팔릴까?"라고 막연하게 질문하면 대답이 잘 나오지 않는다. 좋은 질문이 아니기 때문이다. (   ) "지금까지의 제품에서 무엇을 개선할까?"라고 질문하면 도움이 되는 구체적인 답이 나온다.

① 결코   ② 특히   ③ 비록   ④ 반면

🐦 정답 ④ 반면

좋은 생각을 끌어내려면 질문을 어떻게 할지 잘 고민해야 한다. 어떤 회사에서 신제품을 만들고자 직원에게 질문을 한다고 치자. "어떤 물건이 잘 팔릴까?"라고 막연하게 질문하면 대답이 잘 나오지 않는다. 좋은 질문이 아니기 때문이다. (   ) "지금까지의 제품에서 무엇을 개선할까?"라고 질문하면 도움이 되는 구체적인 답이 나온다.

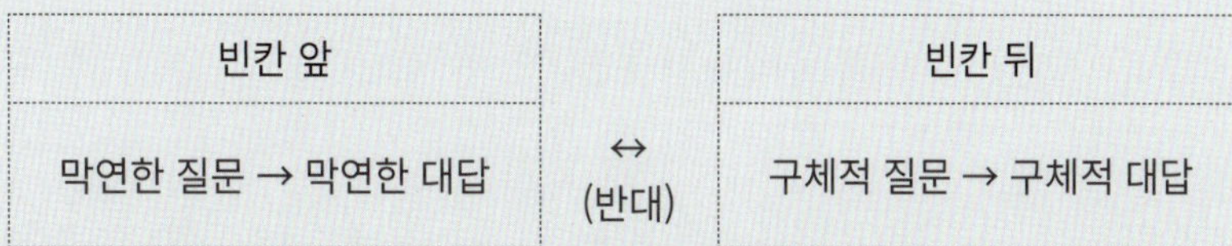

빈칸 앞뒤의 내용은 서로 반대되는 내용이다. 따라서 빈칸에는 반대의 의미를 나타내는 부사어 '반면'을 사용해야 한다.

🔍 **왜 아닐까?**
① **결코**: 뒤에 오는 내용을 강하게 부정할 때 사용한다.
② **특히**: 전체 중에서 어느 하나를 특별히 강조하고 싶을 때 사용한다.
③ **비록**: 앞선 사실을 인정하면서도 그와 상반되거나 기대와 다른 내용이 뒤에 이어질 때 사용한다.

※ **1~3** 관계있는 것을 연결하십시오.

1. 좋은 생각을 끌어내려면 •

          • (ㄱ) 막연한 질문

2. "어떤 물건이 잘 팔릴까?" •

          • (ㄴ) 구체적인 질문

3. "지금까지의 제품에서 무엇을 개선할까?" •

          • (ㄷ) 질문에 대해 고민 필요

정답 1. (ㄷ) 질문에 대해 고민 필요 2. (ㄱ) 막연한 질문 3. (ㄴ) 구체적인 질문

21.

96회 기출문제

> 학생 수 감소로 폐교가 될 뻔한 산골 초등학교가 위기에서 벗어나 화제이다. 이 학교 선생님들은 (　　　　　) 학교를 살릴 방법을 고민했다. 그러다 찾은 것이 '음악 특성화 학교'였다. 선생님들은 예술대학교에 협조를 요청해 학생들에게 다양한 악기를 가르칠 전문가를 구했다. 또 기업의 기부를 받아 유명 음악가와 함께하는 음악회도 개최했다. 이런 소문을 듣고 음악을 배우러 오는 학생들이 생기면서 이 학교는 폐교 위기에서 벗어났다.

① 눈을 딱 감고　　　　　　　　② 머리를 맞대고

③ 손에 땀을 쥐고　　　　　　　　④ 목에 힘을 주고

🐦 **정답 ② 머리를 맞대고**

> 학생 수 감소로 폐교가 될 뻔한 산골 초등학교가 위기에서 벗어나 화제이다. 이 학교 선생님들은 (　　　　　) 학교를 살릴 방법을 고민했다. 그러다 찾은 것이 '음악 특성화 학교'였다. 선생님들은 예술대학교에 협조를 요청해 학생들에게 다양한 악기를 가르칠 전문가를 구했다. 또 기업의 기부를 받아 유명 음악가와 함께하는 음악회도 개최했다. 이런 소문을 듣고 음악을 배우러 오는 학생들이 생기면서 이 학교는 폐교 위기에서 벗어났다.

이 글은 학생 수 감소로 폐교 위기에 놓인 초등학교를 선생님들의 노력으로 되살린 이야기이다. 따라서 선생님들이 함께 힘을 합쳐 고민하는 모습을 나타내는 관용어를 찾아야 한다. '머리를 맞대다'는 '어려운 일을 해결하기 위해 여러 사람이 함께 생각을 나눈다'는 뜻이다.

🔍 **왜 아닐까?**

① **눈을 감다:** 못 본 척하다.

② **손에 땀을 쥐다:** 매우 긴장되거나 아슬아슬한 상황에 놓여 마음을 졸이다.

③ **목에 힘을 주다:** 거만하게 행동하거나 잘난 척하다.

※ **1~4** 어휘의 올바른 의미를 고르십시오.

1. '폐교'의 의미는 무엇입니까?
　① 새로 문을 연 학교　　　　　　② 문을 닫은 학교

2. '산골'이 묘사하는 장소는 어디입니까?
　① 산으로 둘러싸인 마을　　　　　② 바다 근처에 있는 마을

3. '특성화'의 의미는 무엇입니까?
　① 모든 부분을 골고루 발전시키는 것　　② 특정 분야만 집중해서 발전시키는 것

4. '기부'의 의미는 무엇입니까?
　① 물건이나 서비스를 팔아 돈을 버는 것　　② 좋은 일을 위해 무료로 주는 것

※ **5~7** 질문에 답하십시오.

5. 산골 초등학교가 왜 폐교가 될 뻔했습니까?

6. 초등학교 선생님들은 예술대학교에 요청한 것은 무엇입니까?

7. 기업의 기부를 받아 무엇을 했습니까?

정답　1.② 2.① 3.② 4.②
5. 학생 수가 감소해서　6. 악기를 가르칠 전문가　7. 음악회 개최

※ **1~2** 다음을 읽고 물음에 답하십시오. (각 **2점**)

> 운동 경기에서는 실력뿐만 아니라 강한 정신력도 중요하다. 정신력이 강하면 긴장되는 순간에도 자신의 실력을 잘 보여줄 수 있다. 예를 들어, 중요한 경기에서 실수하더라도 다시 집중해 경기를 이어갈 수 있다. (　　　　　　) 힘든 훈련이나 반복되는 실패를 이겨 내며 끝까지 포기하지 않게 해 준다. 이처럼 강한 마음은 좋은 결과를 이루는 데 큰 도움이 된다.

1.　(　　　)에 들어갈 말로 가장 알맞은 것을 고르십시오.

　① 비록　　　　　　　② 반면　　　　　　　③ 또한　　　　　　　④ 다만

2.　윗글의 주제로 가장 알맞은 것을 고르십시오. [유형 11]

　① 실력과 정신력이 좋은 운동 성과로 이어진다.
　② 끝까지 포기하지 않는 것이 운동 경기 정신이다.
　③ 힘든 훈련과 계속되는 실패는 정신력을 높여 준다.
　④ 운동 경기에서 실수를 하면 실력이 향상될 수 있다.

> 　기념주화는 특별한 사람이나 행사를 기념하기 위해 제작되는 동전이다. 일반 동전과 달리 주화는 한정된 수량만 만들어 시간이 지날수록 (　　　　　　　　) 더 귀해지고 가치가 높아진다. 또한 역사와 문화 그리고 예술을 담고 있어 사람들이 모아 두고 간직하는 물건으로 여겨진다. 주화에 담긴 의미와 그림은 그 시대의 분위기와 기술을 잘 보여준다. 이 때문에 기념주화는 수집가나 투자자들에게 큰 관심을 받으며 시간이 지날수록 더욱 소중해진다.

3. (　　　)에 들어갈 말로 가장 알맞은 것을 고르십시오.

　① 전혀　　　　　　② 점점　　　　　　③ 열심히　　　　　　④ 차라리

4. 윗글의 주제로 가장 알맞은 것을 고르십시오. [유형 11]

　① 기념주화는 비싸게 팔기 위해 제작된다.
　② 기념주화는 대량으로 생산되어 가치가 높다.
　③ 기념주화는 특별한 행사에서 사용되는 동전이다.
　④ 기념주화는 특별한 의미와 가치를 지닌 수집품이다.

※ **5~6** 다음을 읽고 물음에 답하십시오. (각 **2점**)

> 　약을 복용할 때는 물과 함께 먹는 것이 가장 안전하고 효과적인 방법이다. 물은 약이 위 내에 머무르는 시간을 줄여주고 약이 녹아서 빠르게 체내에 흡수되도록 돕는다. 반면 우유는 건강에 좋은 음료라는 인식이 있지만 약과 함께 먹으면 (　　　　　　　) 문제가 생길 수 있다. 우유에 들어 있는 칼슘과 단백질이 약의 흡수를 방해해서 약효를 감소시키기 때문이다. 따라서 건강을 위해 먹는 약인만큼 복용 방법을 잘 지키는 것이 중요하다.

5. (　　　)에 들어갈 말로 가장 알맞은 것을 고르십시오.

　① 과연　　　　　　② 혹시　　　　　　③ 반드시　　　　　　④ 오히려

6. 윗글의 주제로 가장 알맞은 것을 고르십시오. [유형 11]

　① 약을 빠르게 흡수하기 위해 음료를 함께 복용해야 한다.
　② 약의 효과를 높이기 위해서는 복용 방법을 잘 따라야 한다.
　③ 약을 흡수하는 과정에서 다양한 영양소의 도움이 필요하다.
　④ 약의 성분에 따라 복용하는 방법이 다르므로 성분을 확인해야 한다.

※ **7~8** 다음을 읽고 물음에 답하십시오. (각 **2**점)

> 　강릉시가 전통시장을 살리기 위해 시도해 온 다양한 마케팅이 드디어 (　　　　　　　) 있다. 그동안 강릉시는 강릉 중앙시장을 홍보하고자 다양한 온라인 마케팅을 펼쳐 왔다. 또한 상인들은 강릉에서만 맛볼 수 있는 음식을 판매하거나 지역 주민들 역시 직접 공연에 참여하며 관광객에게 특별한 경험을 제공하기도 했다. 이러한 노력 덕분에 강릉 중앙시장은 관광 명소로 자리 잡았고 상인들의 매출도 크게 늘어났다. 이는 지자체와 주민들이 함께한 마케팅 전략이 실제 성과로 이어진 긍정적 사례로 평가된다.

7. (　　　)에 들어갈 말로 가장 알맞은 것을 고르십시오.

　① 빛을 보고
　② 담을 쌓고
　③ 열을 올리고
　④ 귀를 기울이고

8. 윗글의 내용과 같은 것을 고르십시오. [유형 8]

　① 강릉 중앙시장을 방문하는 관광객이 감소했다.
　② 전통시장을 홍보하기 위한 마케팅이 성공했다.
　③ 지역 주민들이 요리를 해서 관광객에게 판매했다.
　④ 강릉을 방문한 관광객들은 직접 공연에 참여할 수 있다.

> 명절이나 휴가철이 되면 관광지를 찾는 사람들이 많아진다. 그런데 이 시기를 이용해 일부 상인들이 숙박비를 올린다거나 음식값을 평소보다 훨씬 비싸게 받는 경우가 있다. 이렇게 정해진 가격보다 지나치게 많은 돈을 요구하는 것을 '바가지요금'이라고 한다. 이러한 바가지요금은 관광객에게 불쾌감을 줄 뿐만 아니라 지역의 이미지도 나쁘게 만들 수 있다. 따라서 이를 방지하기 위해 지자체들이 (   ) 필요가 있다.

9. (   )에 들어갈 말로 가장 알맞은 것을 고르십시오.

    ① 등을 돌릴
    ② 눈 감아 줄
    ③ 발 벗고 나설
    ④ 목에 힘을 줄

10. 윗글의 내용과 같은 것을 고르십시오. [유형 8]

    ① 바가지요금은 숙박비와 음식값을 함께 부르는 말이다.
    ② 관광객들은 평소보다 비싸진 요금 때문에 기분이 나쁠 수 있다.
    ③ 휴가철에는 지자체에서 숙박 요금을 높게 책정해서 상인들을 돕는다.
    ④ 관광지를 찾는 사람들이 많아지면 판매자는 요금을 싸게 받으려고 한다.

※ **11~12** 다음을 읽고 물음에 답하십시오. (각 **2점**)

출산율이 급격히 줄어들고 있는 가운데 지방의 한 도시가 시행한 출산 장려 정책이 성과를 내며 관심을 끌고 있다. 이 도시는 첫째 아이부터 출산 장려금을 지급하고 일을 하는 부모들을 위해 유치원의 수를 늘려 아이들을 돌볼 수 있도록 지원했다. 또한 자녀가 있는 가정에는 주택을 우선적으로 공급하거나 다양한 경제적 지원도 아끼지 않았다. 이러한 노력 덕분에 이 도시에서는 출산율이 (   ) 증가하는 긍정적인 변화가 나타났다.

11. (   )에 들어갈 말로 가장 알맞은 것을 고르십시오.

　　① 눈에 띄게
　　② 귀가 가렵게
　　③ 가슴이 아프게
　　④ 얼굴이 두껍게

12. 윗글의 내용과 같은 것을 고르십시오. [유형 8]

　　① 첫째 아이만 출산 장려금을 지급하고 있다.
　　② 아이가 있으면 집을 먼저 공급받을 수 있다.
　　③ 출산 장려 정책에도 출산율이 하락하고 있다.
　　④ 공공 보육시설이 늘어 부모들의 부담이 커졌다.

 **관용 표현**

관용 표현은 특정 단어들이 결합하면서 새롭거나 비유적인 의미를 나타냅니다. 그래서 각 단어의 사전적 뜻만 가지고는 의미를 파악할 수 없습니다. 따라서 다양한 관용 표현을 미리 공부해 두는 것이 도움이 됩니다.

표현	의미	확인
가슴을 울리다	감동적인 이야기나 음악 등으로 마음에 깊은 감동을 주다.	☐
가슴을 치다	크게 뉘우치거나 자신의 행동을 후회하다.	☐
가슴이 아프다	슬프거나 안타깝다.	☐
귀가 가렵다	다른 사람이 자신의 이야기를 하고 있는 듯한 느낌이 들다.	☐
귀를 기울이다	다른 사람의 이야기나 의견에 큰 관심을 갖고 주의 깊게 듣다.	☐
눈에 띄다	다른 것들보다 두드러져서 시선이 가거나 주목을 받다.	☐
눈을 감다	① 죽다. ② 못 본 척하다.	☐
눈을 맞추다	① 서로의 눈을 마주보다. ② 서로의 뜻이 통하다.	☐
눈을 붙이다	잠깐 잠을 자다.	☐
담을 쌓다	관계를 끊거나 전혀 관심을 두지 않다.	☐
등 떠밀다	억지로 하게 만들거나 강요하다.	☐
등을 돌리다	관계를 끊고 멀리하다.	☐
막이 오르다	① 연극·행사가 시작되다. ② 어떤 시대나 일이 시작되다.	☐
매듭을 짓다	어떤 일을 마무리하거나 결론을 내리다.	☐
머리를 맞대다	함께 의논하거나 상의하다.	☐
머리를 식히다	복잡한 생각이나 긴장을 풀고 마음을 가라앉히다.	☐
목에 힘을 주다	거만하게 행동하거나 잘난 척하다.	☐
물거품이 되다	모든 노력이나 희망이 헛되게 되어 아무것도 남지 않게 되다.	☐
바가지를 긁다	(주로 아내가 남편에게) 잔소리를 심하게 하다.	☐
발걸음을 맞추다	생각이나 행동을 서로 맞추다.	☐
발 벗고 나서다	어떤 일을 적극적으로 나서서 하다.	☐

표현	의미	확인
발목을 잡다	어떤 일이나 사람이 앞으로 나아가지 못하도록 방해하다.	☐
발을 빼다	관계되어 있던 일에서 그만두거나 물러나다.	☐
빛을 보다	오랫동안 해왔던 노력이나 일이 인정받게 되다.	☐
손에 땀을 쥐다	매우 긴장되거나 아슬아슬한 상황에 놓여 마음을 졸이다.	☐
손에 익다	어떤 일이 익숙해지다.	☐
손을 맞잡다	힘을 합치거나 협력하다.	☐
손이 빠르다	일하는 속도가 매우 빠르다.	☐
어깨가 무겁다	책임이나 부담이 크다.	☐
얼굴이 두껍다	창피하거나 부끄러운 것을 모르고 뻔뻔하다.	☐
열을 올리다	어떤 일에 매우 집중하거나 열정적으로 매달리다.	☐
이를 갈다	몹시 화가 나서 복수를 다짐하다.	☐
입맛에 맞다	① 음식이 맛있다. ② 어떤 것이 마음에 꼭 들다.	☐
진땀을 흘리다	몹시 애쓰거나 힘들어하다.	☐
찬물을 끼얹다	잘 되어 가던 일이나 좋은 분위기를 망치다.	☐
콧대가 높다	잘난 체하거나 자존심이 세다.	☐
혀를 차다	못마땅하거나 안타까워서 불평하다.	☐

유형 8 내용과 같은 것 고르기

글을 읽고 내용과 같은 것을 고르는 문제입니다. 선택지를 먼저 읽고 본문을 읽으면 내용을 비교하기 쉽습니다.

❇️ 글을 읽고 의미를 지나치게 확장하거나 상상하지 마세요. 주어진 글의 내용만으로도 선택지가 맞는 것인지 틀린 것인지 판단할 수 있습니다.

※ 32~34 다음을 읽고 글의 내용과 같은 것을 고르십시오.

33.

19세기에는 위생에 대한 사람들의 인식이 높지 않았다. 그때 병원의 보건 위생 환경을 개선하는 데 기여한 사람이 바로 간호사였던 나이팅게일이다. 그는 매일 군 병원에서 사망 환자 수와 사망 원인을 기록하여 부상으로 죽는 병사보다 위생 문제로 감염되어 사망하는 병사가 더 많다는 것을 통계로 입증했다. 그리고 이 결과를 도표로 만들어 관계자들을 설득함으로써 의료 환경을 개선해 나갔다.

① 나이팅게일은 통계 자료를 근거로 관계자들을 설득했다.
② 나이팅게일은 부상으로 죽는 병사가 가장 많다는 것을 밝혀냈다.
③ 나이팅게일의 기록에는 병원 내 감염자 수가 포함되어 있지 않았다.
④ 나이팅게일이 일을 시작했을 당시에는 병원의 위생 관리가 철저했다.

🦉 **정답 ① 나이팅게일은 통계 자료를 근거로 관계자들을 설득했다.**

19세기에는 위생에 대한 사람들의 인식이 높지 않았다. 그때 병원의 보건 위생 환경을 개선하는 데 기여한 사람이 바로 간호사였던 나이팅게일이다. 그는 매일 군 병원에서 사망 환자 수와 사망 원인을 기록하여 부상으로 죽는 병사보다 위생 문제로 감염되어 사망하는 병사가 더 많다는 것을 통계로 입증했다. 그리고 이 결과를 도표로 만들어 관계자들을 설득함으로써 의료 환경을 개선해 나갔다.

✦ 스스로 확인하기 ✦

※ 앞의 글을 읽고 질문에 답을 쓰십시오.

누가		언제		어디에서	
무엇을		어떻게			

1. 이 사람은 무엇을 통계로 입증했습니까?

2. 이 사람은 이 통계 결과를 이용하여 무엇을 하였습니까?

정답

누가	나이팅게일	언제	19세기	어디에서	군 병원
무엇을	의료 환경 개선	어떻게	사망자 수와 사망 원인을 기록		

1. 부상으로 죽는 병사보다 위생 문제로 감염되어 죽는 병사가 많은 것을 입증했다.

2. 관계자들을 설득해서 의료 환경을 개선했다.

※ **32~34** 다음을 읽고 글의 내용과 같은 것을 고르십시오.

33.

> 코알라는 유칼립투스라는 나뭇잎을 먹고 산다. 이 나뭇잎은 독성이 강해서 일반적인 동물들은 먹을 수 없다. 하지만 코알라는 유칼립투스의 독을 해독하는 효소가 있어서 다른 동물들과 경쟁할 필요 없이 유칼립투스 잎을 충분히 먹을 수 있다. 다만 새끼 코알라는 독성을 분해하는 효소가 없어서 유칼립투스 잎 대신 어미의 배설물을 먹는다. 이를 먹다 보면 새끼 코알라의 몸속에도 유칼립투스의 독을 해독하는 효소가 생기게 된다.

① 다양한 동물들이 유칼립투스 잎을 차지하기 위해서 경쟁한다.
② 어미 코알라는 유칼립투스의 독성을 분해하는 효소를 가지고 있다.
③ 코알라는 태어난 직후부터 많은 양의 유칼립투스 나뭇잎을 먹는다.
④ 새끼 코알라는 유칼립투스의 독성 때문에 어미의 배설물을 먹지 않는다.

정답 ② 어미 코알라는 유칼립투스의 독성을 분해하는 효소를 가지고 있다.

코알라는 유칼립투스라는 나뭇잎을 먹고 산다. 이 나뭇잎은 독성이 강해서 일반적인 동물들은 먹을 수 없다. 하지만 코알라는 유칼립투스의 독을 해독하는 효소가 있어서 다른 동물들과 경쟁할 필요 없이 유칼립투스 잎을 충분히 먹을 수 있다. 다만 새끼 코알라는 독성을 분해하는 효소가 없어서 유칼립투스 잎 대신 어미의 배설물을 먹는다. 이를 먹다 보면 새끼 코알라의 몸속에도 유칼립투스의 독을 해독하는 효소가 생기게 된다.

왜 아닐까?

① 다양한 동물들이 유칼립투스 잎을 차지하기 위해서 경쟁한다. (X)
→ 일반적인 동물들은 유칼립투스 잎을 먹지 못하기 때문에 경쟁할 필요가 없다.

③ 코알라는 태어난 직후부터 많은 양의 유칼립투스 나뭇잎을 먹는다. (X)
→ 새끼 코알라는 독성을 분해할 수 없어서 대신 어미의 배설물을 먹는다.

④ 새끼 코알라는 유칼립투스의 독성 때문에 어미의 배설물을 먹지 않는다. (X)
→ 어미의 배설물을 먹으면서 독을 해독하는 효소를 갖게 된다.

※ 앞의 글을 읽고 빈칸에 어울리는 단어를 쓰십시오.

유칼립투스 잎은 1.___________이/가 강해서 동물이 먹을 수 없다. 그러나 코알라는 유칼립투스 잎의 독을 2.___________ 효소가 있기 때문에 마음껏 잎을 먹을 수 있다. 3.___________ 코알라는 처음부터 유칼립투스 잎을 먹을 수 없지만 어미의 4.___________을/를 먹으며 5.___________을/를 갖게 된다.

정답 1. 독성 2. 해독하는/해독할 수 있는 3. 새끼 4. 배설물 5. 효소

※ **1~5** 다음을 읽고 글의 내용과 같은 것을 고르십시오. (각 **2**점)

1.

지역화폐는 지역 내 소비를 유도하여 골목상권과 전통시장 활성화에 도움이 된다. 대형마트나 프랜차이즈 매장에서는 사용할 수 없기 때문에 자연스럽게 동네 가게에 소비가 집중되는 효과가 있다. 또한 지역화폐를 사용하는 소비자에게도 일정 금액을 포인트로 돌려주거나 할인 혜택을 제공하기도 한다. 그럼에도 불구하고 지역화폐는 사용처가 제한되어 있고 현금화처럼 악용하는 사례도 있어 여전히 제도적 보완이 필요하다.

① 지역화폐는 소비자에게도 경제적 혜택을 준다.
② 지역화폐는 전국적으로 동일하게 사용될 수 있다.
③ 지역화폐로 인해 대형마트에서의 소비가 늘어난다.
④ 지역화폐를 현금으로 바꿔서 사용하면 효율적이다.

2.

흰개미에 의한 문화재 훼손은 전 세계적으로 매우 심각한 문제다. 흰개미는 목재를 먹이로 삼기 때문에 겉으로 보기에는 멀쩡한 건축물도 속이 텅 비어 있는 경우가 있다. 이는 단순히 물리적인 피해뿐만 아니라 역사적 가치가 훼손되기 때문에 그 영향이 크다. 특히, 조선 시대의 한옥이나 사찰은 나무로 만들어졌기 때문에 흰개미로 인한 피해에 더욱 취약하다. 따라서 정기적인 점검과 친환경적인 방충 처리와 같은 노력이 문화재 보호에 있어 필수적으로 요구되고 있다.

① 외관상의 피해가 없다면 큰 문제가 되지 않는다.
② 문화재 보호를 위해서는 점검을 통한 피해 예방이 중요하다.
③ 목재 건축물이 많은 한국에서만 흰개미에 의한 피해가 나타나고 있다.
④ 조선 시대에는 건축물의 역사적 가치를 보존하기 위해 목재를 사용하지 않았다.

3.

　　노화는 나이가 들면서 신체 기능이 점차 약해지는 현상을 말한다. 그러나 모든 사람이 같은 속도로 늙어가는 것은 아니다. 노화 속도는 유전뿐만 아니라 식습관, 운동, 스트레스 등 생활 습관에 따라 달라지고 이러한 요인들은 몸속 세포의 손상과 회복 속도에 영향을 미친다. 각자의 생활 방식이 노화에 영향을 주게 되는 것이다. 따라서 건강한 생활을 유지하는 것은 노화를 늦추는 하나의 방법이 될 수 있다.

① 사람은 누구나 같은 속도로 늙어 간다.
② 노화는 갑자기 시작되는 신체 변화이다.
③ 스트레스는 노화에 영향을 미치지 않는다.
④ 건강한 생활 습관으로 노화를 늦출 수 있다.

4.

　　간접 광고는 드라마나 영화에 제품이나 제품의 상표를 자연스럽게 넣어 시청자가 광고임을 잘 모르게 하는 판매 전략이다. 이런 방식은 전통적인 광고에 피로를 느끼는 사람들에게 효과적이다. 간접 광고는 이야기의 흐름을 방해하지 않고 판매 제품에 좋은 이미지를 갖게 해 무의식적으로 시청자들을 설득한다. 하지만 너무 많이 사용하면 오히려 시청자의 집중을 방해할 수 있어 적절한 사용이 중요하다.

① 간접 광고는 전통 광고에 지친 사람들에게 효과적이다.
② 간접 광고는 이야기의 흐름을 이해하는 데 도움이 된다.
③ 간접 광고는 시청자가 광고라는 것을 알도록 해야 한다.
④ 간접 광고가 많을수록 시청자는 영화에 더 집중하게 된다.

5.

　　'마중물'은 원래 펌프로 지하수를 끌어올릴 때 먼저 붓는 물을 의미한다. 만약 펌프 안에 물이 전혀 없으면 아무리 펌프질을 해도 물이 올라오지 않는다. 하지만 이때 '마중물'을 먼저 붓고 펌프질을 하면 압력이 형성되어 지하수가 올라오게 된다. 그러나 요즘은 원래의 의미보다 비유적인 표현으로 자주 쓰인다. 예를 들면, 경제 활성화를 위해 투입하는 예산을 '마중물'이라고 한다. 즉, 성공적인 결과를 이끌어내기 위한 시작이라는 의미로 사용되고 있는 것이다.

① 마중물은 압력으로 물을 끌어올리는 원리이다.
② 마중물은 현재에는 거의 사용하지 않는 표현이다.
③ 마중물은 경제 분야에서 사전적으로 사용되는 용어이다.
④ 마중물은 좋지 않은 결과를 얻었을 때 비유적으로 사용된다.

TOPIK 시험에는 다양한 종류의 글이 나옵니다. 각 글의 특징과 읽기 전략을 알고 있으면 문제를 푸는 데 도움이 됩니다.

1 설명문

설명문은 어떤 대상에 대한 정보나 지식을 객관적으로 전달하여 독자를 이해시키는 것을 목적으로 하는 글입니다.

- 글쓴이의 개인적인 생각이나 감정이 없는 객관적인 글
- 정의·비교·예시·도표 등을 많이 활용

📑 읽기 전략

- 설명 대상 찾기: 이 글은 무엇에 대해 이야기하고 있는지 가장 먼저 파악해야 합니다. 보통 첫 문단에 핵심어가 나옵니다.
- 핵심 내용 파악: 글 전체를 통해 설명 대상에 대해 가장 중요하게 말하는 바를 찾습니다.
- 구조 파악하기: 중간 문단들이 어떤 방식으로 구성되었는지(시간 순서, 원인과 결과 등) 파악하면 내용 이해가 쉬워집니다.

> 평발은 발바닥 안쪽의 아치가 사라져 발 전체가 지면에 닿는 상태를 말한다. 이 경우 발의 피로가 쉽게 쌓이고, 무릎이나 허리에 통증이 생기기도 한다. 이를 예방하기 위해서는 아치를 지지해 주는 맞춤형 신발을 신거나 꾸준히 스트레칭을 하는 것이 좋다.

2 보고문

보고문은 특정 주제에 대한 조사나 연구 결과를 객관적으로 알리는 글입니다.

- 조사·연구·실험 결과를 정리 → 사실 중심, 주관적 의견 최소화
- 체계적인 구조 (서론–본론–결론)

📖 **읽기 전략**

- 📑 **연구의 목적 파악**: 이 보고서를 왜 작성했는지 글의 앞부분에서 목적을 먼저 파악해야 글 전체의 방향을 이해할 수 있습니다.
- 📑 **결론 확인**: 마지막 단락에는 조사 결과를 요약하고 그 의미나 향후 과제를 제시합니다. 이 부분이 글의 최종적인 핵심이므로 주의 깊게 읽어야 합니다.

> 2025년 상반기 교통사고 현황을 분석한 결과, 전체 사고 건수는 전년 같은 기간보다 12% 감소하였다. 특히 어린이 보호구역 내 사고가 20% 줄어든 것은 안전 시설 확충의 효과로 보인다. 그러나 고령 운전자의 사고 비율은 오히려 8% 증가하여 추가 대책이 필요한 것으로 나타났다.

3 안내문

안내문은 행사나 모집 등 특정 정보를 알리는 것을 목적으로 합니다.

- 📌 필요한 정보를 명확하고 간결하게 목록 형식으로 전달
- 📌 날짜, 시간, 장소, 대상, 비용, 신청 방법 등 구체적이고 실용적인 정보가 반드시 포함

📖 **읽기 전략**

- 📑 **문제 먼저 읽기**: 글 전체를 읽기 전에 문제에서 무엇을 묻는지 확인하고, 그 키워드를 본문에서 찾아내는 방법이 가장 효율적입니다.
- 📑 **세부 조건 확인**: '단,', '주의:', '※'와 같은 표시 뒤에 나오는 추가 조건을 반드시 확인해야 합니다. 시험 문제의 함정은 대부분 이런 세부 정보에서 나옵니다.

> 서울시 도서관은 오는 9월 15일부터 30일까지 '가을 독서 주간'을 운영합니다. 이 기간 동안 도서관을 방문하는 시민은 전자책 무료 체험, 작가 초청 강연, 북 콘서트 등의 행사에 참여할 수 있습니다. 참여를 원하는 분은 도서관 홈페이지에서 사전 신청해 주시기 바랍니다.

기사문은 사건이나 소식을 신문·잡지·뉴스 등에서 신속하고 정확하게 전달하는 것을 목적으로 합니다.

📌 기자의 개인적인 감정을 배제하고 사실을 객관적으로 전달
📌 가장 중요한 핵심 정보를 글의 맨 앞에 요약하여 제시

📑 읽기 전략

- 제목과 첫 문단에 집중: 기사문의 모든 핵심은 제목과 첫 문단에 압축되어 있습니다. 이 부분만 정확히 읽어도 전체 사건의 개요를 파악할 수 있어 시간을 절약할 수 있습니다.
- 육하원칙(5W1H) 찾기: '누가, 언제, 어디서, 무엇을, 어떻게, 왜'를 빠르게 찾아내는 연습을 하면 내용을 구조적으로 파악하는 데 도움이 됩니다.

> 오늘 오전 10시경 서울 종로구의 한 건물에서 화재가 발생했다. 소방 당국은 즉시 출동해 약 2시간 만에 불을 진압했으며 다행히 인명 피해는 없었다. 경찰은 전기 누전으로 불이 난 것으로 보고 정확한 화재 원인을 조사하고 있다.

논설문은 글쓴이의 의견이나 주장을 논리적으로 전개하여 독자를 설득하는 글입니다.

📌 주장을 뒷받침하기 위해 객관적인 통계, 전문가의 의견, 구체적인 사례 등을 근거로 제시
📌 '따라서, 그러므로, 하지만, 왜냐하면' 같은 연결어 사용이 많음
📌 글의 목적은 '설득'!

📑 읽기 전략

- '주장'과 '근거' 찾기: 글쓴이가 하고 싶은 말은 무엇이고 왜 그렇게 생각하는지를 찾아야 합니다. 예시, 통계 등의 근거가 주장을 잘 뒷받침하고 있는지도 확인해 보세요. 글쓴이의 주장은 보통 서론의 끝이나 결론 부분에 명확하게 나타납니다.

> 　오늘날 청년들의 취업난은 개인의 문제가 아니라 사회 전체가 해결해야 할 중요한 과제이다. 청년들은 끊임없이 공부하고 자격증을 준비하지만 원하는 일자리를 얻지 못하고 있다. 기업들이 경력자를 선호하고 정규직 채용을 줄이고 있기 때문이다. …… 청년은 미래 사회의 주역이다. 그들이 안정된 일자리를 얻지 못한다면 개인은 물론 국가 경쟁력도 약화될 수밖에 없다. 그러므로 청년 고용 문제 해결은 더 이상 미룰 수 없는 사회적 과제임을 명심해야 한다.

6　수필

수필은 일상에서 느낀 생각, 감정, 경험을 자유롭게 표현한 글입니다.

- 📌 글쓴이의 개인적인 감정, 생각, 가치관 중심
- 📌 '나'가 직접 등장
- 📌 문학적·감성적 표현 풍부, 은유·비유 많이 사용

📖 읽기 전략

- ▤ 글쓴이의 '감정' 파악: 글쓴이가 경험을 통해 무엇을 느꼈는지(기쁨, 슬픔, 깨달음 등) 감정의 변화를 따라가는 것이 중요합니다.
- ▤ 비유적 표현의 의미 파악: 수필에서는 비유나 상징적인 표현이 자주 사용되므로 그 속에 담긴 진짜 의미를 파악하는 것이 중요합니다.

> 　면접을 망치고 터덜터덜 돌아오는 길이었다. 괜히 직장에 다니는 친구들과 가정을 꾸리고 행복하게 사는 친구들이 생각났다. 그들의 삶과 비교하면 할수록 나 자신이 작아 보이고 부족해 보였다. 그렇게 고개를 푹 숙인 채 걷다가 아스팔트 틈새로 노랗게 빛나는 것을 보게 되었다. 처음에는 쓰레기인가 싶어서 그냥 지나가려고 했지만 다시 돌아본 순간 나는 그 자리에 멈춰 설 수밖에 없었다.

7　비평문

비평문은 문학, 영화, 미술 등 특정 작품이나 대상을 분석하고 평가하여 그 가치를 판단하는 글입니다.

- 📌 개인적인 느낌보다는 작품의 구조, 형식, 주제, 사회적 영향 등을 분석적으로 접근
- 📌 근거(예: 작품 내용, 사회적 의미, 자료, 이론 등)을 바탕으로 논리 전개

📑 **읽기 전략**

- 평가의 대상 확인: 글쓴이가 무엇에 대해서 이야기하고 있는지 확인해야 합니다.
- 평가의 기준 찾기: 글쓴이가 어떤 관점이나 기준으로 작품을 분석하고 있는지 먼저 파악해야 합니다.
- 글쓴이의 평가 분석: 글쓴이가 작품에 대해 내리는 최종적인 평가가 무엇인지 파악하는 것이 중요합니다. 보통 긍정적인 면과 부정적인 면을 함께 다루므로, 전체적으로 어떤 평가를 내리는지 확인해야 합니다.

> 최근 출간된 소설 [기숙사 306호]는 전반적으로 짜임새 있는 구성과 흥미로운 전개를 보여 준다. 특히 인물 간의 갈등을 사실적으로 묘사한 점이 작품의 완성도를 높였다. 그러나 후반부 결말이 다소 급하게 처리되어 독자에게 아쉬움을 남기는 것은 단점으로 지적된다. 그럼에도 불구하고 이 소설은 현대 사회의 인간 관계를 깊이 있게 다룬 의미 있는 작품이라 평가할 수 있다.

8 감상문

감상문은 책, 영화, 공연, 전시 등 작품을 접한 후의 느낌, 생각, 경험을 표현한 글입니다.

📍 주관적이며 감동, 슬픔, 기쁨, 깨달음 등 개인의 감정 표현 중심
📍 인상 깊었던 부분, 느낀 점, 떠오른 생각 중심

📑 **읽기 전략**

- 글쓴이의 감정의 흐름: 글쓴이가 작품의 어떤 부분에서, 어떤 감정을 느꼈는지 그 감정의 흐름을 파악하는 것이 가장 중요합니다.
- 글쓴이가 강조하는 인상 깊었던 부분: 글쓴이가 작품을 감상하며 가장 인상 깊게 생각한 부분이나 자신의 삶과 관련지어 생각한 부분이 글의 핵심일 가능성이 높습니다.

> 최근 개봉한 영화 [아버지 내 아버지]는 아름다운 영상미와 감동적인 음악으로 관객들의 호평을 받고 있다. 특히 주인공이 가족을 지켜내는 과정은 누구나 공감할 만한 따뜻한 이야기다. 나 역시 영화를 보는 동안 어린 시절 부모님과 함께한 기억이 떠올라 눈시울이 붉어졌다. 가족의 소중함을 다시 한번 깊이 느낄 수 있었다.

유형 9 　기사 제목의 의미 파악하기

기사 제목을 보고 바르게 해석한 것을 고르는 문제입니다. 짧은 문장 안에 담긴 핵심 정보를 정확히 이해해야 합니다. 대체로 조사가 생략되어 있으며 '의성어·의태어'로 의미를 나타내기도 합니다. 특히, 짧지만 많은 뜻이 들어 있는 한자어가 많이 나오기 때문에 한자어를 공부하는 것도 이 문제를 해결하는 데 도움이 됩니다.

❀ 기사 제목을 읽고 긍정적인 내용일지 부정적 내용일지 추측해 봅니다. 추측이 가능한 제목이라면 이것을 바탕으로도 선택지를 한두 개 삭제할 수 있습니다.

※ 25~27 　다음 신문 기사의 제목을 가장 잘 설명한 것을 고르십시오.

25.　　　　　　　　　　　　　　　　　　　　　96회 기출문제

> 모처럼의 황금연휴, 여행사 예약 문의 '껑충'

① 연휴가 짧아서 여행 상품을 찾는 예약 문의가 줄어들었다.
② 값이 비싸더라도 연휴 기간에 여행을 가려는 사람이 많아졌다.
③ 오랜만에 오는 긴 연휴를 맞아 여행사에 예약 상담이 대폭 늘었다.
④ 매년 돌아오는 연휴를 앞두고 여행사마다 적극적인 홍보를 시작했다.

🦉 정답 ③

긍정적인 내용의 기사 제목이다. 따라서 먼저 선택지 중에서 긍정적인 의미를 담고 있는 것을 찾는다. 이후 어휘의 의미를 파악하여 '긴 휴일로 인해 여행 예약이 늘었다'는 내용의 문항을 고른다.

🎎 핵심 어휘: 황금연휴, 껑충

- 황금연휴: 명절이나 공휴일이 이어져 있어 길게 쉴 수 있는 연휴
- 껑충: 어떤 단계나 순서 등을 한 번에 많이 건너뛰거나 수량이 크게 증가하는 모양

25.

온라인 거래 사기 급증, 정부 대책 마련은 미흡

① 온라인 거래 사기가 늘었지만 정부의 대책 마련은 충분하지 않다.
② 온라인 시장에서 거래 사기가 증가해 정부가 대책을 수립하고 있다.
③ 온라인 거래 사기를 막기 위해 마련한 정부의 대책은 큰 효과가 없었다.
④ 온라인 거래 사기 피해자들을 위해 정부가 대책을 마련하겠다고 발표했다.

 정답 ①

부정적인 내용의 기사 제목이다. 따라서 먼저 선택지 중에서 부정적인 의미를 담고 있는 것을 찾는다.
이후 어휘의 의미를 파악하여 '온라인에서 사기 행각이 크게 늘었지만 정부가 충분한 대책을 내지 못
하고 있다'는 내용의 문항을 고른다.

🏮 **핵심 어휘: 급증, 미흡**

- 급증: 짧은 기간 안에 갑자기 늘어남 ↔ 급감
- 미흡: 만족스럽지 못하거나 충분하지 않음

※ **1~3** 빈칸에 알맞은 말을 찾아 쓰십시오.

황금연휴	껑충	급증하다	급감하다	미흡하다

1. 최근 더위로 인한 에어컨 사용이 __________ 늘면서 에너지 사용량이 __________ 추세이다.

2. 이번 사고는 안전 관리가 __________ 상태에서 공사를 진행했기 때문이라는 지적이 많다.

3. 올해 추석은 5일을 쉬는 __________(으)로 해외 여행객이 많을 것으로 예상된다.

※ **1~12** 다음 신문 기사의 제목을 가장 잘 설명한 것을 고르십시오. (각 **2점**)

1.

밤새 쏟아진 폭우, 아침 출근길 시민 발 묶여

① 밤새 출근하는 시민들이 많은 비 때문에 피해를 보았다.
② 밤새 시민들이 모여 아침까지 폭우 피해 복구 작업에 나섰다.
③ 밤새 내린 많은 비로 아침에 시민들이 출근에 불편을 겪었다.
④ 밤새 쏟아진 많은 비로 출근길 걱정에 시민들이 잠을 못 잤다.

2.

육상 국가대표 김민지, 국제 대회에서 대한민국 최초 '깜짝 금메달'

① 김민지 선수가 국제 대회에서 아쉬운 결과를 낳았다.
② 김민지 선수는 국제 대회에서 꾸준히 우승을 하던 선수였다.
③ 김민지 선수가 국제 대회에서 예상하지 못한 금메달을 획득했다.
④ 김민지 선수가 국제 대회에서 금메달을 획득할 것이라고 기대하고 있다.

3.

추석 앞두고 채소 값 '껑충', 정부 명절 물가 잡기 총력

① 추석 전에 채소의 판매 가격을 정부가 지정해 놓았다.
② 추석 전에 채소의 수확량이 늘어 올랐던 채소 가격이 하락했다.
③ 추석 전에 채소의 수요가 늘어날 것을 예측하여 정부가 대책을 세워야 한다.
④ 추석 전에 채소의 가격이 크게 올라서 정부가 가격을 조정하는 데 애쓰고 있다.

4.

오래된 주택가 주차 공간 부족, 불법 주차 늘어

① 주차 시설이 모자란 오래된 주택가에 불법 주차가 늘어났다.
② 불법 주차 때문에 오래된 주택가에 주차 공간이 부족해졌다.
③ 오래된 주택으로 인해서 주택가에 불법 주차가 늘어나고 있다.
④ 부족한 주차 공간과 더불어 오래된 주택의 안전 문제도 심각하다.

5.

공연장 소리 '쩌렁쩌렁', 늦은 밤 잠 못 자는 인근 주민들

① 공연장의 방음 시설이 좋아서 주민들의 만족도가 높다.
② 공연장에서 나는 소리 때문에 주민들이 소음 피해를 입고 있다.
③ 공연장 가까이에 사는 주민들은 밤 늦게까지 공연을 볼 수 있다.
④ 공연장의 소리가 크지 않아서 주민들의 일상생활에 영향을 미치지 않는다.

6.

출산 지원금 확대, 출산율 소폭 증가

① 출산율이 증가함에 따라 출산 지원금이 생겼다.
② 출산 지원금에 대한 제한이 출산율에 영향을 주었다.
③ 출산율 증가를 위해 지원금 확대 방안이 논의되고 있다.
④ 출산 관련 지원을 늘린 결과로 출산율이 조금 상승했다.

7.

배우 임병헌, 촬영 중 부상에도 연기에 집중

① 배우 임병헌은 촬영하다가 부상을 당했지만 연기를 멈추지 않았다.
② 배우 임병헌은 촬영하다가 집중하지 못했기 때문에 부상을 당했다.
③ 배우 임병헌은 촬영하다가 부상을 당해서 연기에 집중하지 못했다.
④ 배우 임병헌은 촬영하다가 부상을 당했다는 이유로 촬영을 중단하였다.

8.

번져가는 산불에 국보급 문화재 '속수무책', 보호 대책 시급

① 정부의 빠른 대처 덕분에 산불로부터 문화재를 지킬 수 있었다.
② 산불로 문화유산이 피해를 입어 이를 복구하기 위한 대책이 필요하다.
③ 예상보다 빠르게 번진 산불 때문에 미처 문화유산을 보호하지 못했다.
④ 산불에 문화재가 훼손되고 있어 이를 지키기 위한 대책이 빠르게 요구된다.

9.

장년층 일자리는 '맑음', 청년 고용시장은 '흐림' … 일자리 양극화 극심

① 기후 변화로 인해 청년층의 일자리 상황이 크게 나빠졌다.
② 국가 경제가 활성화되면서 취업 시장이 활기를 띄게 되었다.
③ 연령에 상관없이 취업 기회를 얻기 힘들어 경제적 어려움이 크다.
④ 장년층에 비해 청년들의 취업이 어려워 세대 간 고용 격차가 커지고 있다.

10.

AI 로켓 엔진 개발, 2050년 우주여행 청신호

① 2050년에 AI 로켓 엔진 개발이 시작될 예정이다.
② AI 로켓 엔진 개발로 2050년 우주여행이 예상된다.
③ AI 로켓 엔진 개발이 2050년에 완성될 것으로 보인다.
④ 우주여행의 성공으로 AI 로켓 엔진 기술이 주목받고 있다.

11.

철창 없는 곳에서 자유로운 동물의 삶 … 동물 복지 1번지 인주동물원

① 인주동물원에서는 동물들이 우리 안에서 보호를 받고 있다.
② 인주동물원은 동물 복지를 위해서 서식 환경을 개선하고 있다.
③ 인주동물원에는 철창이 없어서 방문객들이 동물을 만질 수 있다.
④ 인주동물원은 철창이 없는 사육 환경을 만든 첫 번째 동물원이다.

12.

SNS에 피로한 청년들, 소셜미디어 탈출 바람

① 젊은 사람들이 새로운 소셜미디어를 찾고 있다.
② SNS 사용이 줄면서 오프라인 모임이 늘고 있다.
③ SNS 덕분에 청년들의 일상이 더 활발해지고 있다.
④ SNS 사용에 지친 청년들이 소셜미디어를 끊으려 한다.

신문 기사에 자주 나오는 한자어

1. 변화의 크기·방향	
어휘 (모어)	확인
급감	☐
급증	☐
축소	☐
확대	☐
악화	☐
개선	☐
회복	☐
침체	☐

2. 흐름의 변화	
어휘 (모어)	확인
상승	☐
하락	☐
폭등	☐
폭락	☐
변동	☐
추세	☐
호황	☐
불황	☐

※ **1~3** 의미가 자연스러운 한자어를 고르십시오.

1. 정부의 청년 일자리 대책 덕분에 실업률이 (악화 / 급감) 했다.

2. 주가가 하루 만에 20% (폭락 / 회복) 하면서 투자자들의 불안이 커졌다.

3. 폭우로 농작물이 큰 피해를 입어 식품 가격이 (침체 / 상승) 할 것으로 전망된다.

3. 상황		4. 속도와 시간	
어휘 (모어)	확인	어휘 (모어)	확인
심각 - - - - -	☐	시급 - - - - -	☐
중대 - - - - -	☐	조속 - - - - -	☐
미흡 - - - - -	☐	긴급 - - - - -	☐
양호 - - - - -	☐	속행 - - - - -	☐
불가 - - - - -	☐	지체 - - - - -	☐
가능 - - - - -	☐	지속 - - - - -	☐
임박 - - - - -	☐	단축 - - - - -	☐
원활 - - - - -	☐	장기 - - - - -	☐

※ **1~3** 의미가 자연스러운 한자어를 고르십시오.

1. 대형 산불로 피해를 입은 지역 주민들의 생활 지원이 (시급 / 임박) 한 상황이다.

2. 비행기 결항으로 귀국 일정이 (단축 / 지체) 되어 많은 승객들이 불편을 겪었다.

3. 회의가 (원활 / 중대) 하게 진행되어 예정된 시간보다 일찍 끝났다.

정답 1. 시급 2. 지체 3. 원활

 수필과 소설을 읽고 등장인물의 행동이나 대사에서 심정을 파악하는 유형입니다. 인물의 행동이나 대사를 그대로 받아들이기 보다 글 전체를 읽고 인물이 처한 상황을 잘 파악하여 답을 찾아야 합니다. 특히 밑줄 친 부분의 앞뒤 문장을 꼼꼼하게 읽어 보면 등장인물의 심정을 추측하는 데 힌트를 얻을 수 있습니다. 또한 선택지에 나오는 다양한 감정 어휘를 공부해 두면 도움이 됩니다.

※ **23~24** 다음을 읽고 물음에 답하십시오.

96회 기출문제

　퇴직한 아빠는 매일 아침 운전을 해서 나를 직장까지 데려다주셨다. 출근길 대중교통이 불편했기 때문이다. 아빠는 운전하면서 잔소리를 많이 하셨다. "신입 사원은 인사를 잘해야 해. 돈 아껴 쓰고……." 출근할 때마다 잔소리를 듣는 것도 싫고 운전도 하고 싶어서 운전면허를 땄다. 나는 면허증을 받자마자 직접 운전해서 출근하기로 했다. 새 차를 샀다가 긁히기라도 할까 봐 당분간 아빠의 차를 빌려 쓰기로 했다. "사방을 잘 살피면서 운전해야 한다." 아빠에게 나도 그 정도는 안다고 큰소리를 치고 출발했다. 그러나 운전하는 내내 다리가 후들후들 떨렸다. 옆자리에 앉아 있을 때와는 달랐다. 운전대를 꼭 붙든 채 앞만 보고 도로를 달렸다. 퇴근하고 집에 무사히 돌아왔을 땐 안도감에 눈물이 날 정도였다. 매일 나를 데려다주신 아빠에게 새삼 감사함을 느꼈다.

23. 밑줄 친 부분에 나타난 '나'의 심정으로 가장 알맞은 것을 고르십시오.

① 기대되다　　　　　　　② 긴장되다

③ 뿌듯하다　　　　　　　④ 창피하다

그러나 운전하는 내내 다리가 후들후들 떨렸다. 옆자리에 앉아 있을 때와는 달랐다. 운전대를 꼭 붙든 채 앞만 보고 도로를 달렸다. 퇴근하고 집에 무사히 돌아왔을 땐 안도감에 눈물이 날 정도였다.

'긴장되다'는 마음이 조마조마하고 불안한 상태를 의미한다. 다리가 후들후들 떨리는 것은 긴장될 때 나오는 신체 반응이다. 또한, 운전이 끝난 후 '무사히'(=아무런 문제나 어려움이 없이) 집에 돌아왔을 때는 '안도감'(=마음이 놓여 편안해지는 느낌)을 느꼈다는 것으로 보아 운전하는 동안은 긴장하고 있었다는 것을 알 수 있다.

✨ 스스로 확인하기 ✨

※ **1~3** 앞의 글을 읽고 질문에 답하십시오.

1. 운전면허를 따기로 한 이유는 무엇입니까?

2. 처음 혼자 운전했을 때 어떤 기분을 느꼈습니까?

3. 퇴근 후 집에 돌아왔을 때 어떤 깨달음을 얻었습니까?

정답 1. 아빠의 잔소리도 듣기 싫고 직접 운전도 하고 싶어서
2. 다리가 떨릴 정도로 불안함 3. 아버지에 대한 감사함을 느낌

민욱이 주말에 친구 부부를 초대해도 되느냐고 물었을 때, 미연은 말없이 한참 뜸을 들였다. 그녀는 그날 민욱과 함께 아파트의 발코니 벽을 페인트 칠할 계획이었다. (중략) 그들은 육 개월 전에 E시의 아파트를 사서 이사했다. 지은 지 이십 년도 더 된 낡은 아파트였지만, 누구의 도움도 받지 않고 그들 스스로 이룬 일이었다. 미연은 직접 발품을 팔아 수도부터 새시까지 새로 손을 보았다. 하지만 집수리는 대강 되었다고 해도, 미연이 생각해 둔 대로 인테리어가 완성되려면 아직 부족했다.

"손님 초대는 좀 이르지 않아? 집 단장도 덜 되었는데……"

"성재가 한국에 왔대."

민욱이 무거운 목소리로 말했다. (중략)

민욱과 성재는 고등학교 동창이고, 그들을 통해 만난 미연과 연주도 십여 년이 넘는 인연이었다. 꽤나 가까운 사이였지만 성재가 사업 실패로 한국을 떠나면서 연락이 끊겼다. 미연은 자신이 연주의 이름을 오랫동안 잊고 있었다는 사실을 깨달았다. 더 이상 뭐라고 할 말이 없었다. (중략)

토요일 오전에 미연은 두 딸아이를 데리고 마트에 가서 고기와 채소를 샀다. 누군가를 초대해 음식을 대접하는 것이 정말로 오랜만이었다.

42. 밑줄 친 부분에 나타난 '미연'의 심정으로 가장 알맞은 것을 고르십시오.

① 후련하다　　　　　　　② 불만스럽다

③ 허전하다　　　　　　　④ 자랑스럽다

🦉 정답 ② 불만스럽다

민욱이 주말에 친구 부부를 초대해도 되느냐고 물었을 때, 미연은 말없이 한참 뜸을 들였다. 그녀는 그날 민욱과 함께 아파트의 발코니 벽을 페인트 칠할 계획이었다. (중략)

하지만 집수리는 대강 되었다고 해도, 미연이 생각해 둔 대로 인테리어가 완성되려면 아직 부족했다.

"손님 초대는 좀 이르지 않아? 집 단장도 덜 되었는데……"

미연은 민욱의 말에 곧바로 대답하지 않고 망설이며 잠시 시간을 끌었다. 왜냐하면 두 사람은 주말에 이미 계획이 있었기 때문이다. 민욱의 갑작스러운 말에 주말의 계획이 변경된 것과 준비가 덜 된 상태에서 손님을 맞이해야 하는 점으로 인해 미연은 기분이 좋지 않을 것이라고 추측할 수 있다. 그러므로 마음에 들지 않아서 못마땅하다는 의미의 '불만스럽다'가 가장 자연스럽다.

※ **1~4** 앞의 글을 읽고 빈칸을 채우십시오.

1. 등장인물: __________, __________, __________, __________

2. 인물간 관계:
   민욱과 미연 → __________, 민욱과 성재 → __________, 성재와 연주 → __________

3. 사건의 장소: __________, __________

4. 사건의 내용:
   남편 민욱은 아내 미연에게 __________인 성재와 그의 아내 연주를 주말에 집에 __________ 하려고 한다. 그러나 아내 미연은 새로 __________을/를 온 집의 __________이/가 완성되지 않아서 남편의 요청에 쉽게 대답하지 못한다.

※ **1~2** 다음을 읽고 물음에 답하십시오. (각 **2점**)

> 면접을 망치고 터덜터덜 돌아오는 길이었다. 괜히 직장에 다니는 친구들과 가정을 꾸리고 행복하게 사는 친구들이 생각났다. 그들의 삶과 비교하면 할수록 나 자신이 작아 보이고 부족해 보였다. 그렇게 고개를 푹 숙인 채 걷다가 아스팔트 틈새로 노랗게 빛나는 것을 보게 되었다. 처음에는 쓰레기인가 싶어서 그냥 지나가려고 했지만 다시 돌아본 순간 나는 그 자리에 멈춰 설 수밖에 없었다. 그곳에는 작고 노란 꽃 한 송이가 딱딱한 아스팔트를 뚫고 올라와 있었다. 흙도 없고 물도 없는 아스팔트 길 위에 생명이 살고 있었던 것이다. 그 여린 줄기가 얼마나 오랜 시간 버티고 견뎠을까……. <u>하지만 이 작은 생명은 모든 어려움을 이겨내고 꽃을 피웠다.</u> 내가 지금 겪는 이 시간도 노란 꽃과 비슷할지도 모른다. 상황이 어렵지만 나도 언젠가는 피어날 수 있지 않을까?

1. 밑줄 친 부분에 나타난 '나'의 심정으로 가장 알맞은 것을 고르십시오.

① 불안하다
② 기대하다
③ 허탈하다
④ 대견하다

2. 윗글의 내용과 같은 것을 고르십시오. [유형 8]

① 나는 길에서 본 쓰레기를 꽃으로 착각했다.
② 나는 면접을 보러 가는 길에 꽃을 발견했다.
③ 나는 길에 핀 꽃을 보고 다시 희망을 얻었다.
④ 나는 친구들의 삶과 비교해 봐도 부족함이 없다.

벌써 내 나이도 오십이 넘었다. 바쁘게 일하고 가족을 챙기느라 정신없이 살았는데 어느 날 고등학교 동창으로부터 연락을 받았다. 우리 담임 선생님께서 돌아가셨다는 소식이었다. 그 이름을 듣는 순간 잊고 지냈던 장면들이 마음속에서 조용히 되살아났다.

고등학생 때 나는 급식비도 내기 힘들만큼 가난했다. 교복이 아무리 낡아도 쉽게 새것을 살 수 없었다. 힘든 현실에 학교는 점점 멀게 느껴졌다. 자주 학교를 결석하고 학교에 가면 친구들과 많이 싸웠다. 그런 나를 담임 선생님은 쉽게 포기하지 않으셨다. 혼내고, 불러내고, 야단도 많이 치셨다. 선생님께 혼이 나기 싫어서 어떻게든 학교에 나갔다. 그때는 그 모든 게 억울하고 귀찮았다. 하지만 졸업을 하고 나서야 선생님께서 나의 학비와 급식비를 내고 계셨다는 것을 알게 되었다. 나는 그 은혜에 보답하지도 못하고 내가 감사의 말씀을 드리기도 전에 선생님은 이 세상을 떠나셨다. <u>그 소식을 들은 날 밤에는 오래도록 잠이 오지 않았다.</u>

3. 밑줄 친 부분에 나타난 '나'의 심정으로 가장 알맞은 것을 고르십시오.

① 조심스럽다
② 후회스럽다
③ 감격스럽다
④ 자랑스럽다

4. 윗글의 내용과 같은 것을 고르십시오. [유형 8]

① 나는 선생님을 직접 뵙고 감사의 인사를 드렸다.
② 나는 선생님이 돌아가신 것을 동창들에게 알렸다.
③ 나는 담임 선생님의 야단 때문에 학업을 포기했다.
④ 나는 가난하고 어려운 상황에서도 고등학교를 졸업했다.

※ **5~6** 다음을 읽고 물음에 답하십시오. (각 **2점**)

귀국 날짜가 다가오자 나의 작은 방은 온통 상자로 가득 찼다. <u>짐을 싸면 쌀수록 고향으로 가져갈 수 없는 물건들이 자꾸 눈에 밟혔다.</u> 정든 물건을 그냥 버리기 아까워서 친구들에게 필요한 것이 있는지 물어보기로 했다. 메시지를 보내자마자 고맙다는 답장과 함께 친구들이 하나둘씩 방으로 찾아왔다. 한 후배는 내가 밤새워 공부할 때 쓰던 낡은 스탠드를 보더니 자신에게 필요한 것이라며 가져갔다. 다른 친구는 두꺼운 전공책을 챙기면서 몇 번이고 고맙다고 인사했다. 그렇게 나의 손때가 묻은 물건들이 새로운 주인을 찾아 떠나고 나니 북적이던 방이 순식간에 조용해졌다. 무겁던 짐이 줄어든 만큼 마음도 한결 가벼워지는 것 같았다. 하지만 물건에 깃든 지난 시간과 추억까지 함께 떠나보내는 기분이 들어 마음 한구석이 텅 빈 듯 허전해졌다. 낯선 곳에서 나를 지켜주었던 물건들과 작별하고 나니 길었던 유학 생활이 드디어 끝난 것만 같았다.

5. 밑줄 친 부분에 나타난 '나'의 심정으로 가장 알맞은 것을 고르십시오.

① 아쉽다
② 곤란하다
③ 막막하다
④ 못마땅하다

6. 윗글의 내용과 같은 것을 고르십시오. [유형 8]

① 전공책은 원하는 사람이 아무도 없었다.
② 후배는 스탠드가 필요해서 중고로 사 갔다.
③ 친구들에게 선물을 받아서 오히려 짐이 늘어났다.
④ 쓰던 물건을 버리지 않고 친구들에게 나눠주기로 했다.

> "열이 사십 도나 되는 걸"
>
> 　의사는 혼잣말하는 듯하며 알콤솜으로 주사기를 소독하면서 "산소 흡입을 시킬 테니...... 어서"하고 간호사에게 준비를 명령한다. 인숙의 마음은 더욱 불안해졌다. (중략)
>
> 　우스운 소리도 곧잘 하고 남자처럼 쾌활하던 허 의사는 일남을 진찰해 본 뒤부터 <u>엄숙한 과학자의 태도로 변하였다.</u> 사실 일남의 병은 자기로서도 장담을 하지 못할 만큼 위중하였던 것이다. 사람의 생명을 다루는 의사로서 무거운 책임을 느낄 뿐만 아니라 일남이가 인숙에게 있어서 다만 한줄기 생명선인 것을 잘 알고 유달리 동정을 해왔기 때문에 구세주와 같이 신임을 받는 자기의 책임이 너무나 무거웠다. 더구나 일남의 맥박이 일 분간 백이 넘는 위험한 상태에 빠진 것을 보니 말 한마디 할 여유가 없을 만큼 마음이 긴장된 것이다.
>
> 　인숙 역시 일남의 병 증세를 더 물어보지 못하고 더운 김을 내뿜는 아들의 조그만 입에 잠시도 그치지 않고 산소 흡입을 시켜주면서
>
> 　"일남아, 엄마가 잘못했다. 몹쓸 엄마 때문에 네가 이렇게 고통을 당하는구나. 오늘 밤만 자고 나면 낫는다. 그렇지 오늘 밤만 잘 자고 나면 전처럼 웃고... 옹알옹알하고 그러자? 응? 우리 일남아!"
>
> 　하다가 눈두덩이 뜨끈하고 솟아오르는 눈물을 몇 번이나 마음속으로 소리 없이 삼켰다.

7.　밑줄 친 부분에 나타난 '허 의사'의 심정으로 가장 알맞은 것을 고르십시오.

① 긴장되다
② 창피하다
③ 위축되다
④ 민망하다

8.　윗글의 내용으로 알 수 있는 것을 고르십시오. [유형8 변형]

① 인숙은 아들이 오늘 밤을 넘기지 못할 것이라고 확신했다.
② 인숙은 아들의 상태가 위중하다는 것을 느끼며 불안에 떨었다.
③ 허 의사는 일남의 병이 가볍다고 판단하여 인숙을 안심시켰다.
④ 허 의사는 인숙의 아들보다 다른 환자들을 더 중요하게 여겼다.

몹시 춥던 어느 날 아침이었다. 내가 아직 꿈속에서 놀고 있을 때 어머니가 팔을 흔들어 깨우셨다. 아침에 자는데 깨우면 괜스레 약이 오르는 나였다. 팔꿈치로 그 손을 툭 털어 버리고

"아이참, 죽겠네!"

화를 이렇게 내니까

"너 이 토끼 싫으냐?"

하고 그럼 그만두란 듯이 은근히 나를 당기고 계신 것이다. 나는 잠결에 그럼 아버지가 아마 오랜만에 고기 생각이 나서 토끼 고기를 사 오셨나, 그래서 어머니가 나를 먹이려고 깨우시는 것이 아닐까 하였다. 그리고 고개를 돌리어 뻑뻑한 눈을 떠보니 이게 다 뭐냐 조막만하고 아주 하얀 옥토끼 한 마리가 어머니 치마에 폭 쌓여 있는 것이 아닌가. 나는 눈곱을 부비고 허둥지둥 다가앉으며

"이거 어서 났수?"

"글쎄?"

<u>"어디서 났느냐 말이야?"</u>하고 조급히 물으니까,

"아침에 쌀을 씻으러 나가니까 우리 부뚜막 위에 올라앉아서 웅크리고 있더라. 아마 어느 집에서 기르는 토끼인데 빠져나왔나 봐." (중략)

이런 귀여운 옥토끼가 여러 사람을 제치고 나를 찾아왔음에는 아마 나의 생활 형편이 차차 피려나 보다 하였다. 그리고 어머니 치마에서 옥토끼를 집어내 들고 고놈을 입에 대보고 뺨에 문질러 보고 턱에다 받쳐도 보고 하였다. 참으로 귀엽고도 아름다운 동물이었다.

9. 밑줄 친 부분에 나타난 '나'의 심정으로 가장 알맞은 것을 고르십시오.

   ① 간절하다
   ② 부끄럽다
   ③ 안타깝다
   ④ 기대되다

10. 윗글의 내용으로 알 수 있는 것을 고르십시오. [유형8 변형]

   ① 토끼는 나의 꿈속에서만 나타난 상상의 존재였다.
   ② 나는 원래부터 동물들을 좋아해서 동물을 키우고 싶었다.
   ③ 나는 옥토끼가 자기에게 찾아온 것을 좋은 징조로 받아들였다.
   ④ 아버지가 시장에서 사 오신 토끼를 어머니가 나에게 보여 주었다.

내가 발을 멈춘 곳은 돈의동 뒤 골목이었다. 바로 내 앞에 보이는 것은 전등 달린 대문이 있고 그 옆으로 '나명주'라고 새긴 문패가 달려 있다. 안에서는 웃음소리와 아울러 가끔 노래가 흘러나오지만 대문은 얌전히 닫겨 있었다. 나의 임무는 즉, 이집에다 편지를 바치고 그 답장을 받아오는 것이다. 그러나 아무리 생각해 보아도 다가서서 대문을 두드려볼 용기가 나진 않는다. (중략) 이러기를 서너차례 한다음에 나는 딱 결정했다. 편지를 호주머니에 다시 넣고 사직동을 향해 올라갔다. (중략)

그는 나를 데리고 사직공원으로 올라가며 "전했니?" 하고 조급하게 묻는 것이다.

"응" 하고 나는 코대답으로 받았으나 그것만으로는 좀 불충분함을 깨닫고 "잘 전했다" 하고 명백히 대답하였다.

"그래 잘 받더니?"

<u>"그 자가 뭐라고 사람이 보내는 걸 안 받을까?"</u>

나는 이렇게 큰소리로 하긴 했으나 미처

"그럼 답장은?" 하고 묻는 것에는 "답장은……"

그만 얼떨떨하지 않을 수 없었다. 미처 거기까지는 생각이 하지 못한 까닭이었다.

11. 밑줄 친 부분에 나타난 '나'의 심정으로 가장 알맞은 것을 고르십시오.

    ① 초조하다

    ② 섭섭하다

    ③ 실망스럽다

    ④ 후회스럽다

12. 윗글의 내용으로 알 수 있는 것을 고르십시오. [유형8 변형]

    ① 나는 편지를 전달했다고 솔직하게 말했다.

    ② 나는 망설이다가 결국 편지를 전하지 못했다.

    ③ 그는 내가 받아온 답장을 읽고 얼떨떨해했다.

    ④ 그는 내가 편지를 못 전해줄 것을 알고 있었다.

 **등장인물의 심정을 나타내는 어휘**

어휘 (모어)	확인	어휘 (모어)	확인
간절하다	☐	대견하다	☐
거만하다	☐	막막하다	☐
걱정스럽다	☐	못마땅하다	☐
고통스럽다	☐	민망하다	☐
곤란하다	☐	부끄럽다	☐
괘씸하다	☐	부담스럽다	☐
기대되다	☐	불만스럽다	☐
긴장되다	☐	불안하다	☐
난처하다	☐	뿌듯하다	☐
담담하다	☐	서운하다	☐
답답하다	☐	섭섭하다	☐
당황스럽다	☐	속상하다	☐

어휘 (모어)	확인	어휘 (모어)	확인
실망스럽다	☐	허무하다	☐
안타깝다	☐	허전하다	☐
억울하다	☐	허탈하다	☐
원망스럽다	☐	혼란스럽다	☐
위축되다	☐	황당하다	☐
의심스럽다	☐	후련하다	☐
자랑스럽다	☐	후회스럽다	☐
조심스럽다	☐	흐뭇하다	☐
죄송스럽다	☐	흡족하다	☐
짜증스럽다	☐	무안하다	☐
창피하다	☐	불쾌하다	☐
처량하다	☐	애틋하다	☐
초조하다	☐	조급하다	☐

 주제는 글의 가장 핵심적인 내용을 말합니다. 반복적으로 등장하는 주제 어휘를 찾고 전체적으로 글을 읽으면서 문제를 풉니다.

🌼 보통 주제는 글의 처음과 끝에 나타나는 경우가 많습니다.
🌼 글에서 읽은 어휘나 내용이 적힌 선택지라도 글의 전체 주제가 아닌 일부 내용이라면 정답이 아닙니다.

※ **35~38** 다음을 읽고 글의 주제로 가장 알맞은 것을 고르십시오.

36. 96회 기출문제

미세 먼지 문제를 해결하기 위한 인공 강우 실험이 활발히 이뤄지고 있다. 인공적으로 비를 내리게 해서 대기 중의 미세 먼지 수치를 낮춘다는 계획이다. 그러나 현재의 인공 강우 기술은 구름이 있는 지역에서만 활용할 수 있고 만들 수 있는 비의 양도 많지 않다. 이러한 점에서 인공 강우 기술은 미세 먼지 문제를 해결할 수 있는 근본적인 대책이라고 보기는 어렵다.

① 인공 강우 기술이 상용화되도록 실험을 지속해야 한다.
② 미세 먼지를 줄이기 위해서는 국가 간 협력이 필수적이다.
③ 미세 먼지 문제를 해결하기 위해서는 재정적인 지원이 중요하다.
④ 인공 강우 기술은 미세 먼지를 줄이는 해결책으로는 한계가 있다.

정답 ④ 인공 강우 기술은 미세 먼지를 줄이는 해결책으로는 한계가 있다.

> 미세 먼지 문제를 해결하기 위한 인공 강우 실험이 활발히 이뤄지고 있다. 인공적으로 비를 내리게 해서 대기 중의 미세 먼지 수치를 낮춘다는 계획이다. 그러나 현재의 인공 강우 기술은 구름이 있는 지역에서만 활용할 수 있고 만들 수 있는 비의 양도 많지 않다. 이러한 점에서 인공 강우 기술은 미세 먼지 문제를 해결할 수 있는 근본적인 대책이라고 보기는 어렵다.

이 글은 미세 먼지 문제를 해결하는 방법으로서 인공 강우 실험에 대해서 이야기하고 있다. '이러한 점에서~'를 써서 앞의 글 내용을 바탕으로 글쓴이의 의견을 정리하고 있음을 알 수 있다.

① 인공 강우 기술이 상용화되도록 실험을 지속해야 한다. – 내용 없음
② 미세 먼지를 줄이기 위해서는 국가 간 협력이 필수적이다. – 내용 없음
③ 미세 먼지 문제를 해결하기 위해서는 재정적인 지원이 중요하다. – 내용 없음

✦ 스스로 확인하기 ✦

※ **1~4** 앞의 글을 읽고 정보를 찾으십시오.

1. 핵심 어휘:

2. 긍정적인 부분:

3. 부정적인 부분:

4. 결론:

정답 1. 인공강우   2. 미세 먼지 수치를 낮출 수 있다.
3. 구름이 있는 지역에서만 활용할 수 있고 비의 양도 많지 않다.   4. 미세 먼지 문제의 근본적인 해결책이 아니다.

38.

96회 기출문제

국회는 다양한 세대의 국회 의원들로 구성되어야 한다. 특히 청년 세대들은 새로운 기술이나 가치관을 빠르게 받아들여 사회 변화에 부합하는 정책을 제안할 수 있다. 또 취업 등 청년 정책에 적극적으로 목소리를 낼 수 있는 것도 청년 자신이다. 그런데 정치적 기반이 부족한 청년이 선거를 통해 국회에 진출하기란 쉽지 않다. 따라서 청년 국회 의원의 비율을 확보해 주는 등 청년들의 정치 활동을 보장할 필요가 있다.

① 청년들이 국회에 활발하게 진출하도록 해야 한다.
② 청년 세대의 문제에 대해 정치권의 관심이 필요하다.
③ 청년들이 제안하는 정책을 채택하는 비율을 높여야 한다.
④ 청년 정치인은 정치적 기반을 갖추기 위해 노력해야 한다.

정답 ① 청년들이 국회에 활발하게 진출하도록 해야 한다.

국회는 다양한 세대의 국회 의원들로 구성되어야 한다. 특히 청년 세대들은 새로운 기술이나 가치관을 빠르게 받아들여 사회 변화에 부합하는 정책을 제안할 수 있다. 또 취업 등 청년 정책에 적극적으로 목소리를 낼 수 있는 것도 청년 자신이다. 그런데 정치적 기반이 부족한 청년이 선거를 통해 국회에 진출하기란 쉽지 않다. 따라서 청년 국회 의원의 비율을 확보해 주는 등 청년들의 정치 활동을 보장할 필요가 있다.

이 지문은 청년 세대가 정치 활동을 할 때 얻을 수 있는 긍정적인 점을 근거로 청년 의원의 필요성에 대해 이야기하는 글이다. 하지만 선거를 통한 국회 진출은 어려움이 있기 때문에 그 외의 다른 방법으로 청년 세대의 활발한 정치 활동을 지원해야 한다고 주장하고 있다.

② 청년 세대의 문제에 대해 정치권의 관심이 필요하다. – 내용 없음
③ 청년들이 제안하는 정책을 채택하는 비율을 높여야 한다. – 내용 없음
④ 청년 정치인은 정치적 기반을 갖추기 위해 노력해야 한다. – 잘못된 내용
→ 정치적 기반을 바탕으로 한 국회 진출은 어렵기 때문에 청년 국회 의원의 비율을 확보해 주는 방법을 통해 정치 활동을 보장해야 한다.

※ **1~4** 앞의 글을 읽고 내용을 정리하십시오.

도입　　국회는 다양한 세대의 국회의원으로 구성되어야 한다.

청년 세대의 장점

1. 새로운 __________와/과 __________을/를 빠르게 받아들여 __________에 맞는 정책을 제안할 수 있다.

2. 청년 정책에 스스로 __________을/를 낼 수 있다.

현실적 어려움

3. __________이/가 부족해서 __________을/를 통한 국회 진출이 어렵다.

해결 방안

4. 청년 국회 의원의 __________을/를 확보하고 청년의 __________을/를 보장해야 한다.

정답　1. 기술, 가치관, 사회 변화　2. 목소리(의견)　3. 경제적 기반, 선거　4. 비율, 정치 활동

※ **1~8** 다음을 읽고 글의 주제로 가장 알맞은 것을 고르십시오. (각 **2점**)

1.

사람들은 돈을 아끼고 소비를 줄이려고 노력한다. 하지만 소비가 줄어들면 기업의 수입이 감소하고 투자와 고용도 감소하여 경제에 부정적인 영향을 미칠 수 있다. 그래서 정부는 소비를 늘리기 위해 지원금을 지급하거나 할인 행사를 열어 국민의 소비를 유도하고 있다. 이러한 노력은 경기가 나빠지는 것을 막고 기업과 가정의 경제 회복에 도움이 된다.

① 기업의 투자는 고용에 부정적인 영향을 미친다.
② 정부의 소비 장려책이 경제에 활력을 불어넣는다.
③ 기업의 수입이 증가하는 것이 경제 성장에 반드시 필요하다.
④ 가정 경제가 살아나기 위해서 정부 지원금을 아껴 써야 한다.

2.

깊은 바다에는 스스로 빛을 내는 생물들이 살고 있다. 발광 해파리나 심해 물고기는 몸에서 빛을 만들 수 있다. 이 생물들은 빛으로 적을 놀라게 하기도 하고 먹이를 유혹하기도 한다. 또한 같은 종끼리 신호를 보내거나 구애를 할 때도 이 빛을 이용한다. 즉, 깊은 바닷속 생물들에게 빛이란 어두운 바다에서 생존하는 데에 꼭 필요한 도구인 셈이다.

① 심해 생물들은 빛으로 서로 신호를 주고받는다.
② 심해 생물들은 빛을 이용하여 생존 문제를 해결한다.
③ 발광 생물들의 아름다운 빛은 사람들에게 감동을 준다.
④ 깊은 바다에 사는 생물들은 특이한 생김새를 가지고 있다.

3.

평발은 발바닥 안쪽의 아치가 없어서 발바닥 전체가 지면에 닿는 상태를 말한다. 이 경우 발의 피로가 쉽게 누적되고 무릎이나 허리에 통증을 유발하기도 한다. 그렇기 때문에 평발은 운동선수에게 큰 단점이 된다. 하지만 축구선수 '박지성'은 선천적인 평발 때문에 체력이 부족하다는 평가를 받았으나 체계적인 관리와 꾸준한 훈련을 통해 세계적인 성공을 거두었다. 이처럼 평발이더라도 자신의 신체를 잘 이해하고 보완해 나간다면 성공할 수 있는 가능성은 충분하다.

① 단점을 가지고 있더라도 노력에 따라 성공할 수 있다.
② 운동선수는 결점이 없는 완벽한 신체를 갖추어야 한다.
③ 육체적 단점을 극복하지 못하면 위대한 선수가 될 수 없다.
④ 평발은 신체 건강에 악영향을 미치기 때문에 치료를 받아야 한다.

4.

　　지역에서 생산된 상품을 소비하는 것은 환경 보호를 위한 실천으로 볼 수 있다. 예를 들어, 외국에서 수입한 과일 대신 국내에서 재배한 사과나 배를 선택하는 것이다. 이러한 점에서 지역 생산 상품 소비는 온실가스를 줄이는 효과적인 실천 방법이다. 운송 거리가 짧아져 차량이나 항공 운송에서 발생하는 온실가스 배출을 줄일 수 있고 포장과 저장 과정이 간단해지기 때문에 에너지 소비를 줄이는 데도 도움이 된다.

① 지역 경제를 발전시키기 위해 지역 상품을 소비해야 한다.
② 수입 농산물의 품질 문제를 해결하는 방법을 찾아야 한다.
③ 온실가스 배출을 줄이는 다양한 생활 습관을 실천해야 한다.
④ 환경을 보호하기 위해 지역에서 생산한 상품을 소비해야 한다.

5.

　　최근 고령 운전자의 교통사고가 사회 문제로 떠오르고 있다. 특히 70세 이상 고령자가 일으킨 사고 비율은 해마다 증가하고 있으며 이로 인한 사망자 수도 늘고 있다. 이 문제를 해결하기 위해 정부는 고령 운전자가 자발적으로 면허를 반납할 경우 대중교통비 지원, 지역 상품권 제공 등 다양한 혜택을 주고 있다. 한편으로는 이 정책으로 시골이나 교통 수단이 부족한 지역의 노인들이 이동권을 제한 받을 수 있다는 지적도 있다. 그러므로 정부의 면허 반납 정책은 고령 인구의 이동 수단이 충분히 확보되었을 때 긍정적인 효과를 기대할 수 있을 것이다.

① 일정 나이 이상이 되면 면허를 반납할 필요가 있다.
② 고령자의 면허 반납은 이동 수단 지원이 선행되어야 한다.
③ 정부의 정책은 국민들의 자발적인 참여가 바탕이 되어야 한다.
④ 고령 운전자의 교통 사고는 대부분 대중 교통의 부족으로 발생한다.

6.

　　'디지털노마드'는 노트북이나 스마트폰 같은 디지털 기기를 활용해 전 세계를 여행하며 일하는 형태를 말한다. 이들은 정해진 사무실이 없어도 인터넷만 연결되면 일할 수 있기 때문에 어디에서든지 업무를 처리할 수 있다. 그렇지만 경우에 따라서는 새로운 장소에 적응해야 하고 안정적인 인터넷 환경을 찾는 것이 쉽지 않을 때도 있다. 또한 일과 생활의 균형을 유지하는 데 어려움을 겪기도 한다. 그럼에도 불구하고 많은 사람들이 자유로운 삶과 다양한 경험을 선호하게 되면서 디지털노마드가 새로운 일의 방식으로 주목받고 있다.

① 일과 생활이 구분되지 않으면 시간을 더 효율적으로 사용할 수 있다.
② 디지털 노마드는 사무실이 없어도 일을 할 수 있다는 데에 의의가 있다.
③ 여행하는 동안 돈을 벌기 위해서는 기존과는 다른 방식으로 일해야 한다.
④ 디지털 노마드는 자유와 불편함을 동시에 경험하는 새로운 근무 방식이다.

7.

지진은 언제, 어디에서 발생할지 예측하기 어렵기 때문에 그 피해가 매우 클 수밖에 없다. 이러한 피해를 줄이기 위해 건물을 지을 때부터 지진에 견딜 수 있도록 설계하는 방식을 '내진 설계'라고 한다. 최근에는 잦은 지진의 발생으로 인해 사회적 경각심이 높아지면서 새로 짓는 모든 건물에는 내진 설계가 의무적으로 포함되도록 하고 있다. 하지만 과거에는 내진 기준이 적용되지 않았기 때문에 이미 지어진 건물들은 보강 공사를 통해 위험에 대비할 필요가 있다. 이처럼 건축물의 안전은 곧 시민의 안전과 직결되므로 내진 설계는 단순한 기술이 아니라 우리 사회를 보호하는 중요한 장치라고 볼 수 있다.

① 신축 건물에는 내진 설계가 필수적으로 요구된다.
② 지진 피해로 인해 사회가 어려움을 겪게 될 가능성이 높다.
③ 내진 설계는 사회를 보호하기 위한 대비책으로서 필요하다.
④ 지진이 발생했을 때 신속한 구조 활동을 위해 내진 설계를 해야 한다.

8.

사람들은 인공지능으로부터 필요한 정보를 얻고 난 후 자연스럽게 "감사합니다"라고 한다. 하지만 인공지능은 감정을 가진 존재가 아니기 때문에 꼭 감사의 인사를 하지 않아도 기능적으로 아무런 문제가 없다. 전문가들은 오히려 큰 의미 없는 메시지를 인공지능과 주고받는 것은 환경에 부담을 줄 수도 있다고 말한다. 인공지능이 작동하기 위해서 소비되는 전력의 대부분이 여전히 화석 연료에 의존하고 있기 때문에 결과적으로 탄소 배출 증가로 이어지기 때문이다. 따라서 환경을 생각한다면 인공지능에게 필요한 정보 요청만 간결하게 하는 것이 더 바람직한 접근 방식이라고 할 수 있다.

① 인공지능을 사용할 때 환경을 고려한 의사소통 방식이 필요하다.
② 화석 연료 대신 재생 에너지를 사용하는 것이 환경에 도움이 된다.
③ 인공지능은 감정을 느끼지 못하기 때문에 인간과 소통을 할 수 없다.
④ 처리하는 정보의 양이 많으면 많을수록 인공지능의 발전이 빨라진다.

의성어 · 의태어

📖 의성어는 소리를 흉내 낸 말이고 의태어는 모양이나 움직임을 흉내 낸 말입니다. 이 표현은 하고자 하는 말을 짧고 강렬하게 전달할 수 있습니다. TOPIK 시험에서도 광고 문구나 신문 기사 제목에서 자주 볼 수 있습니다. 이 외에도 의성어·의태어를 익혀 두면 글의 분위기와 의도를 빠르게 파악하는 데 큰 도움이 됩니다.

1. 행동

어휘	의미	확인
갈팡질팡	어떻게 해야 할 줄 모르고 이리저리 헤매는 모양	☐
우왕좌왕	방향을 결정하지 못하고 이쪽저쪽 왔다 갔다 하는 모양	☐
오락가락	계속해서 왔다 갔다 하는 모양	☐
느릿느릿	동작이 매우 느린 모양	☐
쉬엄쉬엄	서두르지 않고 여유 있게 하는 모양	☐
성큼성큼	큰 걸음을 빠르게 옮기는 모양 또는 어떤 때가 갑자기 가까워진 모양	☐
헐레벌떡	숨이 차도록 급히 서두르는 모양	☐
아등바등	무엇을 이루기 위해 힘겹게 애쓰는 모양	☐
흥청망청	돈이나 물건을 마구 쓰는 모양	☐
발끈	참지 못하고 갑자기 화를 내는 모양	☐
갸우뚱	물체가 한쪽으로 약간 기울어지는 모양, 고개를 기울이는 모양	☐
기웃기웃	무엇을 보거나 찾기 위해 고개나 몸을 내밀고 살피는 모양	☐
들썩들썩	마음이 들뜨고 흥분해서 움직이는 모양	☐

2. 감정

어휘	의미	확인
머뭇머뭇	말이나 행동을 쉽게 하지 못하고 망설이는 모양	☐
안절부절	마음이 초조하고 불안하여 어찌할 바를 모르는 모양	☐
조마조마	마음이 초조하고 불안한 모양	☐

화들짝	크게 놀라서 움찔하는 모양	☐
깜짝	갑자기 놀라는 모양	☐
글썽글썽	눈에 눈물이 고이는 모양	☐
왈칵	감정이 갑자기 북받치는 모양	☐
싱글벙글	눈과 입을 슬며시 움직이며 소리 없이 환하게 웃는 모양	☐
두근두근	놀람, 불안, 기대, 설렘 등으로 심장이 빠르게 뛰는 모양	☐

3. 소리

어휘	의미	확인
술렁술렁	분위기가 어수선하고 여럿이 웅성거리는 모양	☐
북적북적	사람이 많이 모여 어수선하고 시끄럽게 계속 떠드는 모양	☐
삐걱삐걱	크고 딱딱한 물건이 서로 닿으면서 나는 소리 또는 불안정한 움직임	☐
와장창	갑자기 한꺼번에 무너지거나 부서지는 소리 또는 부서지는 모양	☐
와르르	쌓여 있던 단단한 물건들이 갑자기 무너지는 소리	☐

4. 상태

어휘	의미	확인
알록달록	여러 가지 빛깔의 무늬나 얼룩 등이 고르지 않게 섞인 모양	☐
울긋불긋	짙고 옅은 여러 가지 빛깔들이 섞여 있는 모양	☐
꽁꽁	단단히 얼거나 묶인 모양	☐
시름시름	병이 더 심해지지도 않고 나아지지 않으면서 오랫동안 계속 아픈 모양	☐
아슬아슬	일이 잘 안 될까 봐 마음이 조마조마한 모양 위태로운 상황에서 간신히 벗어나는 모양	☐

 글의 문맥을 파악하여 <보기> 문장이 들어갈 알맞은 곳을 찾는 문제입니다. <보기> 문장에 사용된 문법을 꼼꼼하게 확인합니다. 접속사나 지시어 등이 있다면 더욱 도움이 됩니다. <보기> 문장을 파악한 후 전체적으로 글을 읽고 문장과 문장의 연결이 어색한 부분을 찾습니다. 그리고 나서 제시된 문장을 넣은 후 글이 자연스러운지 확인해 보십시오.

※ **39~41** 주어진 문장이 들어갈 곳으로 가장 알맞은 것을 고르십시오.

39. 96회 기출문제

섬유질이 마르는 과정에서 자연스레 틀의 자국이 남았는데, 이를 워터 마크라고 불렀다.

고대 이집트에서는 물에 푼 섬유질을 틀에 올려 건조하는 방식으로 종이를 만들었다. (㉠) 이후 제지업자들이 틀에 고유의 문양을 새겨 자신만의 워터 마크를 남기기 시작했다. (㉡) 이 것이 이어져 저작권을 표시하거나 위조를 막기 위해 문서나 지폐 등에 워터 마크를 넣게 되었 다. (㉢) 지금도 이 워터 마크는 사진이나 영상 등의 저작권을 보호하는 용도로 널리 활용되 고 있다. (㉣)

① ㉠   ② ㉡   ③ ㉢   ④ ㉣

정답 ①

섬유질이 마르는 과정에서 자연스레 틀의 자국이 남았는데, 이를 워터 마크라고 불렀다.

- '섬유질을 말리는 과정'에 대한 내용이 제시된 문장 앞에 와야 한다.
- 해당 문장을 통해 워터 마크의 의미를 알게 되었다. 이후부터 워터 마크라는 단어가 등장하게 된다.

고대 이집트에서는 물에 푼 섬유질을 틀에 올려 건조하는 방식으로 종이를 만들었다. (㉠) 이후 제 지업자들이 틀에 고유의 문양을 새겨 자신만의 워터 마크를 남기기 시작했다. 이것이 이어져 저작권을 표시하거나 위조를 막기 위해 문서나 지폐 등에 워터 마크를 넣게 되었다. 지금도 이 워터 마크는 사진 이나 영상 등의 저작권을 보호하는 용도로 널리 활용되고 있다.

※ **1~4** 앞의 글을 읽고 빈칸에 알맞은 말을 쓰십시오.

1. 이 글은 (   )에 대한 이야기이다.

2. 고대 이집트인들은 (   )다가 이것을 발견했다.

3. 이후 사람들은 위조를 막으려고 (   )나 (   )에 사용했다.

4. 오늘날에도 (   )기 위해서 활용되고 있다.

※ **39~41** 주어진 문장이 들어갈 곳으로 가장 알맞은 것을 고르십시오.

41.

> 상철은 저마다의 사연을 안고 편의점을 찾은 손님들에게 따스한 위로를 건넨다.

많은 독자의 사랑을 받아온 소설 『이상한 편의점』이 해외에서도 호평받고 있다. (㉠) 이 책은 우연한 기회로 한 편의점에서 일하게 된 노숙자 상철과 편의점을 찾은 손님들의 일화를 담고 있다. (㉡) 이 책이 한국을 넘어 해외 독자들의 마음까지 울리는 이유가 바로 이 따뜻함에 있다. (㉢) 지친 삶에 응원이 필요한 모든 이에게 이 책을 권한다. (㉣)

① ㉠ ② ㉡ ③ ㉢ ④ ㉣

🦉 **정답 ②**

> 상철은 저마다의 사연을 안고 편의점을 찾은 손님들에게 따스한 위로를 건넨다.

- 사연을 가진 손님들에게 위로를 건넨 상철의 행동은 '상철과 손님들의 일화'를 구체적으로 나타내는 것이다.
- 독자들의 마음을 울리는 '이 따뜻함'은 보기 문장에서 언급된 '상철이 손님들에게 건넨 따스한 위로'를 지칭하는 것이다.

수많은 독자의 사랑을 받아온 소설 『이상한 편의점』이 해외에서도 호평받고 있다. 이 책은 우연한 기회로 한 편의점에서 일하게 된 노숙자 상철과 편의점을 찾은 손님들의 일화를 담고 있다. (㉡) 이 책이 한국을 넘어 해외 독자들의 마음까지 울리는 이유가 바로 이 따뜻함에 있다. 지친 삶에 응원이 필요한 모든 이에게 이 책을 권한다.

※ **1~4** 앞의 글을 읽고 빈칸에 알맞은 말을 쓰세요.

1. 소설 『이상한 편의점』은 상철과 편의점을 찾은 (   )을/를 담은 이야기이다.

2. 소설 속에서 상철은 손님들에게 (   )을/를 건넨다.

3. 상철의 행동은 한국과 해외 독자들의 (   )고 있다.

4. 이 책은 (   ) 사람들이 읽으면 좋은 책이다.

정답 1. 손님들의 일화   2. 따스한 위로   3. 마음을 울리고   4. 지친 삶에 응원이 필요한

※ **1~8** 주어진 문장이 들어갈 곳으로 가장 알맞은 것을 고르십시오.

1.

> 따라서 양치를 하기 전에 입 안의 산성 성분을 먼저 중화시키는 과정이 필요하다.

> 사람들은 치아 건강을 위해서 양치를 한다. (㉠) 하지만 탄산음료를 먹고 난 후 바로 칫솔질을 하면 오히려 치아에 해로울 수 있다. (㉡) 탄산음료의 산성 성분이 일시적으로 치아 표면을 약하게 해 양치를 하는 동안 치아가 쉽게 마모되기 때문이다. (㉢) 음료를 마신 후 30분 정도 기다리거나 무설탕 껌을 씹는 것이 방법이 될 수 있다. (㉣) 이처럼 건강한 치아를 유지하고 싶다면 상황에 맞는 적절한 관리 방법을 알고 실천하는 것이 중요하다.

① ㉠   ② ㉡   ③ ㉢   ④ ㉣

2.

> 이때 부드러운 말투와 안정된 몸짓은 신뢰를 형성하는 데 도움이 된다.

> 승마를 하기 위해서 말을 훈련하는 것은 인내심과 꾸준한 노력이 필요하다. (㉠) 말은 감정에 민감해서 작은 행동에도 쉽게 반응하기 때문에 훈련을 시작하기 전에 말의 신뢰를 얻는 것이 중요하다. (㉡) 신뢰가 생긴 후에는 기본적인 명령을 반복해서 가르치고 올바르게 행동했을 때는 칭찬이나 보상을 주는 과정을 거친다. (㉢) 이런 과정을 반복하면 말은 점점 사람의 지시를 이해하고 잘 따르게 된다. (㉣)

① ㉠   ② ㉡   ③ ㉢   ④ ㉣

3.

> '피치클락'은 이러한 상황에서 경기의 속도감을 높이고자 도입되었다.

> 최근 몇 년 간 야구 경기 시간은 평균적으로 3시간을 넘는 경우가 많았다. (㉠) 이로 인해 야구는 지루한 스포츠라는 인식이 퍼지게 되었다. (㉡) 투수와 타자의 준비 시간에 제한을 두는 것이다. (㉢) 실제로 피치클락을 도입한 후 평균 경기 시간이 약 30분 단축되었고 긴장감 넘치는 경기 진행으로 관중들의 만족도도 상승했다고 한다. (㉣) 반면에 위기상황에서 제한 시간 때문에 집중하기 어려워 불만을 가지는 선수도 있어 여전히 보완이 필요한 제도이기도 하다.

① ㉠   ② ㉡   ③ ㉢   ④ ㉣

4.

> 나연은 비록 서툴고 어색하지만 진심을 전하기 위해 노력한다.

올해의 '현대 문학상' 수상작인 『마지막 인사』가 대중들에게도 큰 호평을 받고 있다. (㉠) 이 책은 부모님과 사이가 좋지 않았던 사춘기 소녀가 불의의 사고로 부모님을 잃기 전으로 돌아가는 내용이다. (㉡) 항상 차가운 말만 하던 나연에게 다시 한번 부모님을 만날 수 있는 기회가 주어진 것이다. (㉢) 이런 주인공의 모습을 보면서 독자들은 당연하게 생각했던 가족의 존재가 얼마나 소중한지 다시 한번 깨닫는다. (㉣)

① ㉠   ② ㉡   ③ ㉢   ④ ㉣

5.

> 게다가 박사는 자신의 연구 결과를 독점하지 않았다.

전쟁 직후 한국은 식량 부족으로 어려움을 겪고 있었다. (㉠) 농사에 필요한 대부분의 씨앗은 일본에서 수입할 수밖에 없었다. (㉡) 이 모습을 본 우장춘 박사는 한국의 흙과 기후에 맞는 씨앗을 개발하는 데 평생을 바쳤다. (㉢) 그의 연구 덕분에 한국은 다양한 작물을 자급자족할 수 있게 되었다. (㉣) 대신 굶주리던 나라를 구하기 위해 모든 농민과 씨앗을 나누는 헌신을 보여 주었다.

① ㉠   ② ㉡   ③ ㉢   ④ ㉣

6.

> 시청률은 텔레비전 시청자의 수만 반영하기 때문이다.

과거에 방송 프로그램의 인기를 가장 잘 드러내는 것은 '시청률'이었다. (㉠) 하지만 요즘 사람들은 보고 싶은 영상을 원하는 시간에 보고자 하기 때문에 텔레비전보다 온라인 콘텐츠를 선호하는 경향이 있다. (㉡) 이로 인해 텔레비전의 이용자 수는 계속 감소하고 있으며 시청률에 대한 신뢰성도 낮아지고 있다. (㉢) 따라서 사람들의 미디어 이용 방식이 변화한 시대에는 새로운 시청 행태를 반영할 지표가 필요하다. (㉣)

① ㉠   ② ㉡   ③ ㉢   ④ ㉣

7.

이처럼 청바지는 하나의 옷이 세월을 거치며 문화의 아이콘이 된 대표적인 예라고 할 수 있다.

청바지는 원래 광산 노동자들을 위해서 만들어진 작업복이었다. (㉠) 당시 청바지는 내구성이 뛰어날 뿐만 아니라 먼지와 때가 덜 타는 특징 덕분에 노동자들에게 큰 인기를 얻었다. (㉡) 그러다가 영화 속에서 반항적인 청춘을 상징하는 옷으로 등장하며 젊은이들에게도 사랑을 받기 시작했다. (㉢) 이후 종류와 디자인이 다양해지면서 청바지는 단순한 작업복을 넘어 다양한 연령과 계층이 입는 일상복이 되었다. (㉣)

① ㉠   ② ㉡   ③ ㉢   ④ ㉣

8.

만약 이 돌을 암컷이 받아들이면 두 펭귄은 짝이 되어 함께 둥지를 만들고 알을 낳는다.

남극에 사는 젠투펭귄의 수컷은 짝짓기 철이 되면 둥지를 만들기 위해 여러 개의 돌을 모으다가 그중에서 가장 예쁜 돌을 찾아서 마음에 드는 암컷에게 선물한다. (㉠) 그래서 그들에게 돌이란 단순히 둥지를 만드는 재료 이상의 의미를 가진다. (㉡) 마치 인간이 반지를 통해 진심을 전하듯이 펭귄도 가장 좋은 돌을 통해서 자신의 정성을 표현하는 것이다. (㉢) 이처럼 인간과 펭귄은 서로 다른 환경에 살면서도 사랑을 표현하는 방식에서는 놀라운 공통점을 가진다. (㉣)

① ㉠   ② ㉡   ③ ㉢   ④ ㉣

 **분야별 주제**

📖 TOPIK 시험에서는 정치, 경제, 문화, 과학 등 여러 분야의 글이 골고루 나옵니다. 또 시험을 보는 시기의 한국 사회 상황이나 최신 이슈가 고려된 지문이 나오기도 합니다. 따라서 여러 주제에 대해 미리 조금씩 관심을 가지고 읽어 보는 것이 큰 도움이 됩니다. 아래의 주제들을 가볍게 읽어 보면서 배경지식을 쌓도록 합시다.

1 정치·정책

선거	지방 선거, 세대별 투표율, 투표의 중요성, 시민 불복종 운동
디지털 플랫폼 정부	행정 절차 간소화, 개인정보 보호 문제, 디지털 격차
지방 자치와 지역 균형 발전	수도권 집중 현상, 지방 소멸 위기 대책
에너지 정책	원자력 발전의 안전성과 필요성 논쟁, 신재생 에너지, 전기차 인프라
저출산·고령화 대책	인구 구조의 변화에 따른 정책, 연금 개혁, 노인 복지

2 경제

최저임금	저임금 노동자의 생활안정 효과, 자영업자의 인건비 부담 증가
고용 형태의 변화	비정규직, 플랫폼 노동자
소비 트렌드의 변화	가성비, 가심비, 1인 가구의 소비 문화
지역 화폐	소비 촉진 효과, 소상공인 지원과 전통시장 활성화
공유 경제	공유 플랫폼(차량, 숙소 등)의 특징 및 기존 산업과의 갈등
물가 상승·인플레이션	임금과 물가의 상호작용, 물가 안정 정책, 가계 부담

3 문화

지역 축제와 관광 산업	지역 경제 활성화, 지역 브랜드 이미지, 축제의 상업화, 환경 오염
독서 문화의 변화	독서량 감소, 전자책과 오디오북의 확산
전통 문화의 계승	한복, 한식, 한옥 등 전통 문화의 현대적 재해석
SNS와 1인 미디어 문화	유튜브, 틱톡 등 뉴미디어를 통한 소통 방식

문화재 보존과 활용	문화유산의 디지털 복원 및 역사 교육 자료로서의 활용 방안, 문화재를 바탕으로 한 박물관 기념품
언어 사용의 변화	신조어, 줄임말 사용, 세대 간의 언어 격차 문제

4 과학·기술

인공지능(AI)의 발전과 윤리	생성형 AI의 활용 가능성, 일자리 대체, AI와 예술, 딥페이크 등의 윤리적 문제
로봇과 일자리 변화	단순 노동 일자리 감소, 새로운 직업 창출, 인간과 로봇의 협업
개인정보보호	기술의 발전으로 인한 사생활 침해 문제
자율주행 자동차	자율 주행 기술의 발전 단계, 상용화를 위한 법적·사회적 과제
우주 항공 기술	우주 개발에 민간 기업의 참여, 누리호 발사 성공
재생에너지 기술	태양광, 풍력, 수소
온라인 교육	접근성 향상, 학습 집중력 저하 문제, 인터넷 환경 격차
생명 과학과 윤리	유전자 편집 기술, 인공 장기 개발

5 환경

기후 변화와 지구 온난화	폭염, 폭우, 한파 등의 이상 기후 현상
미세먼지와 대기 오염	미세먼지 발생 원인, 건강에 미치는 영향 및 해결 방안
친환경 소비	플라스틱 사용, 제로 웨이스트, 환경 보호를 위한 개인의 변화
생물 다양성 보존	생태계 파괴, 동식물의 멸종과 보호
재활용·분리수거 문화	자원 순환
해양 쓰레기	플라스틱 문제, 해양 생태계 파괴와 멸종 위기
탄소 중립	온실가스 감축을 위한 국제적 노력, 신재생 에너지의 필요성
식량 위기와 스마트 농업	기후 변화에 따른 식량 문제, 기술을 활용한 미래 농업

6 심리

스트레스와 정신 건강	현대인의 스트레스 원인, 번아웃 증후군, 정신 건강의 중요성

디지털 중독	스마트폰, 게임
인간관계와 소통	공감 능력, 비언어적 표현의 중요성
행복의 조건	물질적 풍요와 정신적 만족, 행복에 대한 다양한 관점, 긍정 심리학
경쟁 사회	입시 경쟁, 직장내 성과주의, 경쟁의 긍정적·부정적 측면
편견과 고정관념	사회적 편견의 형성 과정, 극복의 필요성
소셜미디어와 심리	SNS를 통해 타인과 비교하는 심리, 자존감에 미치는 영향

7 사회 현상

저출산·고령화	인구 절벽, 출산율 감소가 한국 사회에 미치는 영향
1인 가구의 증가	소비 트렌드 변화, 고독사, 사회적 고립, 1인 가구 맞춤형 정책
디지털 소외 계층	키오스크, 스마트폰 등 디지털 기기 사용에 어려움을 겪는 노년층의 문제
워라밸(Work-Life Balance)	일과 삶의 균형을 중시
다문화 가정 증가	문화 다양성의 긍정적 효과, 차별과 편견, 사회 통합 교육
공동체 의식 약화	도시화, 개인주의의 심화, 이웃 간의 관계 변화
가짜 뉴스와 미디어 리터러시	허위 정보의 확산, 비판적으로 정보를 분석하는 능력의 중요성
사회적 양극화	소득 불평등, 계층 간 격차
반려동물 인구 증가	동물권, 펫티켓(Pet + Etiquette), 동물 보험
안전불감증	재난 예방 및 안전 시스템의 중요성, 사회 안전망
세대 갈등	디지털 격차, 가치관의 차이 등으로 기성세대와 젊은 세대 간의 갈등

8 역사

전통 건축	조선 시대 궁궐
세종대왕과 한글 창제	훈민정음 창제의 배경과 역사적 의의
역사 속 인물	이순신, 세종대왕 등 역사적 인물을 통해 본 리더의 조건, 여성 인물
전통 예술	판소리, 서예, 단청
역사 기록의 중요성	조선왕조실록, 직지심체요절 등 기록 유산의 가치
세계문화유산 등재 유적	문화재 보존과 개발 사이의 갈등, 문화재 보호 의식 필요

유형 13 장문 독해

44번부터 50번까지는 장문의 글에 대한 이해력을 측정하는 문제입니다. 앞선 유형들과 유사하지만 그 난이도가 매우 높습니다. 44-45번은 주로 글의 중심 소재에 대한 일반적인 정보를 먼저 제시하고 이후 중심 소재가 가지고 있는 중요한 의미를 비교하는 방식으로 글이 전개됩니다. 따라서 글의 앞부분보다 중간 이후의 내용에 주목하여 글쓴이의 중심 생각을 찾아야 합니다.

※ **44~45** 다음을 읽고 물음에 답하십시오.

96회 기출문제

그라피티는 길거리 여기저기 벽면에 낙서처럼 그리거나 스프레이 페인트를 뿌려서 그리는 그림을 말한다. 지하철, 공공장소의 벽면 등에 주로 그려진 그라피티는 사회 비판적인 메시지를 표현하는 경우가 많았다. 권력에 대한 (   ) 소수와 약자의 목소리를 담은 것이다. 이 때문에 그라피티는 주류 문화에서 벗어나 있는 것으로 여겨졌다. 그러나 오늘날 그라피티는 더 이상 변방의 문화에 머물러 있지 않다. 친숙함을 무기로 일상생활 속에 스며들어 그라피티에 대한 사람들의 인식을 바꾸어 놓았기 때문이다. 이에 사람들은 그간 폄하당해 왔던 그라피티의 예술적 가치에도 주목하기 시작했다. 이제 그라피티는 척박한 도시 환경을 다채롭게 장식하며 삶에 예술적 요소를 더하는 것으로 현대 미술에서 제자리를 확고히 하고 있다.

44. (   )에 들어갈 말로 가장 알맞은 것을 고르십시오.

① 불신을 없애며　　　　　　　　　② 저항 정신을 드러내며
③ 태도를 수동적으로 취하며　　　　④ 우호적 반응을 이끌어 내며

45. 윗글의 주제로 가장 알맞은 것을 고르십시오.

① 그라피티는 도시 환경을 훼손하는 문제점을 가지고 있다.
② 그라피티는 길거리 낙서로서의 한계를 뛰어넘지 못하고 있다.
③ 과거의 그라피티는 주류 문화의 중심에서 대중의 사랑을 받았다.
④ 오늘날의 그라피티는 과거와 달리 예술적 가치를 인정받고 있다.

그라피티는 길거리 여기저기 벽면에 낙서처럼 그리거나 스프레이 페인트를 뿌려서 그리는 그림을 말한다. 지하철, 공공장소의 벽면 등에 주로 그려진 그라피티는 사회 비판적인 메시지를 표현하는 경우가 많았다. 권력에 대한 (　　　　　　) 소수와 약자의 목소리를 담은 것이다. 이 때문에 그라피티는 주류 문화에서 벗어나 있는 것으로 여겨졌다. 그러나 오늘날 그라피티는 더 이상 변방의 문화에 머물러 있지 않다. 친숙함을 무기로 일상생활 속에 스며들어 그라피티에 대한 사람들의 인식을 바꾸어 놓았기 때문이다. 이에 사람들은 그간 폄하당해 왔던 그라피티의 예술적 가치에도 주목하기 시작했다. 이제 그라피티는 척박한 도시 환경을 다채롭게 장식하며 삶에 예술적 요소를 더하는 것으로 현대 미술에서 제자리를 확고히 하고 있다.

🐦 44번 정답 ② 저항 정신을 드러내며

다수의 목소리가 아닌 소수와 약자를 위한 목소리를 내는 것은 곧 저항의 정신을 보여준다고 할 수 있다.

사회 비판적 메시지 소수와 약자의 목소리	↔	권력

🐦 45번 정답 ④ 오늘날의 그라피티는 과거와 달리 예술적 가치를 인정받고 있다.

이 글은 그라피티에 대한 사람들의 인식 변화를 설명한다. 과거에는 그라피티를 권력에 저항하는 수단으로 보았지만 오늘날에는 도시에 예술적 가치를 더하는 예술 작품으로 인식하고 있다.

💡 왜 아닐까?

① 그라피티는 도시 환경을 훼손하는 문제점을 가지고 있다.　→ 내용 없음
② 그라피티는 길거리 낙서로서의 한계를 뛰어넘지 못하고 있다.　→ 잘못된 내용
③ 과거의 그라피티는 주류 문화의 중심에서 대중의 사랑을 받았다.　→ 잘못된 내용

※ **1~4** 앞의 글을 읽고 내용을 정리하십시오.

중심 소재	1.
그라피티의 의미	2.
그라피티에 대한 인식	3. 과거:
	4. 현재:

정답 1. 그라피티　2. 길거리 벽면에 낙서처럼 그리거나 스프레이 페인트를 뿌려서 그리는 그림
3. 주류 문화에서 벗어난 것　4. 도시 환경을 다채롭게 장식하며 삶에 예술적 요소를 더하는 것

 46-47번 문제는 보통 사회나 특정 분야에서 나타나는 ① 문제점을 제시하고 ② 그 원인을 분석한 뒤 ③ 이를 해결하기 위한 대안을 제안하는 구조로 되어 있습니다. 글을 쓴 사람의 태도가 무엇인지 알기 위해서는 글의 중심 생각과 말하는 방식을 확인해야 합니다. 시험에 자주 나오는 말하는 방식에 관한 표현은 다음과 같습니다.

감정 및 태도 표현	부정	'아니다', '틀렸다'처럼 반대 의견의 표현
	부정	'조심해야 한다', '주의해야 한다'처럼 위험을 알리는 표현
	우려	'걱정된다', '안타깝다'처럼 염려하는 마음의 표현
	감탄	'대단하다', '멋지다'처럼 놀라움이나 칭찬의 표현
주장 및 요구 전달	강조	'반드시', '정말'처럼 중요한 내용을 나타내는 표현
	촉구	'어서 해야 한다', '즉시 시작해야 한다'처럼 행동을 서두르는 표현
	요구	'해 주다', '필요하다'처럼 원하는 것을 전달하는 표현
논리적 사고 및 관찰	분석	원인과 결과를 논리적으로 설명하는 표현
	기대	'잘 될 것이다'처럼 긍정적으로 미래를 예상하는 표현

※ **46~47** 다음을 읽고 물음에 답하십시오.

96회 기출문제

　현행 문화재 보호법에서는 역사적, 예술적으로 가치가 높은 음악, 무용, 공예 기능 등을 국가 무형 문화재로 규정하고 있다. 이에 따라 여러 세대에 걸쳐 전승되어 온 무형의 문화유산 중 원형 그대로 계승될 만한 가치가 있는 것을 국가 무형 문화재로 지정한다. 이 무형 문화재는 형체가 없으므로 기능을 보유한 사람을 인간문화재로 지정해 이들을 통해 문화재가 보존되도록 한다. 그런데 이 무형 문화재를 전수받으려는 사람이 줄고 있어 문화재 보존에 비상등이 켜졌다. 오랜 시간 어렵게 기능을 전수받더라도 무조건 인간문화재로 지정되는 것도 아니고 기능을 연마하는 동안에는 국가의 경제적 지원도 없기 때문이다. 전통문화는 그 민족의 자긍심과도 밀접하게 관련되어 있는 것인데 이렇게 가다가는 무형 문화재의 명맥이 끊기는 일이 생길 수 있을 것이다.

46. 윗글에 나타난 필자의 태도로 가장 알맞은 것을 고르십시오.

① 인간문화재가 앞으로 더 많이 배출될 것을 기대하고 있다.

② 국가 무형 문화재의 전수가 단절되어 가는 것을 우려하고 있다.

③ 인간문화재가 되기 위해 노력하는 사람의 자세에 감탄하고 있다.

④ 국가 무형 문화재의 선정 절차를 투명하게 할 것을 요구하고 있다.

47. 윗글의 내용과 같은 것을 고르십시오.

① 국가 무형 문화재에 대한 법적 근거가 존재하지 않는다.

② 국가 무형 문화재는 그 기능을 보유한 인간문화재를 통해 전수된다.

③ 국가 무형 문화재 기능을 전수받는 동안 경제적 지원을 받을 수 있다.

④ 국가 무형 문화재로 인정받으려면 원형을 시대에 맞게 변형해야 한다.

현행 문화재 보호법에서는 역사적, 예술적으로 가치가 높은 음악, 무용, 공예 기능 등을 국가 무형 문화재로 규정하고 있다. 이에 따라 여러 세대에 걸쳐 전승되어 온 무형의 문화유산 중 원형 그대로 계승될 만한 가치가 있는 것을 국가 무형 문화재로 지정한다. 이 무형 문화재는 형체가 없으므로 기능을 보유한 사람을 인간문화재로 지정해 이들을 통해 문화재가 보존되도록 한다. 그런데 이 무형 문화재를 전수받으려는 사람이 줄고 있어 문화재 보존에 비상등이 켜졌다. 오랜 시간 어렵게 기능을 전수받더라도 무조건 인간문화재로 지정되는 것도 아니고 기능을 연마하는 동안에는 국가의 경제적 지원도 없기 때문이다. 전통문화는 그 민족의 자긍심과도 밀접하게 관련되어 있는 것인데 이렇게 가다가는 무형 문화재의 명맥이 끊이는 일이 생길 수 있을 것이다.

🦉 46번 정답 ②

"전통문화는 그 민족의 자긍심과도 밀접하게 관련되어 있는 것"에서 글쓴이는 전통문화가 민족의 자긍심과 연결된다고 하면서 문화재 보존의 중요성을 강조하고 있다. 또한 "무형 문화재의 명맥이 끊이는 일이 생길 수 있을 것"에서 무형 문화재의 전수자가 줄어드는 현실에 대해 우려와 비판적인 태도를 보이는 것을 알 수 있다.

🦉 47번 정답 ② 국가 무형 문화재는 그 기능을 보유한 인간문화재를 통해 전수된다.

📍**왜 아닐까?**

① 국가 무형 문화재에 대한 법적 근거가 존재하지 않는다. **(X)**

　→ 글의 첫 문장에서 법적 근거가 있음을 알 수 있다.

③ 국가 무형 문화재 기능을 전수받는 동안 경제적 지원을 받을 수 있다. **(X)**

　→ 경제적 지원이 없다.

④ 국가 무형 문화재로 인정받으려면 원형을 시대에 맞게 변형해야 한다. **(X)**

　→ 원형을 보존할 만한 가치가 있는 것을 무형 문화재로 지정한다.

※ **1~3** 앞의 글을 읽고 내용을 진행 단계에 따라 정리하십시오.

제시된 문제점	1. _______________________________
↓	
문제의 원인	2. _______________________________
↓	
문제의 결과	3. _______________________________

정답 1. 무형 문화재를 배우려는 사람이 줄어들어 무형 문화재 보존에 위기가 생김
2. 인간문화재 지정은 보장되지 않고 배우는 동안 국가 지원도 없음
3. 무형 문화재의 명맥이 끊기는 일이 생길 수 있음

유형 13-2 장문 독해

마지막 장문 독해는 한 지문에 3문항이 출제됩니다. 개인 또는 사회에 도움이 되는 글의 주제가 자주 출제되며 기존의 생각이나 제도의 ① 현재 상황을 설명한 후 그것에 대한 ② 문제를 제기하고 ③ 새로운 대안을 제시하는 구조로 되어 있습니다. 글을 쓴 목적이 무엇인지 알기 위해서는 이와 같은 구조를 잘 파악해야 합니다.

※ **48~50** 다음을 읽고 물음에 답하십시오.

도심의 교통 혼잡 문제가 심화되면서 새로운 건축물을 짓는 경우 사전에 교통 영향 평가를 받도록 하고 있다. 해당 건축물이 주변 교통 상황에 미칠 부정적 파급 효과를 예측해 이를 완화할 수 있는 방법을 미리 찾는 것이다. 이 평가 결과를 반영해 건축물과 지하철, 버스 등 대중교통 수단의 연계성을 높여 대중교통 이용을 유도함으로써 (   ) 것이 대표적인 사례이다. 또한 교통 혼잡을 유발하는 시설의 소유자에게 교통 유발 부담금을 부과하는 제도도 시행하고 있다. 그러나 이와 같은 방법만 으로는 그 효과가 제한적이라는 평가가 대부분이다. 유입 인구의 증가로 인해 발생하는 교통 정체를 막는 데는 한계가 있다는 것이다. 따라서 보다 전방위적으로 여러 정책을 시행함으로써 도심 교통 문제 해결에 나설 필요가 있다. 문제 해결을 위한 실질적인 노력을 하는 시설의 소유자에게 여러 혜택을 주고 도심의 도로망을 정비하는 등의 여러 방안을 병행한다면 도심의 교통 환경을 점차 개선해 나갈 수 있을 것이다.

48. 윗글을 쓴 목적으로 가장 알맞은 것을 고르십시오.

① 교통 영향 평가의 부정적 효과를 강조하기 위해서
② 교통 유발 부담금 제도를 도입한 취지를 알리기 위해서
③ 교통 문제 해결을 위한 방안의 다각화를 주장하기 위해서
④ 교통 상황을 개선한 경우 받게 되는 혜택을 소개하기 위해서

49. (   )에 들어갈 말로 가장 알맞은 것을 고르십시오.

① 건축 기간이 연장된
② 교통 정체가 유발된
③ 주차장 규모를 확대한
④ 주변 교통량을 감축한

50. 윗글의 내용과 같은 것을 고르십시오.

① 교통 영향 평가는 도심에 건축물을 짓고 난 후에 시행한다.
② 교통 영향 평가는 도심에 유입되는 인구를 늘리기 위해 실시한다.
③ 교통 혼잡 해결을 위해 노력하는 건축물의 소유자는 혜택을 받고 있다.
④ 교통 혼잡을 일으키는 시설의 소유자는 그에 따른 부담금을 내야 한다.

　　도심의 교통 혼잡 문제가 심화되면서 새로운 건축물을 짓는 경우 사전에 교통 영향 평가를 받도록 하고 있다. 해당 건축물이 주변 교통 상황에 미칠 부정적 파급 효과를 예측해 이를 완화할 수 있는 방법을 미리 찾는 것이다. 이 평가 결과를 반영해 건축물과 지하철, 버스 등 대중교통 수단의 연계성을 높여 대중교통 이용을 유도함으로써 (　　　) 것이 대표적인 사례이다. 또한 교통 혼잡을 유발하는 시설의 소유자에게 교통 유발 부담금을 부과하는 제도도 시행하고 있다. 그러나 이와 같은 방법만 으로는 그 효과가 제한적이라는 평가가 대부분이다. 유입 인구의 증가로 인해 발생하는 교통 정체를 막는 데는 한계가 있다는 것이다. 따라서 보다 전방위적으로 여러 정책을 시행함으로써 도심 교통 문제 해결에 나설 필요가 있다. 문제 해결을 위한 실질적인 노력을 하는 시설의 소유자에게 여러 혜택을 주고 도심의 도로망을 정비하는 등의 여러 방안을 병행한다면 도심의 교통 환경을 점차 개선해 나갈 수 있을 것이다.

🦉 48번 정답 ③ 교통 문제 해결을 위한 방안의 다각화를 주장하기 위해서

교통 영향 평가 및 교통 유발 부담금 등 교통 혼잡 문제를 해결하기 위해 시행하는 현재의 정책들이 한계가 있다는 것을 지적하면서 대안으로 교통 혼잡을 해결할 시설을 소유한 사람에게 혜택을 주고 도로망 정비를 하는 등 여러 방법을 함께 사용해야 한다고 주장한다.

🦉 49번 정답 ④ 주변 교통량을 감축한

도심의 교통 혼잡 문제를 해결하기 위해 시행하는 교통 영향 평가의 효과를 설명하고 있다. 이 정책의 성공 사례로 대중교통 이용을 소개하고 있다. 따라서 이 정책의 효과로 대중교통 이용을 유도해 교통 혼잡 문제를 해결한다고 말하는 것이 자연스럽다.

🦉 50번 정답 ④ 교통 혼잡을 일으키는 시설의 소유자는 그에 따른 부담금을 내야 한다.

🔍 왜 아닐까?

① 교통 영향 평가는 도심에 건축물을 짓고 난 후에 시행한다. (X)
　　→ 새로운 건축물을 짓는 경우 사전에 = 건축물을 짓기 전에
② 교통 영향 평가는 도심에 유입되는 인구를 늘리기 위해 실시한다. (X)
　　→ 건축물로 인해 교통이 혼잡해지는 것을 완화하기 위해 실시하고 있다.
③ 교통 혼잡 해결을 위해 노력하는 건축물의 소유자는 혜택을 받고 있다. (X)
　　→ '여러 가지 방법을 병행한다면'이라고 말하고 있어 아직 시행되는 정책이 아니라는 것을 알 수 있다.

✦ 스스로 확인하기 ✦

※ **1~3** 앞의 글을 읽고 내용을 진행 단계에 따라 정리하십시오.

현재 상황	1.
↓	
문제 제기	2.
↓	
대안 제시	3.

정답 **1.** 도심의 교통 혼잡 문제가 심화됨 **2.** 기존 방법으로는 교통 혼잡을 해결하는 데 한계가 있음
3. 더 다양한 정책 시행이 필요함 (시설 소유자에게 혜택 제공, 도로망 정비 등)

Part

03

실전 모의고사

유 의 사 항
Information

1. 시험 시작 지시가 있을 때까지 문제를 풀지 마십시오.
   Do not open the booklet until you are allowed to start.

2. 접수번호와 이름은 정확하게 적어 주십시오.
   Write your name and application number on the answer sheet.

3. 답안지를 구기거나 훼손하지 마십시오.
   Do not fold the answer sheet; keep it clean.

4. 답안지의 이름, 접수번호 및 정답의 기입은 컴퓨터용 펜을 사용하여 주십시오.
   Use the optical mark reader(OMR) pen only.

5. 정답은 답안지에 정확하게 표시하여 주십시오.
   Mark your answer accurately and clearly on the answer sheet.

   marking example | ① ● ③ ④ |

6. 문제를 읽을 때에는 소리가 나지 않도록 하십시오.
   Keep quiet while answering the questions.

7. 질문이 있을 때에는 손을 들고 감독관이 올 때까지 기다려 주십시오.
   When you have any questions, please raise your hand.

※ [1~2] (   )에 들어갈 말로 가장 알맞은 것을 고르십시오. (각 2점)

1. 어제는 (   ) 오늘은 쌀쌀해졌다.

     ① 덥더니　　　　　② 더우면　　　　　③ 덥더라도　　　　　④ 더운 대신

2. 방이 더워서 창문을 (   ).

     ① 열 뻔했다　　　　　　　　② 열어 놓았다
     ③ 열 수도 있다　　　　　　　④ 열기 마련이다

※ [3~4] 밑줄 친 부분과 의미가 가장 비슷한 것을 고르십시오. (각 2점)

3. 낮잠을 <u>자고 난 다음에</u> 기분이 상쾌해졌다.

     ① 잔 후에　　　　　　　　② 잘 텐데
     ③ 잔 데다가　　　　　　　④ 잘 테니까

4. 다음 주가 방학이니 한 학기가 다 <u>끝난 거나 마찬가지다</u>.

     ① 끝난 셈이다　　　　　　　② 끝나고 말았다
     ③ 끝난 적이 있다　　　　　　④ 끝나기 십상이다

※ [5~8] 다음은 무엇에 대한 글인지 고르십시오. (각 2점)

5.

① 청소기　　② 냉장고　　③ 에어컨　　④ 세탁기

6.

① 공원　　② 유치원　　③ 체육관　　④ 사진관

7.

① 봉사 활동　　② 환경 보호　　③ 날씨 안내　　④ 경제 활동

8.

① 교환 안내　　② 예매 방법　　③ 안전 규칙　　④ 혜택 사항

9.

인주FC 축구 회원 모집

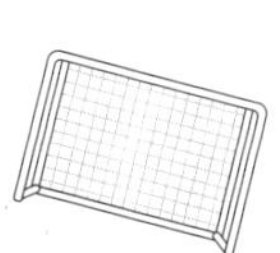

신청 대상   축구에 관심 있는 성인 누구나
신청 방법   이메일(football_club@mail.com)로 신청서 제출
모임 시간   첫째 주, 셋째 주 토요일 오전 7시
모임 장소   인주고등학교 운동장
참가 비용   회비 (매달 30,000원) ※ 이번 달까지 가입비 무료

① 가입 신청서는 이메일로 보내면 된다.

② 가입비 3만 원을 내면 매달 회비는 무료이다.

③ 인주고등학교 학생이면 누구나 신청할 수 있다.

④ 축구 경기는 매주 토요일 오전 7시부터 진행된다.

10.

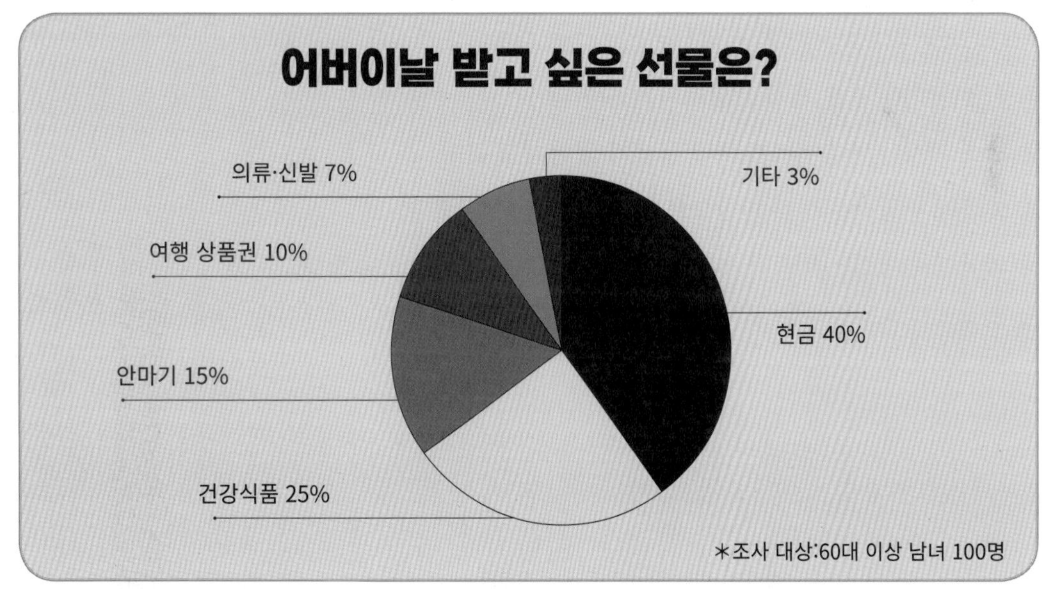

① 부모님이 받고 싶어하는 선물 중 건강식품 비율이 가장 높다.

② 부모님이 받고 싶어하는 선물 중 안마기 비율은 두 번째로 높다.

③ 부모님이 받고 싶어하는 선물 중 의류나 신발 비율은 10%를 넘는다.

④ 부모님이 받고 싶어하는 선물 중 여행 상품권보다 현금 비율이 높다.

11.

> 인주시 달빛공원의 주변 도로는 주말마다 '차 없는 거리'로 바뀐다. 어린이들의 안전한 놀이 공간을 만들기 위해서 시작된 이 정책이 벌써 5년째 이어지고 있다. 이 날은 차가 없는 대신 차도에서 자전거를 타거나 산책을 할 수 있을 뿐만 아니라 색다른 공연이 열리기도 한다. 지역 주민들은 이웃과 같이 어울릴 수 있어 즐겁다는 반응이다. 이에 인주시 역시 앞으로도 안전하고 즐거운 문화 공간으로 만들겠다고 약속했다.

① '차 없는 거리'는 올해 마지막으로 진행된다.

② 어린이들이 위험하기 때문에 자전거는 탈 수 없다.

③ 주민들은 주말에 차를 이용할 수 없어서 불편해한다.

④ '차 없는 거리'는 어린이들을 위해서 처음 시작하였다.

12.

> 최근 한 도시에서 외국인 관광객이 버스를 잘못 타서 어려움을 겪은 일이 있었다. 이 관광객은 눈이 보이지 않아서 버스 방향을 제대로 확인하지 못했고 반대 방향으로 가게 된 것이다. 다행히 버스 기사가 이를 알아채고 자신의 퇴근길에 직접 차로 관광객을 원하는 장소까지 데려다 주었다. 버스 기사의 따뜻한 배려에 외국인 관광객은 감동했고 이 이야기는 온라인에서 알려지며 훈훈한 반응을 얻고 있다.

① 이 이야기는 신문 기사로 알려지게 되었다.

② 버스 기사는 관광객에게 어떤 문제가 있는지 몰랐다.

③ 외국인 관광객은 반대 방향으로 가는 버스를 타 버렸다.

④ 외국인 관광객은 버스를 놓칠까 봐 서두르다가 버스를 잘못 탔다.

※ [13~15] 다음을 순서에 맞게 배열한 것을 고르십시오. (각 2점)

13.
(가) 청색광은 우리 뇌의 자연스러운 수면 주기를 방해한다.
(나) 요즘 사람들은 밤에 잠들기 어려워하는 수면 장애를 겪고 있다.
(다) 이런 현상이 나타나는 주된 원인은 휴대전화의 청색광 때문이다.
(라) 따라서 취침 전 최소 1시간은 휴대전화 사용을 피하는 것이 좋다.

① (나) → (가) → (다) → (라) 　② (나) → (다) → (가) → (라)
③ (다) → (가) → (나) → (라) 　④ (다) → (나) → (가) → (라)

14.
(가) 미술 대회에서 '추억'이라는 주제를 받고 몹시 당황했다.
(나) 그림이 완성되자 기억 속의 그 장면이 종이 위에 되살아났다.
(다) 어두운 부분과 밝은 부분을 구분하며 색을 하나씩 칠해 나갔다.
(라) 하지만 금세 마음을 정하고 나서 생각한 장면을 그리기 시작했다.

① (가) → (나) → (다) → (라) 　② (나) → (다) → (가) → (라)
③ (가) → (라) → (다) → (나) 　④ (나) → (라) → (다) → (가)

15.
(가) 그런데 자신의 이름 때문에 불편을 겪는 사람들이 있다.
(나) 이름이 발음하기 어렵거나 특이해서 놀림을 받는 것이다.
(다) 사람에게 이름은 사회적 관계를 형성하는 중요한 요소이다.
(라) 이러한 이유로 사람들은 이름을 바꾸는 '개명'을 하게 된다.

① (나) → (가) → (라) → (다) 　② (다) → (나) → (라) → (가)
③ (나) → (라) → (가) → (다) 　④ (다) → (가) → (나) → (라)

※ [16~18] (   )에 들어갈 말로 가장 알맞은 것을 고르십시오. (각 2점)

16.
사람들은 이미 알고 있거나 경험한 제품에 대해 더 신뢰를 느낀다. 낯선 것보다 익숙한 것을 선택하는 경향은 위험을 줄이고 결정 과정을 단순하게 만든다. 그래서 유명한 브랜드나 광고에서 자주 본 제품일수록 (   ) 경우가 많다. 결국 익숙함은 소비자의 선택을 결정하는 중요한 요인 중 하나가 된다.

① 의식하지 않도록 ② 선호도가 높아지는
③ 마음대로 조절하도록 ④ 구매를 망설이게 되는

17.
벌은 꽃에서 꽃가루를 옮겨 식물이 열매를 만들 수 있도록 돕는다. 그러나 기후가 변하고 농약이 많이 사용되면서 벌의 수가 점점 줄어들고 있다. 벌이 줄어들면 식물이 꽃가루를 옮기기 어려워지고 (   ) 된다. 또한 이로 인해 사람들의 식생활에도 문제가 생길 수 있다. 그래서 벌은 작지만 인간에게 꼭 필요한 중요한 존재이다.

① 벌의 먹이가 사라지게 ② 기후가 다시 좋아지게
③ 열매의 크기가 커지게 ④ 농작물의 양도 줄어들게

18.
인건비를 줄이려고 편의점이나 아이스크림 가게를 무인으로 운영하는 곳이 많아졌다. 그러나 계산하지 않고 물건을 가져가는 사람이 있어 문제가 되고 있다. 이런 문제를 막기 위해 가게의 곳곳이 보이도록 여러 대의 카메라를 설치할 뿐만 아니라 손님의 (   ) 신용카드나 휴대전화의 앱을 이용하여 가게에 들어갈 수 있게 하고 있다.

① 안전을 위해 ② 취향을 알고자
③ 편리함을 위해 ④ 신분을 확인하고자

※ [19~20] 다음을 읽고 물음에 답하십시오. (각 2점)

> 한국의 박물관은 입장료가 매우 저렴하거나 무료인 경우가 많다. 이는 국민들이 문화 생활을 쉽게 즐길 수 있도록 하기 위한 것이다. (   ) 무료 관람으로 인해 관람객이 지나치게 많아 관리가 어렵고 운영비가 부족하여 전시의 질을 높이는 데 한계가 있다는 의견도 존재한다. 그러나 문화는 공공재이므로 박물관 무료 정책을 계속해야 한다고 생각하는 사람이 여전히 더 많다.

19. (   )에 들어갈 말로 가장 알맞은 것을 고르십시오.

① 반면　　　　　② 물론　　　　　③ 만약　　　　　④ 과연

20. 윗글의 주제로 가장 알맞은 것을 고르십시오.

① 부족한 박물관의 운영비는 정부가 책임져야 한다.
② 문화는 공공재이므로 누구나 자유롭게 누려야 한다.
③ 박물관 무료 정책에는 장점과 단점이 모두 존재한다.
④ 무료 관람 정책은 관광객을 증가시킬 수 있는 좋은 방법이다.

가정에서는 사용하고 남은 약을 변기나 싱크대에 버리는 일이 흔하다. 이는 하수도와 토양을 오염시키고 인간의 건강을 위협할 수 있다. 이러한 문제를 해결하기 위해 정부는 약국과 보건소에 폐의약품 수거함을 설치하고 폐의약품의 올바른 처리를 유도하고 있다. 그러나 전문가들은 이런 정책은 적극적인 시민 홍보가 함께 이루어져야 한다고 말한다. 시민들이 처리 방법을 잘 알지 못하면 정부의 계획이 (   ) 수도 있기 때문이다.

21. (   )에 들어갈 말로 가장 알맞은 것을 고르십시오.

① 빛을 볼

② 막이 오를

③ 매듭을 지을

④ 물거품이 될

22. 윗글의 내용과 같은 것을 고르십시오.

① 정책을 시민들에게 알려야 시행 효과가 있다.

② 사람들은 남은 약을 약국에 잘 반납하고 있다.

③ 정부의 계획이 시민들의 건강을 위협하고 있다.

④ 폐의약품은 가정에서 버려도 환경에 문제가 없다.

어릴 적 내가 본 엄마는 잔소리가 많은 사람이었다. 주말에 쉬려고 하면 "방 좀 치워."라며 야단을 쳤다. 밖에 나갈 때마다 "따뜻하게 입어!"라고 소리치던 엄마의 말이 귀찮게만 들렸다. 나는 그런 엄마가 싫었고, 엄마의 잔소리가 듣기 싫어서 소리를 지른 날도 있었다. 그런데 지금의 나는 아침마다 아이에게 "양말은 제대로 신었니?"라고 묻는다. 아이의 귀가 시간이 조금만 늦어도 걱정부터 앞서는 모습이 낯설지 않다. 학교에 가는 아이를 배웅하며 본 거울 속에 비친 내가 꼭 엄마다. 예전엔 이해 못 했던 그 행동들이 이젠 나에게도 일상이 되어버렸다. 따뜻하게 입으라고 했던 엄마의 말이 사랑이었다는 것을 이제야 알게 되었다. <u>그때는 엄마가 왜 그렇게 미웠을까… 나는 왜 그렇게 철이 없었을까…</u>

23. 밑줄 친 부분에 나타난 '나'의 심정으로 가장 알맞은 것을 고르십시오.

① 미안하다

② 불안하다

③ 섭섭하다

④ 억울하다

24. 윗글의 내용과 같은 것을 고르십시오.

① 나는 아이에게 아무 말도 하지 않는다.

② 나는 엄마의 잔소리가 듣기 싫어서 집을 나왔다.

③ 나는 아이를 키우면서 엄마의 행동을 이해하게 되었다.

④ 나는 거울을 통해서 엄마가 아이를 배웅하는 것을 보았다.

25.

> 평년보다 빠르게 핀 벚꽃, 시민들 얼굴에도 미소가 '활짝'

① 벚꽃이 빠르게 필수록 시민들은 행복을 느낀다.

② 시민들이 미소를 지을 정도로 아름다운 벚꽃이 피었다.

③ 이른 시기에 핀 벚꽃을 보는 시민들의 얼굴에도 미소가 지어졌다.

④ 벚꽃이 빨리 져서 시민들이 계획했던 꽃놀이를 즐길 수 없게 되었다.

26.

> 배우 김민수 '최우수 연기상' 수상, 기나긴 무명 생활 떠올리며 눈물

① 배우 김민수가 아쉽게 상을 받지 못해 눈물을 흘렸다.

② 배우 김민수는 힘들었던 지난 시간을 떠올리며 상을 받았다.

③ 배우 김민수가 상을 받을 것이라고 모두가 예상하고 있었다.

④ 배우 김민수가 후배 배우에게 상을 주면서 감동의 눈물을 보였다.

27.

> 교사 부족 심각, 농어촌 학교 교사 확보 '빨간 불'

① 교사의 역할과 책임이 커지면서 교사가 되는 것을 기피하고 있다.

② 교사의 수가 증가하면서 농어촌 학교에서 가르치는 교사가 많아졌다.

③ 교사를 구하기 어려워지면서 농어촌 학교에서 긴급하게 대책을 마련했다.

④ 교사의 수가 감소하면서 농어촌 학교는 교사를 구하는 데 어려움을 겪고 있다.

※ [28~31] (   )에 들어갈 말로 가장 알맞은 것을 고르십시오. (각 2점)

28.

> 코끼리가 코를 흔드는 행동은 단순한 움직임이 아니다. 코끼리는 긴장하거나 불안할 때 코를 천천히 흔들며 마음을 진정시킬 뿐만 아니라 다른 코끼리에게 인사하거나 친근감을 나타낼 때도 코를 흔든다. 전문가들은 이러한 몸짓이 코끼리가 자신의 감정을 표현하고, 무리 안에서 (   ) 중요한 역할을 한다고 말한다.

① 먹이를 찾는

② 위험을 알리는

③ 관계를 형성하는

④ 위생을 관리하는

29.

> 눈과 카메라는 모두 이미지를 받아들이는 기능을 한다. 눈은 빛을 통해 사물을 보고 카메라도 빛을 받아 사진을 찍는다는 점에서 두 대상은 비슷하지만 중요한 차이도 있다. 눈은 감정을 느끼고 기억과 연결되며 순간을 추억으로 남기지만 카메라는 감정 없이 그 순간을 (   ) 도구이다. 다시 말해 카메라로는 눈에 보이는 모습만 남길 수 있을 뿐이다.

① 빠르게 계산하는

② 즐겁게 표현하는

③ 새롭게 해석하는

④ 그대로 기록하는

※ [28~31] (   )에 들어갈 말로 가장 알맞은 것을 고르십시오. (각 2점)

30.

　　문화에 따라 갈등을 보는 시각과 해결하는 방법은 다르다. 집단 문화에서는 사람들 사이의 화합이 중요하기 때문에 갈등이 생기면 그것을 (　　　　　　) 것으로 생각해 피하려는 경우가 많다. 반면, 개인 문화에서는 개인의 권리와 표현의 자유가 중요하기 때문에 갈등을 자연스럽고 필요한 일로 보고 갈등이 생기면 자기 생각을 분명히 말하고 문제를 해결하려고 한다.

① 문화적으로 예민한

② 성장의 기회가 되는

③ 조화나 관계를 해치는

④ 공감과 소통이 증가하는

31.

　　'척'은 사람의 신체를 기준 삼는 한국 전통 길이 단위로서 사람의 팔꿈치에서 손끝까지의 길이를 나타낸다. 그러나 사람마다 신체 크기가 달라 일정한 기준을 유지하는 데 문제가 있었다. 이를 해결하기 위해 조선시대 세종대왕은 '동자 척'을 만들어 표준 길이 기준을 설정했다. 이후 전국에서 같은 기준으로 길이를 잴 수 있게 되어 (　　　　　　) 정확하게 일을 할 수 있게 되었다.

① 작업 시간을 늘려

② 여러 혼란을 줄이고

③ 지역마다 자기 기준으로

④ 길이 단위가 복잡해졌지만

32.

해치는 상상 속 동물로 사자와 비슷한 몸을 가지고 있으며 이마에 뿔이 하나 달려 있다. 이런 해치는 정의로운 성격에 나쁜 것을 구별하는 능력이 있다고 전해진다. 그래서 옛날부터 궁궐이나 법원 앞에 해치 조각상을 세워 정의와 공정함을 상징했다. 또한 해치는 재난이나 나쁜 기운을 막아 주는 수호 동물로 여겨졌다. 이러한 의미 때문에 지금도 전통 문화나 공공기관의 상징물로 활용되고 있다.

① 해치는 옛 궁궐 안에서 조각상으로 세워졌다.

② 해치는 사자의 외모에 뿔이 여러 개 달려 있다.

③ 해치는 실제로 존재했던 동물로 공정함을 상징했다.

④ 해치는 위험을 막아주는 보호의 상징으로 여겨진다.

33.

제주도의 해녀들은 호미와 집게 같은 기본적인 도구만 가지고 해산물을 얻기 위해 바다에 들어간다. 이들은 깊은 바닷속에서도 1분 이상 숨을 참으며 해산물을 캐는 작업을 한다. 그 작업은 힘들고 위험하지만 해녀들은 서로 협력하면서 바다 환경을 보전하고 지속 가능한 방식으로 일한다. 이러한 해녀 문화는 제주도의 중요한 유산으로 인정받아 2016년 유네스코 인류무형문화유산에 등록되었다.

① 해녀들은 해안에 가까운 얕은 물에서 작업한다.

② 해녀들은 복잡한 기계를 사용해 해산물을 캐낸다.

③ 해녀들은 경쟁적으로 해산물을 캐내는 것으로 유명하다.

④ 해녀 문화는 제주도의 귀중한 문화유산으로 평가받고 있다.

34.

> 오늘날 많은 노인들이 디지털 기기를 사용하는 것이 어려워서 외로움을 겪는다고 한다. 이를 해결하기 위해 인주시에서는 노인들을 대상으로 '스마트폰 교실'을 운영하고 있다. 스마트폰 사용 교육을 받은 어르신들은 문자 보내기와 영상통화 같은 기능을 익혀 가족과 자주 연락할 수 있게 되었다. 이처럼 디지털 교육은 노인들이 사람들과 다시 가까워지고 더 나은 삶을 살도록 돕고 있다.

① 스마트폰 교실은 남녀노소 누구나 참여할 수 있다.

② 노인들이 스마트폰을 사용하면서 외로움이 증가했다.

③ 디지털 교육은 노인들이 가족과 가까워지도록 돕는다.

④ 노인들이 스스로 쉽게 디지털 기기 사용을 익히고 있다.

※ [35~38] 다음을 읽고 글의 주제로 가장 알맞은 것을 고르십시오. (각 2점)

35.

> '제로 웨이스트'는 말 그대로 쓰레기를 '0'으로 줄이자는 운동이다. 이를 실천하는 사람들은 마트 대신 시장에서 장바구니와 유리병을 들고 다니며 장을 본다. 또, 물티슈나 휴지 대신 손수건을 사용하며 종이컵과 같은 일회용품은 아예 사용하지 않으려고 한다. 이처럼 제로 웨이스트는 특별한 행동이 아니라 작은 실천의 반복을 통해 환경에 긍정적인 영향을 주는 생활 방식이다. 쓰레기 없는 삶은 완벽하게 이루어지기는 어렵지만 조금씩 줄여 나가려는 노력 자체가 중요한 의미를 가진다.

① 환경을 지키기 위해 쓰레기를 만들지 않도록 해야 한다.

② 개인의 작은 실천이 환경 보호에 긍정적인 영향을 미친다.

③ 정부의 정책 없이 개인의 노력만으로는 환경을 지킬 수 없다.

④ 일회용품의 사용을 완전히 없애는 것이 환경 보호의 핵심이다.

※ [35~38] 다음을 읽고 글의 주제로 가장 알맞은 것을 고르십시오. (각 2점)

36.

과거 정부가 경제 활성화를 위해 공급자와 소비자를 연결해주는 중개 기업에 대한 규제를 완화한 덕분에 중개 기업들은 빠르게 성장할 수 있었다. 그러나 결국 몇몇 큰 기업이 시장을 독점하게 된 결과를 낳았다. 기업들은 초기에는 값싸고 편리한 서비스로 소비자에게 이익을 주었지만 최근 가격을 올리거나 소비자의 선택권을 줄여 피해를 주고 있다. 따라서 공정한 경제 성장을 위해 정책을 재검토할 필요가 있다.

① 중개 기업의 성장은 경제 성장에 큰 도움이 된다.

② 중개 기업의 경쟁으로 소비자가 많은 혜택을 받고 있다.

③ 정책을 재검토하여 중개 기업의 독점 문제를 막아야 한다.

④ 소비자의 이익을 위해 기업에 대한 규제를 완화해야 한다.

37.

사람들은 말을 하지 않아도 표정이나 몸짓으로 서로의 마음을 알 수 있는 경우가 있다. 이를 '비언어적 표현'이라고 한다. 예를 들어, 밝은 미소나 고개를 끄덕이는 행동은 긍정적인 의미지만 팔짱을 끼는 행동은 상대방과 거리를 두려는 태도로 해석된다. 따라서 다른 사람과 대화할 때는 말뿐만 아니라 비언어적 표현도 함께 살핀다면 더 원활하게 소통할 수 있을 것이다.

① 부정적인 비언어적 표현을 자제해야 한다.

② 비언어적 표현은 소통에 중요한 역할을 한다.

③ 소통할 때는 말보다 표정이나 몸짓이 더 중요하다.

④ 대화할 때 말을 하지 않으면 오해를 일으키기 쉽다.

38.

전 세계의 인구가 늘어나면서 전문가들은 2050년에는 현재보다 70% 더 많은 식량이 필요하다고 예측한다. 이런 상황에서 곤충이 미래 식량의 해답이 될 수 있다. 곤충은 단백질이 풍부하고 친환경적이기 때문이다. 예를 들어 귀뚜라미는 소보다 기르는 데 물이 2천 배나 적게 들고 번식 속도가 빨라 좁은 공간에서도 많이 기를 수 있다. 그래서 이미 여러 나라에서는 곤충 식품 개발이 활발히 진행되고 있다.

① 인구 증가로 인한 식량 부족 문제가 심각해지고 있다.

② 집에서 동물을 기르는 데는 많은 자원과 공간이 필요하다.

③ 여러 나라에서 곤충을 활용한 식품 개발이 이루어지고 있다.

④ 곤충은 미래 식량 문제를 해결할 수 있는 대안이 될 수 있다.

※ [39~41] 주어진 문장이 들어갈 곳으로 가장 알맞은 것을 고르십시오. (각 2점)

39.

그러나 아무리 조건이 좋더라도 대출은 결국 갚아야 할 빚이다.

'학자금 대출'은 등록금이나 생활비 마련이 어려운 학생들을 국가가 낮은 대출 이자율로 도와주는 제도이다. (㉠) 쉽게 말해, 대학을 다니는 동안 국가로부터 필요한 돈을 먼저 빌리고 졸업 후에 소득이 생기면 천천히 갚는 방법이라고 할 수 있다. (㉡) 이 제도는 경제적으로 어려운 가정의 학생들에게 교육의 기회를 보장한다. (㉢) 따라서 무리하게 대출을 받기 보다 필요한 만큼만 신청하는 것이 바람직하다. (㉣)

① ㉠　　　　② ㉡　　　　③ ㉢　　　　④ ㉣

※ [39~41] 주어진 문장이 들어갈 곳으로 가장 알맞은 것을 고르십시오. (각 2점)

40.

바람이나 연기, 양파 같은 자극이 눈의 신경을 건드리면 눈물샘이 바로 반응한다.

눈물은 슬플 때만 흘린다고 생각하기 쉽지만 눈물의 원인에 따라 기초 눈물, 반사 눈물, 감정 눈물로 나뉜다. (㉠) 그중에서 반사 눈물은 눈에 자극이 가해질 때 자동으로 나오는 눈물이다. (㉡) 이때 눈물샘에서는 평소보다 훨씬 많은 양의 액체가 빠르게 분비된다. (㉢) 이렇게 나온 눈물은 해로운 물질을 씻어내어 눈의 손상을 막는다. (㉣) 즉, 반사 눈물은 눈 건강을 위한 몸의 즉각적인 방어 장치라 할 수 있다.

① ㉠   ② ㉡   ③ ㉢   ④ ㉣

41.

작가는 이러한 산행 경험들이 정신적 치유의 과정이었다고 말한다.

등반 전문 작가 이산하 씨가 신간 『산속의 발견』을 출간했다. (㉠) 이 책은 국내 유명 산들을 직접 다니며 얻은 깨달음과 감동을 기록한 수필집이다. (㉡) 특히 산 정상에서 맞이한 일출의 감동, 계곡물 소리에서 느끼는 고요함 등 자연 속에서 발견하는 소중한 순간들이 인상 깊게 다가온다. (㉢) 『산속의 발견』은 바쁜 일상에 지친 독자들에게도 자연에서 얻을 수 있는 여유와 성찰의 기회를 제공하게 될 것이다. (㉣)

① ㉠   ② ㉡   ③ ㉢   ④ ㉣

순영은 언제든지 잊어버리지 못하는 사람이 있었다. 그것은 다른 사람이 아니라 원산에서 물에 빠졌을 때 자기를 건져준 사람이었다. 그때 그 사람이 아니었다면 영원히 수중고혼이 되었을 것을, 그 사람 때문에 살아난 것을 잊을 수가 없었다. (중략)

대철은 그때 보던 기억을 찾아내려고 하는 듯하였다.

"저같이 생겼어요?"

순영은 눈자위가 붉어지고 얼굴빛이 변하더니 눈물이 주르르 흐른다. 뜻밖에 그 광경을 보는 대철은 놀랄 만큼 이상하였으나, 냉큼 웬일이냐고 묻지도 못하고 한참 그대로 보았다. 순영은 이마를 방바닥에 대고 두 손으로 양쪽 볼을 가리고 흐느낀다.

"왜 그러세요?"

하고 물어보았다. 순영은 들었는지 말았는지 흐느끼는 소리가 더욱 커질 뿐이다.

"도대체 왜 그러세요?"

"제가 원산서 선생님이 살려주신 장순영이에요."

순영은 비로소 머리를 들고 눈물도 씻지 아니한 채 울음 섞어서 말한다. 대철은 뭐라고 말을 해야 좋을지 몰라서 순영의 얼굴만 쳐다본다.

42. 밑줄 친 부분에 나타난 '대철'의 심정으로 가장 알맞은 것을 고르십시오.

① 실망스럽다　　　　　　② 당혹스럽다

③ 자랑스럽다　　　　　　④ 사랑스럽다

43. 윗글의 내용으로 알 수 있는 것을 고르십시오.

① 순영은 대철이 자신을 구했다고 밝혔다.

② 대철은 순영을 보자마자 누구인지 알았다.

③ 순영은 처음에 우는 얼굴을 보여주지 않았다.

④ 대철은 순영이 울자마자 우는 이유를 물었다.

※ [44~45] 다음을 읽고 물음에 답하십시오. (각 2점)

44. (   )에 들어갈 말로 가장 알맞은 것을 고르십시오.

① 좋은 소식을 전하는

② 나쁜 기운을 막아주는

③ 권위적인 역할을 부여받은

④ 지배자로부터 민중을 지키는

45. 윗글의 주제로 가장 알맞은 것을 고르십시오.

① 민화에는 까치와 호랑이처럼 상반되는 이미지의 동물이 등장해야 했다.

② 과거에는 권력자를 풍자하는 그림으로 정치적 의미를 표현할 수 있었다.

③ 호작도는 무섭다고 여겨지던 호랑이에 대한 인식을 바꿨다는 데 의의가 있다.

④ 호작도는 동물이 가지고 있는 상징적 의미를 통해 민중의 소망과 유머를 담아냈다.

최저임금제는 국가가 법적으로 정한 임금의 최저 기준을 통해 근로자의 기본적인 삶을 보장하려는 제도이다. 이 제도는 저소득층의 생활 안정을 도모할 뿐만 아니라 소득의 안정화가 소비를 촉진시켜 경제 전반에 긍정적인 파급 효과를 줄 수 있다. 그러나 최저임금이 급격히 인상될 경우 인건비 부담이 커진 자영업자나 중소기업은 인력을 감축하거나 영업시간을 단축하는 등의 방식으로 대응하게 되며 고용 불안정이라는 또 다른 문제를 초래할 수 있다. 더불어 기업이 인건비로 인해 증가한 비용을 제품 가격에 전가하게 되면 전반적인 물가 상승을 유발하여 최저임금 인상의 실질적 효과가 감소할 우려도 있다. 즉, 최저임금제는 사회적 약자의 권익 보호와 경제 활성화라는 측면에서 중요한 역할을 담당하지만 경제 상황과 산업 구조, 다양한 이해관계자의 의견을 종합적으로 고려하여 신중하게 조정될 필요가 있다.

46. 윗글에 나타난 필자의 태도로 가장 알맞은 것을 고르십시오.

① 최저임금제가 물가에 미치는 영향을 부정하고 있다.

② 최저임금제가 과소비로 이어지는 것을 경계하고 있다.

③ 최저임금 상승으로 소비가 위축될 것을 우려하고 있다.

④ 최저임금제의 필요를 인정하면서 문제점도 지적하고 있다.

47. 윗글의 내용과 같은 것을 고르십시오.

① 최저임금이 인상되어도 자영업자들은 경영에 부담이 없다.

② 최저임금의 상승은 근로자의 소비를 늘려 경제를 활성화한다.

③ 최저임금제는 사회적 약자의 기본 생활을 보호해 주지 못한다.

④ 최저임금이 상승할수록 자영업자나 중소기업의 고용이 늘어난다.

※ [48~50] 다음을 읽고 물음에 답하십시오. (각 2점)

'확증편향'은 사람들이 자신의 신념이나 관점에 부합하는 정보만을 받아들이고 그와 상반되는 정보는 무시하거나 중요하지 않게 여기는 심리적 현상을 말한다. 그런데 이러한 현상은 개인 차원의 문제를 넘어 사회 전체의 이익에도 부정적인 영향을 미칠 수 있다. 예를 들어, 사람들이 정치적 성향이나 이념적 배경에 따라 특정한 정보만을 수용하게 되면 기후변화나 전염병 예방과 같은 과학적이고 객관적인 접근이 필요한 주제에 대해서도 (   ) 때문에 공동체와 협력하지 않는다. 더 나아가, 유사한 생각을 지닌 집단과만 소통하고 반대 의견은 배제하게 되면서 사회적 갈등이 심화되고 이념적 양극화 역시 가속화된다. 이와 같은 상황은 특정 언론이나 소셜 미디어에 대한 맹신으로 이어질 수 있으며 그 결과 허위 정보나 가짜 뉴스의 확산 가능성도 커지게 된다. 이러한 문제를 줄이기 위해서는 다양한 출처의 정보를 비판적으로 분석하고 '내 생각이 틀릴 수도 있다'는 마음으로 반대 입장을 이해하려는 노력이 필요하다. 무엇보다도 정보의 신뢰성과 근거를 판단할 수 있는 비판적 사고력을 지속적으로 길러 나가는 것이 공동체의 건강한 소통과 발전을 위한 핵심적인 과제이다.

48. 윗글을 쓴 목적으로 가장 알맞은 것을 고르십시오.

① 확증편향이 생기는 원인을 밝히려고

② 확증편향의 개념과 종류를 분석하려고

③ 확증편향의 문제와 해결 방법을 알리려고

④ 확증편향을 활용한 소통 방법을 소개하려고

49. (   )에 들어갈 말로 가장 알맞은 것을 고르십시오.

① 전문가의 의견을 믿기   ② 다양한 관점에서 보기

③ 과학적 근거를 확인하기   ④ 자신의 믿음만을 따르기

50. 윗글의 내용과 같은 것을 고르십시오.

① 확증편향은 가짜 뉴스의 확산을 막는 데 효과적이다.

② 확증편향은 사회 갈등과 양극화를 심화시킬 수 있다.

③ 확증편향을 극복하려면 하나의 정보만 수용해야 한다.

④ 확증편향은 새로운 정보를 객관적으로 해석하게 도와준다.

유 의 사 항
Information

1. 시험 시작 지시가 있을 때까지 문제를 풀지 마십시오.
   Do not open the booklet until you are allowed to start.

2. 접수번호와 이름은 정확하게 적어 주십시오.
   Write your name and application number on the answer sheet.

3. 답안지를 구기거나 훼손하지 마십시오.
   Do not fold the answer sheet; keep it clean.

4. 답안지의 이름, 접수번호 및 정답의 기입은 컴퓨터용 펜을 사용하여 주십시오.
   Use the optical mark reader(OMR) pen only.

5. 정답은 답안지에 정확하게 표시하여 주십시오.
   Mark your answer accurately and clearly on the answer sheet.

marking example 

6. 문제를 읽을 때에는 소리가 나지 않도록 하십시오.
   Keep quiet while answering the questions.

7. 질문이 있을 때에는 손을 들고 감독관이 올 때까지 기다려 주십시오.
   When you have any questions, please raise your hand.

※ [1~2] (   )에 들어갈 말로 가장 알맞은 것을 고르십시오. (각 2점)

1. 급하게 (   ) 교통 사고가 났다.

① 운전하는데　　　② 운전하려고　　　③ 운전하도록　　　④ 운전하다가

2. 그는 나를 보고도 (   ).

① 모를 만하다　　　　　　② 모르기 쉽다

③ 모르는 척했다　　　　　④ 모르는 게 좋겠다

※ [3~4] 밑줄 친 부분과 의미가 가장 비슷한 것을 고르십시오. (각 2점)

3. 모든 직원들이 <u>알듯이</u> 이번 회의는 매우 중요하다.

① 알다시피　　　　　　② 알더라도

③ 알자마자　　　　　　④ 알고 보니까

4. 바빠서 시간이 없었다는 것은 <u>변명일 뿐이다</u>.

① 변명인가 보다　　　　② 변명인 모양이다

③ 변명에 불과하다　　　④ 변명일지도 모른다

※ [5~8] 다음은 무엇에 대한 글인지 고르십시오. (각 2점)

5.

잠드는 순간 새로운 시간이 시작됩니다.
가장 편안한 잠을 경험해 보세요.

① 침대 ② 책상 ③ 의자 ④ 옷장

6.

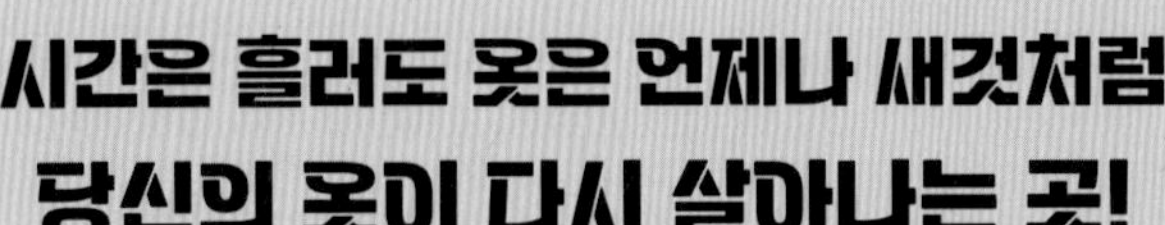

① 병원 ② 마트 ③ 우체국 ④ 세탁소

7.

당신이 버린 작은 담뱃불
큰 숲이 사라집니다.

① 건강 관리 ② 화재 예방 ③ 이웃 사랑 ④ 전기 절약

8.

분위기도 좋고 직원분들이 친절해서 아주 만족했습니다.
다음에도 또 방문하고 싶습니다!

① 장소 문의 ② 교환 안내 ③ 이용 후기 ④ 예약 방법

9.

① 참가 종목에 따라 참가비가 다르다.

② 마라톤 행사는 오전 10시에 시작된다.

③ 초보자는 10km를 달리는 것을 추천한다.

④ 자세한 일정은 이메일로 받아 볼 수 있다.

10.

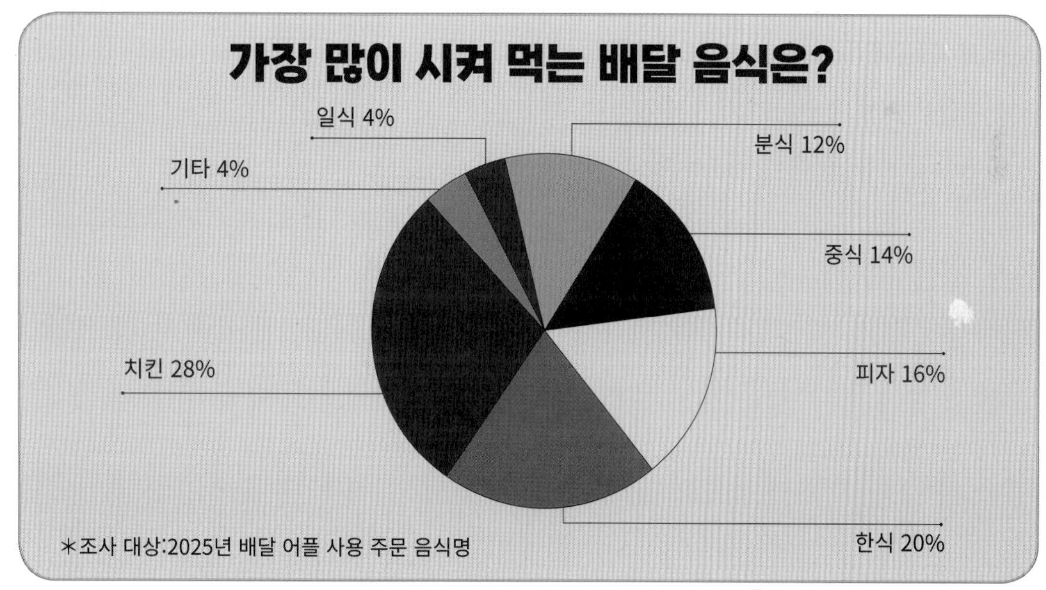

① 분식을 주문하는 비율은 14%가 넘는다.

② 피자보다 중식을 시켜 먹는 사람들이 많다.

③ 한식은 세 번째로 많이 시켜 먹는 메뉴이다.

④ 배달 음식 중에서 치킨을 가장 많이 시켜 먹는다.

※ [9~12] 다음 글 또는 그래프의 내용과 같은 것을 고르십시오. (각 2점)

11.

> 청소년들이 직접 참여한 금연 캠페인이 큰 호응을 얻고 있다. 학생들의 눈높이에 맞게 '담배는 노답, 나는 노담(NO담배)'이라는 구호를 만들어 흡연의 해로움을 알렸다. 이 캠페인 확산 이후 청소년 흡연율이 줄고 있다는 조사 결과도 나왔다. 전문가들은 일방적인 금연 강요가 아닌 청소년들의 자발적인 참여 문화가 효과의 배경이라고 분석했다.

① 구호를 활용하여 금연 캠페인을 하고 있다.

② 이 캠페인은 전문가들의 참여로 만들어졌다.

③ 캠페인에도 청소년들의 흡연은 계속 늘어나고 있다.

④ 강한 규제가 청소년들의 흡연 예방에 도움이 되었다.

12.

> 대한민국 계주 대표팀이 국제육상대회에서 첫 금메달을 차지하며 국민들에게 감동을 주었다. 선수들은 어려움 속에서도 서로를 응원하며 끝까지 최선을 다했다. 마지막 주자는 결승선을 앞두고 다리가 아팠지만 끝까지 달리며 팀의 승리를 완성했다. 감독은 이번 금메달은 대표팀의 철저한 준비와 노력 끝에 얻은 의미가 있는 결과라고 말했다.

① 대한민국 계주 대표팀은 연속으로 우승했다.

② 첫 주자는 다리가 아팠지만 포기하지 않았다.

③ 선수들은 서로 응원하며 끝까지 열심히 달렸다.

④ 충분히 준비를 못 해서 우승은 더 의미가 있었다.

※ [13~15] 다음을 순서에 맞게 배열한 것을 고르십시오. (각 2점)

13.
> (가) 이런 사람들의 운전면허를 장롱면허라고 한다.
> (나) 운전면허를 따고도 운전 경험이 거의 없는 사람들이 있다.
> (다) 그래서 장롱면허 운전자가 다시 운전하려면 운전 연습이 필요하다.
> (라) 장롱 안에 면허증을 넣어 두고 오랫동안 운전하지 않았다는 말이다.

① (가) → (다) → (라) → (나)　　② (가) → (나) → (다) → (라)
③ (나) → (가) → (라) → (다)　　④ (나) → (라) → (다) → (가)

14.
> (가) 이때 아이들에게 침을 삼키게 하면 불편함이 줄어들 수 있다.
> (나) 갑작스러운 기압의 변화로 귀 안팎의 압력이 달라지기 때문이다.
> (다) 특히 아이들의 귀는 압력에 약해서 이런 증상을 더 자주 겪는다.
> (라) 비행기를 타면 귀가 막힌 듯이 소리가 잘 들리지 않을 때가 있다.

① (나) → (다) → (가) → (라)　　② (나) → (가) → (라) → (다)
③ (라) → (가) → (다) → (나)　　④ (라) → (나) → (다) → (가)

15.
> (가) 목욕을 시작하자 고양이는 겁이 나서 눈을 크게 떴다.
> (나) 목욕이 끝나고 털을 말릴 때쯤에는 차분한 표정이 되었다.
> (다) 마음이 가라앉자 스스로 몸을 핥아 털을 정리하기 시작했다.
> (라) 그러다가 물이 몸에 닿자 온몸의 힘이 빠져 그대로 가만히 있었다.

① (가) → (다) → (라) → (나)　　② (가) → (라) → (나) → (다)
③ (다) → (나) → (라) → (가)　　④ (다) → (가) → (라) → (나)

※ [16~18] (   )에 들어갈 말로 가장 알맞은 것을 고르십시오. (각 2점)

16.
> 온돌은 방바닥 아래에 불을 피워 집을 따뜻하게 하는 전통 난방 방법이다. 따뜻한 공기는 바닥 속 통로를 지나며 방바닥을 골고루 데운다. 불과 가까운 아랫목은 가장 빨리 따뜻해지고, 먼 윗목은 천천히 따뜻해진다. 이처럼 열이 (   ) 따뜻한 공기가 방 안에 고르게 퍼져 실내 온도가 올라간다.

① 한 곳에 모이면서 ② 서서히 사라지면서
③ 바닥 전체에 전달되어 ④ 밖에서 안으로 이동하면서

17.
> 새들이 전기가 흐르는 전선에 앉아도 다치지 않는 이유는 새가 한 줄의 전선 위에만 있기 때문이다. 전기는 전압의 차이가 있을 때만 흐르는데 한 줄의 전선에서는 전압 차이가 거의 없어 새의 몸에 전기가 흐르지 않는다. 하지만 새가 전압이 다른 두 줄의 전선에 (   ) 전기가 새의 몸을 통과하여 위험해진다.

① 한 번씩 앉으면 ② 발이 동시에 닿으면
③ 멀리 떨어져 있으면 ④ 오랫동안 앉아 있으면

18.
> 신호등의 색이 바뀌는 시간은 항상 같을까? 사실 교통 신호의 시간은 일정하지 않고 시간대나 교통 상황에 따라 달라진다. 예를 들어 출근 시간에는 도심으로 향하는 차량이 많기 때문에 도심 방향의 신호 시간이 더 길다. 반면 퇴근 시간에는 반대 방향의 신호 시간을 늘린다. 이처럼 신호 시간을 (   ) 교통의 흐름을 원활하게 하고 있다.

① 크게 줄여서 ② 자유롭게 정해
③ 일정하게 적용해 ④ 상황에 맞게 조정해

※ [19~20] 다음을 읽고 물음에 답하십시오. (각 2점)

'국내산'과 '국산'은 비슷하게 보이지만 사용되는 대상과 의미에 차이가 있다. '국내산'은 주로 식품의 원산지를 나타낼 때 사용된다. 반면 '국산'은 자동차, 전자 제품처럼 공장에서 만들어진 제품의 생산지를 나타내는 말이다. 이처럼 두 단어는 비슷하지만 정확한 구분이 필요하다. (   ) 식품의 경우에는 원산지 표시와 관련된 법적 기준이 있기 때문에 '국내산'이라는 용어를 사용해야 한다.

19. (   )에 들어갈 말로 가장 알맞은 것을 고르십시오.

① 특히   ② 과연   ③ 혹시   ④ 비록

20. 윗글의 주제로 가장 알맞은 것을 고르십시오.

① 혼란을 주는 표기는 통일된 명칭을 만들어야 한다.

② 원산지 표시와 관련된 법적 기준 마련이 필요하다.

③ 국산 제품을 이용하는 것이 국가 경제에 도움이 된다.

④ 비슷한 단어일지라도 상황에 맞게 구분해서 사용해야 한다.

　서울의 한 마을에서 주민들과 중학교 학생들이 마을을 위해서 한 일이 화제이다. 이 마을은 예전부터 쓰레기가 많기도 하고 골목이 어둡기도 해서 사람들이 걱정하는 곳이었다. 그런데 이번 주말에 주민들과 학생들이 (　　　　　　　) 마을을 바꿨다. 함께 힘을 모아 쓰레기도 치우고 벽에 그림도 그렸더니 마을은 깨끗해졌고 분위기도 환해졌다. 바뀐 마을의 모습을 본 마을 사람들의 표정도 더 밝아졌다.

21.　(　　　)에 들어갈 말로 가장 알맞은 것을 고르십시오.

① 등 떠밀려

② 손을 맞잡고

③ 귀를 기울여

④ 가슴을 치면서

22.　윗글의 내용과 같은 것을 고르십시오.

① 벽에 그린 그림 때문에 마을이 지저분해졌다.

② 활동 후에도 마을의 쓰레기는 그대로 남아 있었다.

③ 주민들은 새롭게 바뀐 마을의 모습이 마음에 들었다.

④ 이 마을은 예전부터 조용하고 안전한 곳으로 유명했다.

나는 한 번도 혼자 여행을 가 본 적이 없었다. 그런 내가 큰 용기를 내서 제주행 비행기를 탔다. 낯선 곳에 홀로 남겨진다는 생각에 두려웠지만 막상 도착하니 모든 것이 새롭게 다가왔다. 이번 여행의 목표였던 한라산을 오르기 시작하자 복잡했던 머릿속이 오히려 차분해지는 것을 느꼈다. 한 걸음 한 걸음 산을 오르는 동안 나를 힘들게 했던 회사의 일과 고민들을 차분하게 떠올릴 수 있었다. 오랜만에 내 자신에게 집중할 수 있는 시간이었다. <u>그리고 드디어 한라산 정상에 올랐을 때 나는 눈물이 날 뻔했다.</u> "다 괜찮아. 별것 아니야." 눈앞에 펼쳐진 푸른 바다와 넓은 하늘이 그렇게 말해주는 듯했다. 한라산을 내려올 때 나의 발걸음은 올라갈 때보다 훨씬 가벼워져 있었다.

23. 밑줄 친 부분에 나타난 '나'의 심정으로 가장 알맞은 것을 고르십시오.

① 서운하다

② 민망하다

③ 짜증스럽다

④ 감격스럽다

24. 윗글의 내용과 같은 것을 고르십시오.

① 나는 고민이 사라지지 않아 눈물을 흘렸다.

② 나는 혼자 여행하는 것을 좋아해서 자주 하는 편이다.

③ 나는 산을 오르며 회사 일과 개인적인 고민을 떠올렸다.

④ 나는 한라산을 오르려고 했지만 날씨 때문에 계획을 바꿨다.

※ [25~27] 다음 신문 기사의 제목을 가장 잘 설명한 것을 고르십시오. (각 2점)

25.

여름만 되면 찾아오는 불청객 '러브버그'로 온 도시가 몸살

① 러브버그로 인한 불편과 피해가 여름마다 발생하고 있다.

② 러브버그는 사계절 내내 출몰하지만 여름에 특히 많아진다.

③ 러브버그는 도시 환경을 깨끗하게 만들어 주는 유익한 곤충이다.

④ 러브버그를 보호하기 위한 캠페인이 여름마다 전국에서 열리고 있다.

26.

여름의 끝자락, 다채로운 축제 한마당 '얼쑤'

① 한여름에 열리는 물놀이 축제를 소개하고 있다.

② 여름이 끝나갈 무렵 다양한 축제가 진행되고 있다.

③ 여름의 시작을 알리는 작은 음악회가 열릴 예정이다.

④ 여름 방학 동안 학생들을 위한 특별 강연이 열리고 있다

27.

AI 병 진단 정확도 99% … 인공지능 의사 시대 예고

① AI가 병을 진단하면서 의료 사고가 많아졌다.

② AI의 도움 없이 의사가 병을 진단하는 것이 가장 정확하다.

③ AI 기술을 병원에서 사용하면서 의료비가 크게 증가하고 있다.

④ AI가 병을 진단했을 때 정확도가 높아 의사를 대신할 가능성이 있다.

28.
자동차의 타이어 색은 대부분 검은색이지만 타이어의 재료인 고무는 원래 흰색이어서 처음에는 흰색 타이어가 사용되었다. 그러나 (   ) 검은색 탄소 물질을 고무에 섞게 되었다. 이 물질을 넣으면 타이어가 더 튼튼해지고 열에도 잘 견딜 수 있기 때문이다. 그뿐만 아니라 자외선 때문에 타이어가 상하거나 약해지는 것을 막아 주기 때문에 타이어를 더 오래 사용할 수 있다.

① 성능을 높이려고

② 가격을 낮추려고

③ 오염을 감추려고

④ 색상을 바꾸려고

29.
과식은 단순히 살이 찌는 문제뿐만 아니라 혈당의 변화로 인해 건강을 해칠 수 있다. 반대로 80% 정도에서 식사를 멈추는 습관은 위에 여유를 주어 소화를 잘 되게 하고 불쾌한 배부름이나 졸음을 줄인다. 또한 배부름을 알리는 신호가 뇌에 도착하기까지 시간이 걸리므로 천천히 먹으면서 (   ) 식사를 멈추는 것이 효과적이다. 이런 생활 습관은 체중 관리는 물론 성인병 예방에도 도움이 된다.

① 식욕이 사라지면

② 배가 가득차기 전에

③ 가능한 많이 먹은 후에

④ 배부른 느낌을 받고 나서

※ [28~31] (   )에 들어갈 말로 가장 알맞은 것을 고르십시오. (각 2점)

30.

인주시에서는 작년부터 '스마트 쉼터'라는 버스 정류장을 운영하고 있다. 이 공간은 버스를 기다리는 시민들이 더위와 추위를 피할 수 있도록 설계되었다. 또 쉼터 안의 화면을 통해 버스 도착 시간을 확인할 수 있으며 휴대폰 충전도 가능하다. 시민들은 이러한 (   ) 버스 정류장에 만족하고 있으며 인주시는 스마트 쉼터를 더 많은 곳에 설치할 예정이다.

① 좁은 공간의

② 새로운 형태의

③ 불편한 구조의

④ 지저분한 모습의

31.

우리 뇌는 완벽한 기록 장치가 아니어서 실제로 겪지 않은 일도 사실처럼 기억할 수 있다. 시간이 지나면서 진짜 기억은 약해지고 새로운 정보가 들어오면 (   ) 버리기 때문이다. 그래서 친구의 이야기를 내 경험으로 착각하거나 상상한 일을 현실과 혼동하기도 한다. 하지만 이러한 가짜 기억은 부정적인 기억을 긍정적으로 바꿔 마음의 짐을 덜어 주곤 한다.

① 기존 기억과 섞여

② 좋은 기억을 감춰

③ 아픈 기억을 잊어

④ 옛날 기억에 갇혀

32.

제주어는 다른 지역 사람들에게는 낯설게 느껴지지만 오랜 시간 동안 섬이라는 지리적 특성 속에서 독자적으로 발달해 온 것으로 학문적 가치가 높다. 그러나 최근에는 대부분 노년층에서만 사용되고 있어 언어 소멸의 위기를 맞고 있다. 따라서 제주도는 학교 교육, 문화 콘텐츠 제작 등을 통해 제주어 보존에 힘쓰고 있다. 이는 단순한 언어 보호를 넘어 제주 고유의 정체성과 문화유산을 지키기 위한 중요한 노력이다.

① 제주어는 젊은 세대에서 많이 사용되고 있다.

② 제주어는 학문적 가치가 낮다는 이유로 사용이 줄고 있다.

③ 제주어는 오랜 시간 동안 외부와의 교류를 통해 발전해 왔다.

④ 제주도는 언어 보존을 위해 다양한 문화 사업을 진행하고 있다.

33.

추운 환경에서 오래 있으면 몸은 체온을 지키기 위해 혈관을 좁히고 혈액을 안쪽으로 모으려고 한다. 그런데 그 상태에서 바로 뜨거운 물에 들어가면 혈관이 갑자기 넓어지면서 혈압이 떨어지게 된다. 이때 차가운 혈액이 몸의 중심으로 이동하여 심장의 온도를 낮추면서 부담을 줄 수 있다. 그러므로 추위에 있다가 목욕이나 사우나를 할 때는 반드시 미지근한 물부터 시작하여 점차 체온을 올리는 것이 안전한 방법이다.

① 추운 환경에서 혈압은 자연스럽게 떨어지게 된다.

② 미지근한 물로 목욕을 하면 심장에 더 큰 부담이 된다.

③ 추운 환경에서는 체온을 지키기 위해 혈액이 몸의 중심으로 모인다.

④ 추위에 있다가 뜨거운 물에 들어가면 따뜻한 혈액이 빠르게 움직인다.

34.

> 단청은 한국의 전통 목조 건축물에 파란색, 빨간색, 노란색, 흰색, 검정색으로 무늬를 그려 넣어 아름답게 장식한 것을 말한다. 보통 연꽃이나 구름, 용처럼 행복을 기원하거나 나쁜 기운을 막는 상징을 그린다. 뿐만 아니라 단청을 칠하면 나무에 막이 생기는 효과가 있어서 비와 햇빛에 쉽게 망가지지 않고 건물이 더 오래 유지될 수 있다. 이처럼 단청은 그냥 예쁘기만 한 장식이 아니라 건물을 오랫동안 지켜주고 좋은 의미까지 담은 우리 조상들의 지혜를 담고 있다.

① 단청에 그려지는 무늬는 단순한 장식이다.

② 단청을 그릴 때는 어떤 색이든 사용할 수 있다.

③ 단청은 현대 건축물을 장식하는 데에 사용된다.

④ 단청은 건물을 외부 위험으로부터 보호하기도 한다.

35.

> 수컷 매미는 배에 진동판이라는 얇은 판을 가지고 있다. 진동판은 배에 있는 근육이 움직이면서 떨리게 된다. 수컷 매미는 이 진동판을 빠르게 떨며 울음소리를 낸다. 그 소리는 암컷을 유혹하거나 경쟁 상대에게 자신을 알리기 위한 신호로 사용된다. 이처럼 매미의 울음은 단순한 소리가 아니라 생존과 번식을 위한 필수적인 의사소통 방법인 셈이다.

① 매미의 울음소리는 생태계에 큰 영향을 미친다.

② 수컷 매미는 진동을 통해 다양한 소리를 만든다.

③ 매미의 진동판 구조와 기능은 복잡하고 다양하다.

④ 수컷 매미의 울음은 번식과 살아남기 위한 수단이다.

※ [35~38] 다음을 읽고 글의 주제로 가장 알맞은 것을 고르십시오. (각 2점)

36.
'상승정지 증후군'은 목표를 이루면 행복해질 것이라는 착각 때문에 성취 후에 오히려 허무함과 공허함을 느끼는 현상이다. 하나의 목표에만 집중했던 동력이 사라지면서 앞으로 나아갈 방향을 잃거나 더 큰 성공을 찾지 못해 불안과 압박을 겪게 되는 것이다. 이를 피하기 위해서는 목표를 달성하는 과정에서 의미를 찾아야 하며 큰 하나의 목표보다 여러 작은 목표를 세우는 것이 도움이 된다.

① 공허함을 극복하기 위해 한 가지 목표에만 집중해야 한다.

② 더 큰 성공을 위해 불안과 압박을 느끼는 것은 자연스럽다.

③ 목표를 이루기 위한 과정의 가치를 인식하는 것이 중요하다.

④ 작은 목표보다 큰 목표를 이룰 때 더 큰 행복을 느낄 수 있다.

37.
1분 내외의 짧은 영상인 '숏폼'은 정보를 빠르게 얻고자 하는 현대인의 성향과 잘 맞아 큰 인기를 얻고 있다. 그러나 숏폼 콘텐츠를 반복적으로 소비하다 보면 뇌는 즉각적이고 강한 자극에만 반응하게 되고 상대적으로 현실의 느린 정보에는 둔감해지게 된다. 또한 깊이 있는 사고를 요구하는 독서나 긴 글을 읽는 데 필요한 집중력도 점차 감소한다. 이처럼 숏폼은 정보를 빠르게 전달한다는 순기능이 있지만 이를 비판적인 시각 없이 그저 수용하기만 한다면 스스로 사고하는 힘을 점차 잃어버릴 수도 있다.

① 숏폼 콘텐츠를 통해 정보를 효율적으로 소비해야 한다.

② 온라인 콘텐츠를 비판적으로 받아들이는 자세가 요구된다.

③ 숏폼의 유행에 따라 독서보다 영상 소비가 확대될 필요가 있다.

④ 자극적이고 즉각적인 정보는 뇌의 발달에 긍정적인 영향을 미친다.

38.

> 정치 참여는 민주주의의 핵심이다. 과거에는 투표를 하거나 집회에 참석함으로써 정치적 의사를 표현했으나 최근 SNS의 발달로 인해 온라인에서 정치 참여가 활발해졌다. SNS는 정보를 빠르게 전달하고 집단적 공감 형성을 가능하게 한다. 이는 한 사람의 작은 목소리도 사회적 문제로 확대될 수 있는 가능성을 제공한다. 물론 잘못된 정보나 군중심리의 위험도 존재한다. 그럼에도 불구하고 SNS는 정치 참여의 장벽을 낮추고 더 많은 사람들이 사회 문제에 관심을 갖게 하는 중요한 도구가 되고 있다.

① 집회나 투표는 더 이상 중요한 정치 참여 방식이 아니다.

② 온라인에서 주목을 받는 문제는 무조건 수용해서는 안 된다.

③ 많은 사람이 온라인의 발달로 쉽게 정치에 참여할 수 있게 되었다.

④ SNS는 사회 문제를 유발하기 때문에 정치적으로 활용되어서는 안 된다.

※ [39~41] 주어진 문장이 들어갈 곳으로 가장 알맞은 것을 고르십시오. (각 2점)

39.

> 뿐만 아니라 이 활동을 하는 동안 이야기 속의 다양한 역할을 상상해 보기도 한다.

> '상상놀이'는 아이들이 스스로 실제 소품이나 현실 공간을 활용하여 상상 속의 이야기를 만들어내는 활동이다. (㉠) 이렇게 일상 속 환경을 새롭게 바라보는 경험은 아이들에게 몰입의 즐거움을 주고 자발적인 참여를 끌어낸다. (㉡) 그 과정에서 사고력과 문제 해결 능력이 자라며 감정 표현과 사회성도 함께 발달한다. (㉢) 따라서 상상놀이는 아이들 성장에 꼭 필요한 활동이라 할 수 있다. (㉣)

① ㉠   ② ㉡   ③ ㉢   ④ ㉣

※ [39~41] 주어진 문장이 들어갈 곳으로 가장 알맞은 것을 고르십시오. (각 2점)

40.

이 만남을 시작으로 남자는 잊고 지냈던 삶의 온기를 되찾게 된다.

　　소설가 박나림이 펴낸 신작 소설 『소란한 이웃 소년』이 독자들의 공감을 불러일으키고 있다. (㉠) 이 책은 일자리를 잃은 뒤 세상과 단절된 삶을 살던 중년 남성과 새로 이사 온 옆집 소년의 이야기를 담고 있다. (㉡) 어느 날부터 옆집에서 시끄러운 소리가 들리고 남자는 우연히 그 소리의 주인공인 소년과 마주친다. (㉢) 이처럼 세대를 뛰어넘은 우정을 통해 마음의 상처가 회복되는 과정이 독자들의 마음을 울린다. (㉣) 상처받은 마음에 위로가 필요한 모든 이에게 이 책을 권한다.

① ㉠　　　　　　　② ㉡　　　　　　　③ ㉢　　　　　　　④ ㉣

41.

반면 암흑 물질은 빛을 흡수하거나 반사하지 않아 눈에 보이지 않는다.

　　물질이 우리 눈에 보이는 이유는 빛과 상호작용을 하기 때문이다. (㉠) 대부분의 물체는 스스로 빛을 내지 않아 외부 빛을 반사함으로써 보이게 된다. (㉡) 이때 물체는 특정 색의 빛을 흡수하고 나머지를 반사해 색을 구분하게 한다. (㉢) 그렇기 때문에 과학자들은 암흑 물질의 근처에서 중력이 발생하는 현상을 통해 그 존재를 추정할 수밖에 없다. (㉣)

① ㉠　　　　　　　② ㉡　　　　　　　③ ㉢　　　　　　　④ ㉣

　　두 사람은 버스에서 내려 결혼식장에서 나오는 신랑신부처럼 행인이 없는 데서는 팔을 끼고 걸었다. 집안 사람의 눈을 피해 나온 도망자 신세였건만 봉희의 얼굴에는 조금도 겁을 내거나 불안해하는 빛이 보이지 않았다. 다만 오랫동안 감금을 당하다가 나와서 혈색이 전처럼 좋지 못하고 다리를 옮기는 것이 허전허전해 보일 뿐.

　　"다리 아프지 않으세요?"

　　세철은 타박타박한 산골 꼬부랑길로 봉희의 손을 끌고 올라 간다.

　　"왜요? 업어 주실 건가요?"

　　봉희는 이마에 땀이 송송난 것을 소매로 닦으며 정말 업어 달라는 듯이 버틴다.

　　세철은 오른쪽 팔로 봉희의 허리를 덥석 껴안아 번쩍 들듯 하고는 걸음을 옮긴다.

　　<u>"그만 놓으세요. 저기 누가 와요."</u>

　　봉희는 제 허리에 굳세게 감긴 남자의 팔을 푼다. 온몸이 간지러운 것은 둘째 치고 가슴이 두근거려서 숨이 가빠 와서 걸을 수가 없었다.

42. 밑줄 친 부분에 나타난 '봉희'의 심정으로 가장 알맞은 것을 고르십시오.

　　① 태연하다

　　② 부끄럽다

　　③ 못마땅하다

　　④ 짜증스럽다

43. 윗글의 내용으로 알 수 있는 것을 고르십시오.

　　① 봉희의 가족들은 세철과 만나는 것을 지지했다.

　　② 세철은 봉희가 걷기 불편해하자 그녀를 안고 걸어 갔다.

　　③ 봉희는 사람들이 없는 곳에서도 세철과 거리를 두려고 했다.

　　④ 세철은 봉희에게 감정을 표현하지 않고 조용히 걷기만 했다.

※ [44~45] 다음을 읽고 물음에 답하십시오. (각 2점)

'왕의 길'은 옛 페르시아에서 나라를 효과적으로 통치하기 위해 만든 중요한 도로였다. 이 길은 수도와 서쪽의 큰 도시를 연결하며 왕의 명령을 빠르게 전달할 수 있는 소통의 통로 역할을 했다. 또한 군대와 물건들을 빠르게 이동시켜 반란을 막고 국경을 보호할 수 있었을 뿐만 아니라 상인들이 안전하게 이동하면서 무역할 수 있는 길이 되었다. 또한 일정한 거리마다 말을 바꿔 탈 수 있는 역이 있었으며 병사들이 지키고 있었기 때문에 길을 이용하는 사람들이 안심할 수 있었다. 이렇게 (   ) 때문에 전령은 수천 킬로미터의 거리를 며칠 만에 달릴 수 있었고 도로는 제국의 정치와 군사, 경제를 강하게 하는 토대가 되었다. 이러한 '왕의 길'은 나중에 다른 나라 도로 건설에도 영향을 주어 세계 문명 교류에 큰 도움을 준 역사적 유산으로 평가된다.

44. (   )에 들어갈 말로 가장 알맞은 것을 고르십시오.

① 왕이 직접 명령했기

② 신체 능력이 뛰어났기

③ 돈을 많이 벌 수 있었기

④ 길이 체계적으로 관리되었기

45. 윗글의 주제로 가장 알맞은 것을 고르십시오.

① 페르시아의 군대 덕분에 도시들이 안전해졌다.

② 왕의 길은 경제 문제를 해결하는 데 한계가 있었다.

③ 페르시아는 왕의 길로 세계 무역의 중심지가 되었다.

④ 왕의 길은 페르시아 제국의 발전에 중요한 역할을 했다.

※ [46~47] 다음을 읽고 물음에 답하십시오. (각 2점)

최근 민간 기업들이 본격적으로 우주 개발을 시작하면서 로켓 발사 횟수가 급격히 증가하고 있다. 이는 인류의 과학 기술 발전에 기여할 수 있다는 점에서 긍정적으로 평가되나 동시에 '빛 공해'라는 새로운 문제도 나타나게 되었다. 빛 공해는 지구 주변에 가득 떠 있는 수많은 인공위성 때문에 발생한다. 위성들은 햇빛을 마치 거울처럼 반사하는데 그 결과 해가 뜨기 전이나 해가 진 직후 지상에서 관측할 때 밝은 별이 빠르게 이동하는 것처럼 보이곤 한다. 이는 천문학자들이 별이나 은하를 포착하려 할수록 반사광으로 인해 밝아진 위성이 관측 사진에 길고 흰 궤적을 남겨 연구를 심각하게 방해한다. 이로 인해 천체를 관찰하기가 점점 더 어려워질 뿐 아니라 지구에 위협이 될 수 있는 소행성이나 혜성을 미리 발견하기조차 힘들어지고 있다. 이처럼 민간 기업들의 우주 개발은 인류에게 많은 이점을 가져다주기도 하지만 밤하늘이라는 인류 공동의 자산을 잃을 수 있다는 우려도 공존한다. 따라서 기술 발전과 함께 천문학 연구와 밤하늘을 보호하기 위한 지혜로운 해결책 마련이 시급한 상황이다.

46. 윗글에 나타난 필자의 태도로 가장 알맞은 것을 고르십시오.

① 우주 개발보다 천문학 연구를 우선시하고 있다.

② 민간 기업의 우주 개발로 인한 피해를 강조하고 있다.

③ 빛 공해는 우주를 개발하려면 피할 수 없다고 생각한다.

④ 우주 개발의 필요성을 인정하면서도 그 부작용을 경계하고 있다.

47. 윗글의 내용과 같은 것을 고르십시오.

① 인공위성이 햇빛을 반사하면 별처럼 보이기도 한다.

② 위성의 빛은 은하를 정밀하게 관찰하는 데 도움이 된다.

③ 밤하늘은 특정 국가의 자산이므로 국제적 협력은 필요하지 않다.

④ 위성 덕분에 지구에 위협이 되는 혜성을 쉽게 찾을 수 있게 되었다.

※ [48~50] 다음을 읽고 물음에 답하십시오. (각 2점)

최근 세계 각국은 다국적 IT 기업에 대한 디지털세 도입을 활발히 논의하고 있다. 이 회사들은 물리적 사업장이 없어도 인터넷을 통해 전 세계에서 수익을 창출하고 있는데 정작 매출이 발생한 국가에는 세금을 거의 내지 않는 상황이 반복되면서 비판이 제기된 것이다. 특히 세율이 낮은 국가에 법인을 등록하여 과세를 회피해 온 사례들이 늘어나면서 중소기업이나 오프라인 유통업체들이 상대적으로 불리한 경쟁 환경에 놓이게 된 것도 디지털세가 논의되는 하나의 이유이다. 이러한 배경 속에서 등장한 디지털세는 (   ) 국가에 세금을 부과하도록 하는 새로운 과세 방식이다. 예를 들어, 글로벌 플랫폼 기업이 한국의 소비자를 대상으로 서비스를 제공하고 수익을 얻는 경우 해당 수익에 대해 한국 정부가 직접 세금을 부과할 수 있도록 하자는 것이다. 물론 이에 대한 반론도 존재한다. 일부 기업들은 디지털세가 중복 과세를 유발할 뿐만 아니라 국가 간 법적 해석의 차이로 인해 기업과 정부 간의 분쟁이 증가할 수 있다고 주장한다. 그럼에도 불구하고 국제적으로 디지털세의 도입은 공정하고 지속 가능한 경제 질서를 만들기 위한 필수적인 과제로 인식되고 있다.

48. 윗글을 쓴 목적으로 가장 알맞은 것을 고르십시오.

① 디지털세의 부정적 효과를 주장하려고

② 디지털세의 도입에 대한 필요성을 알리려고

③ 디지털세가 국제 경제에 미치는 영향을 분석하려고

④ 디지털세와 같은 새로운 형태의 과세 방식을 소개하려고

49. (   )에 들어갈 말로 가장 알맞은 것을 고르십시오.

① 회사가 위치한   ② 법인을 등록해 놓은

③ 매출이 실제로 발생한   ④ 서비스를 제공하는 모든

50. 윗글의 내용과 같은 것을 고르십시오.

① 디지털세는 모든 국가에서 세금을 부과하자는 것이다.

② 기업은 공정한 경쟁을 위해 디지털세의 도입을 찬성한다.

③ 디지털세는 물리적 사업장이 없는 회사에는 적용되지 않는다.

④ 낮은 세율의 국가에 법인을 등록해 세금을 피하는 경우가 있다.

PICK TOPIK II 읽기

초판 인쇄	2026년 5월 2일
초판 발행	2026년 5월 9일
저자	박청림, 장재방
편집	김아영, 권이준, 윤상희
펴낸이	엄태상
디자인	김지연
조판	이서영
콘텐츠 제작	김선웅, 장형진
마케팅본부	이승욱, 노원준, 조성민, 이선민, 김동우
경영기획	조성근, 최성훈, 김로은, 최수진, 오희연
물류	정종진, 윤덕현, 신승진, 구윤주
펴낸곳	한글파크
주소	서울시 종로구 자하문로 300 시사빌딩
주문 및 교재 문의	1588-1582
팩스	0502-989-9592
홈페이지	http://www.sisabooks.com
이메일	book_korean@sisadream.com
등록일자	2000년 8월 17일
등록번호	제300-2014-90호

ISBN   979-11-6734-113-6 (13710)

※ 한국어능력시험(TOPIK)의 저작권과 상표권은 대한민국 국립국제교육원에 있습니다.
TOPIK, Trademark®& Copyright© by NIIED(National Institute for International Education), Republic of Korea.

PICK TOPIK II

읽기

책 속의 책

한글파크

한글파크

PICK TOPIK II

읽기

✦ 책 속의 책 ✦

한글파크

Part

부록

영어
일본어
중국어
베트남어

유형1　알맞은 문법 고르기

p.17

1. ②

시험 공부를 한 것은 밤을 새우게 된 이유이다. 그리고 밤을 새운 것은 좋지 않은 결과이다. 보기 중에서 부정적인 결과의 이유를 말할 때 사용되는 표현은 '-느라고'이다.

-아서/어서, -(으)니까

2. ②

'-(으)ㄹ 만하다'는 어떤 일을 할 가치가 있다고 말할 때 사용한다. 인주 바다는 아름답다. 그래서 한번 방문할 만큼 가치가 있다는 것을 말하고 있다.

3. ③

자주 어떤 행동을 해서 생긴 결과를 말할 때'-다 보니(까)'를 사용한다. 이 문장 안에서 매일 운동하는 것은 자주 하는 행동이며 건강해진 것은 자주 하는 행동의 결과이다.

4. ③

등산을 좋아하기 때문에 다른 사람들과 비교했을 때 산에 자주 가는 경향이 있음을 의미하는 문법을 찾아야 한다. '-(으)ㄴ/는 편이다'는 대체로 어떤 쪽에 가깝거나 어떤 경향이 있다는 것이므로 의미가 가장 자연스럽다.

5. ④

집 밖으로 나간 후에 바로 비가 왔다는 것을 의미하는 문법을 찾아야 한다. 어떤 행동이나 일이 일어나고 바로 다음 상황이 순서대로 일어날 때 사용하는 '-자마자'가 가장 자연스럽다.

6. ①

'-아/어 놓다'는 어떤 행동이 끝나고 그 결과가 지속되는 상황에 사용한다. 회의 자료를 준비하는 것이 끝나고 준비된 회의 자료가 계속 존재하는 상황을 말하고 있으므로 '준비해 놓았다'가 가장 적절하다.

-아/어 두다

유형2　의미가 비슷한 표현 고르기

p.23

1. ④

'사이'는 어떤 일이 시작해서 끝날 때까지의 짧은 시간을 말한다. '-는 사이에'와 '-는 동안'은 같은 시간에 여러 일이 동시에 생길 때 사용한다. 아기가 간식을 먹고 있는 그 시간에 엄마는 저녁을 준비했다는 의미이다.

2. ①

'-(으)ㄴ/는 모양이다'는 추측의 의미가 있다. 두 사람이 대화하지 않는 모습을 보고 싸웠다고 추측하는 의미의 문법은 '-나 보다'이다.

-(으)ㄴ/는 것 같다, -나 보다, -(으)ㄴ/는 듯하다

3. ④

◎ 출근 시간에 길이 막힐 것을 걱정하고 있다. 하지만 길이 막힐 것은 확실하지 않은 추측이다. 추측의 의미를 가지고 있는 문법을 찾아야 한다.

⬬ -(으)ㄹ 것 같다, -(으)ㄹ지도 모른다

4. ②

◎ 처음 시작하는 일은 당연히 어렵다는 의미의 문장이다. '-기 마련이다'처럼 당연한 일을 의미하는 문법을 찾아야 한다.

⬬ -(으)ㄴ/는 법이다, -는 게 당연하다

5. ②

◎ 제주도 바다가 얼마나 아름다웠는지 이야기하는 문장이다. 이 문장에서 '-도록'은 '정도'의 의미로 사용되고 있다. '얼마나' 또는 '정도'에 대한 질문의 대답으로 사용할 수 있는 '-게'로 바꿔 쓸 수 있다.

⬬ 도록 1. 시간: 어제는 밤새도록 친구들과 놀았다.
　　　　 2. 목적: 눈이 와서 넘어지지 않도록 천천히 걸었다.

6. ①

◎ '-기 쉽다'는 어떤 일이 쉽게 생길 수 있는 가능성을 나타내는 표현이다. 오랫동안 컴퓨터 화면을 보면 눈이 쉽게 나빠질 가능성을 이야기할 때 사용할 수 있는 문법을 찾아야 한다.

⬬ -기 십상이다, -(으)ㄹ 가능성이 크다

유형 3　설명에 해당하는 주제 찾기　　　p.30

1. ② 청소기

> 보이지 않는 먼지까지 싹 ~
> 당신의 집에 깨끗함을 드립니다.

◎ 먼지가 있는 더러운 집을 깨끗하게 만드는 물건은 '청소기'이다.

2. ④ 박물관

> 과거가 숨 쉬는 곳!
> 역사를 직접 만나 보세요.

◎ 과거의 생활이나 역사와 관련된 물건을 직접 볼 수 있는 장소는 '박물관'이다.

3. ④ 에너지 절약

> 사람이 없는 방, 불을 꺼 주세요.
> 작은 습관이 지구를 지킵니다.

◎ 불을 켜기 위해서는 에너지를 사용한다. 따라서 사람이 없을 때 불을 끄는 것은 가장 기본적인 전기 절약 방법이다. 전기를 절약하면 환경을 보호할 수 있다.

4. ① 고장 접수

> 1) 제품명과 **오류 현상**을 써 주세요.
> 2) 사진이나 영상을 첨부하면 더욱 정확한 **처리**가 가능합니다.

◉ 오류 현상이 나타나는 경우는 보통 물건이 고장 났을 때이다. 이 글은 고장이 난 물건을 처리하기 위해서 서비스 센터에 고장을 접수하는 방법을 설명하는 안내문이다.

5. ③ 노트북

> 무게는 가볍게! **작업 속도**는 **빠르게**!
> 어디든 당신의 **사무실**이 됩니다.

◉ 사무실에서 작업할 때 사용하는 물건을 찾는다. 특히 작업 속도가 빠를수록 좋은 것은 '노트북'이다.

6. ③ 미용실

> **새로운 나**를 만나는 곳
> **스타일**은 **머리**부터 시작됩니다.

◉ '새로운 나'는 외모의 변화를 나타내는 표현이다. 머리 스타일의 변화를 만드는 곳을 찾으면 답은 '미용실'이다.

7. ② 이웃 배려

> **함께 사는** 우리 **아파트**!
> 나에게 작은 소리가 누군가에게는 **큰 소음**이 됩니다.

◉ 아파트에서는 작은 소리도 주변의 이웃들에게 큰 소음이 되어 피해를 줄 수 있다고 이야기한다. 아파트에서 이웃에게 피해를 주지 않으려면 서로 배려해야 한다는 것을 의미하는 공익광고이다.

8. ① 주의 사항

> 개봉 후에는 냉장 보관**해야 합니다.**
> 유통기한이 지난 상품은 드시**지 마십시오.**

◉ 지켜야 하는 규칙이나 강한 금지를 나타내는 '해야 합니다', '-지 마십시오'와 같은 표현을 통해 '주의 사항'을 말하고 있음을 알 수 있다.

9. ④ 비누

> 풍성한 **거품**으로 뽀득뽀득 ~
> **씻는** 순간 **깨끗함**이 느껴집니다.

◉ 씻을 때 사용하면 깨끗해지는 물건을 찾아야 한다. 그 중에서도 거품이 나는 것은 '비누'이다.

10. ① 서점

> 소설부터 만화까지!
> 당신이 찾는 모든 지식이 있는 곳

◎ 첫 문장의 '소설', '만화'와 다음 문장의 '모든 지식이 있다'는 표현으로 다양한 책을 갖추고 있는 장소라는 것을 알 수 있다.

11. ② 폭염 예방

> 올라가는 기온, 건강을 지키세요!
> 충분한 물! 햇빛 없는 그늘에서 휴식!

◎ 기온이 올라가면 날씨가 더워진다. 더울 때는 물을 마시고 충분히 쉬어야 건강을 지킬 수 있다고 한다. 폭염을 예방하는 방법을 알려주는 공익광고이다.

12. ③ 판매 안내

> 해당 상품은 현재 일시 품절 상태입니다.
> 7월 16일 금요일부터 정상적으로 구매하실 수 있습니다.

◎ 지금은 물건이 품절이기 때문에 살 수 없다. 하지만 7월 16일부터 구매가 가능하다고 한다. 따라서 7월 16일부터 다시 판매를 시작한다는 것을 알 수 있다.

유형 4 — 그림과 같은 내용 고르기

p.40

1. ① 이메일과 방문 신청 모두 가능하다.

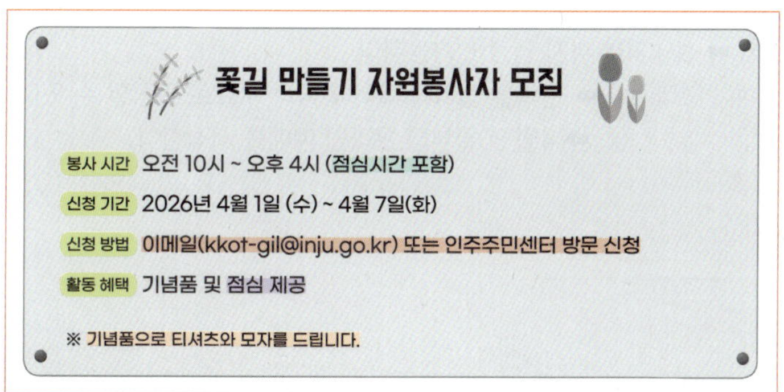

② 점심시간은 봉사 시간에서 제외된다. (X) ➡ 점심시간이 포함되어 있다.
③ 점심은 참가자가 직접 준비해야 한다. (X) ➡ 점심은 제공해 준다.
④ 봉사자는 티셔츠와 모자를 사야 한다. (X) ➡ 기념품으로 받을 수 있다.

2. ③ 쉴 수 있는 장소를 더 크게 만들려고 한다.

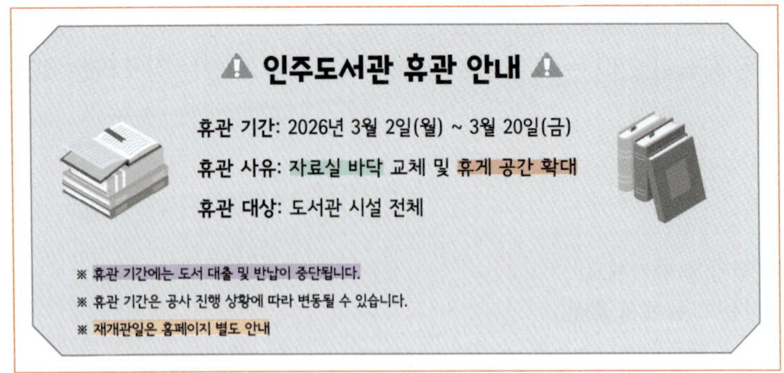

① 도서관의 바닥 전체를 교체한다. (X) ➡ 도서관 전체가 아니라 자료실 바닥만 교체한다.
② 휴관 기간에도 책을 빌릴 수 있다. (X) ➡ 도서 대출은 모두 중단된다.
④ 재개관일은 1층 게시판에 안내될 예정이다. (X) ➡ 홈페이지에서 확인해야 한다.

3. ② 현장에서는 외국인만 표를 살 수 있다.

① 오후 8시 30분부터 입장이 가능하다. (X) ➡ 8시 30분까지 입장이 가능하다.
③ 이번 야간 관람 행사에는 무료 관람 혜택이 없다. (X) ➡ 한복을 입거나 나이에 따라 무료로 입장할 수 있다.
④ 4월 30일부터 저녁에도 경복궁을 구경할 수 있다. (X) ➡ 4월 30일부터 온라인 예매를 시작한다.

4. ② 정전 시간에는 승강기를 사용할 수 없다.

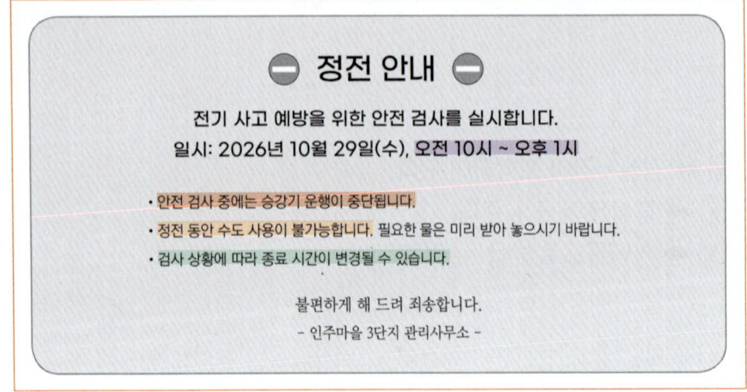

① 검사 시간은 변경되지 않을 예정이다. (X) ➡ 상황에 따라 변경될 수 있다.
③ 정전은 10월 29일 오후 1시부터 시작된다. (X) ➡ 오후 1시까지 검사를 한다.
④ 정전 시간에 수도를 정상적으로 사용할 수 있다. (X) ➡ 수도 사용이 불가능하다.

5. ④ 환경보호를 위해 분리수거를 하는 사람이 전체의 절반에 가깝다.

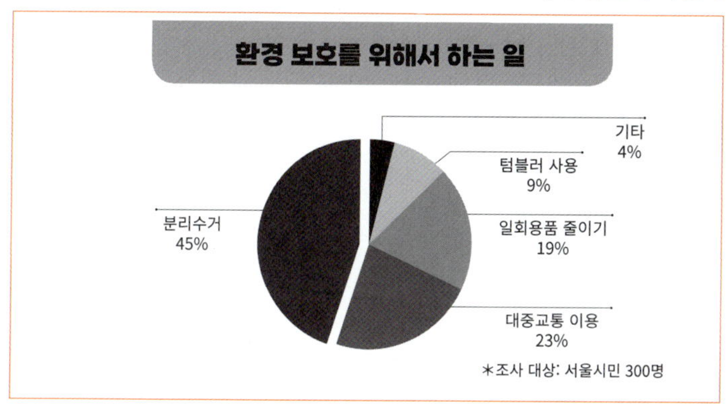

① 일회용품을 적게 사용하려고 하는 사람은 20%가 넘는다. (x) ➡ 19%라서 20%를 넘지 않는다.
② 환경보호를 위해 텀블러를 사용하는 비율이 세 번째로 높다. (x) ➡ 네 번째이다.
③ 서울시민들이 가장 많이 실천하는 방법은 대중교통 이용이다. (x) ➡ 분리수거를 하는 것이다.

6. ④ 운동하는 직장인보다 운동을 안 하는 직장인의 비율이 낮다.

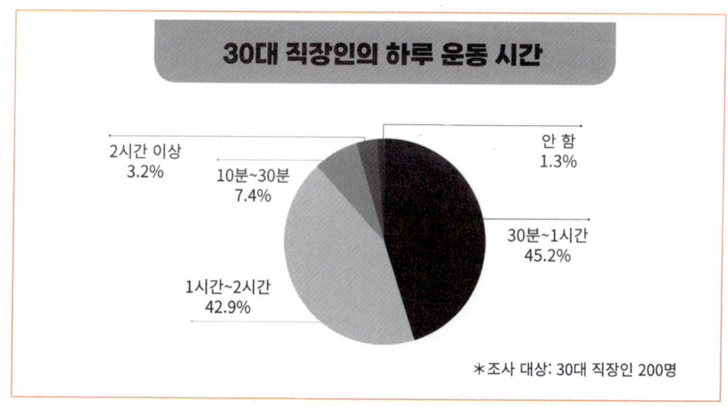

① 1~2시간 정도 운동하는 직장인의 비율이 가장 높다. (x) ➡ 두 번째로 높다.
② 1시간 넘게 운동하는 직장인의 비율은 50% 이상이다. (x) ➡ 42.9% + 3.2% = 46.1%
③ 30분보다 적게 운동하는 직장인의 비율은 10%를 넘는다. (x) ➡ 7.4% + 1.3% = 8.7%

7. ③ 습관 문제가 마음의 여유가 없다는 응답보다 두 배 이상 높았다.

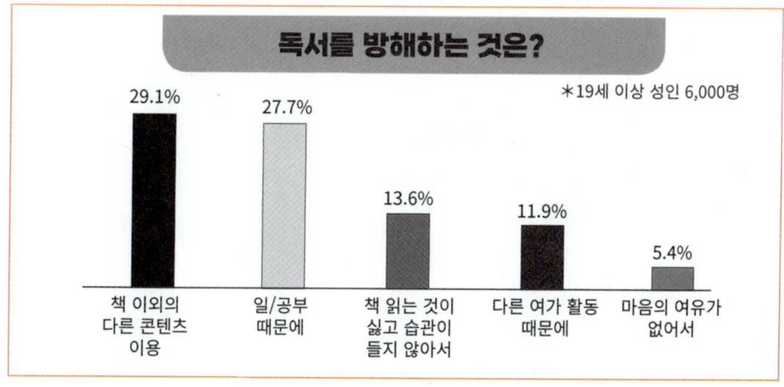

① 다른 여가 활동 때문에 시간이 없다는 응답이 20%를 넘었다. (x) ➡ 11.9%
② 책을 읽는 것이 싫고 습관이 되지 않는다는 응답이 가장 많았다. (x) ➡ 3번 째로 많은 응답이다.
④ 일과 공부 때문에 시간이 없다는 응답이 전체의 절반 이상을 차지했다. (x) ➡ 27.7%로 절반인 50%에 못 미친다.

8. ③ 1일차에 <서울의 밤>을 본 관객은 30만 명에 못 미쳤다.

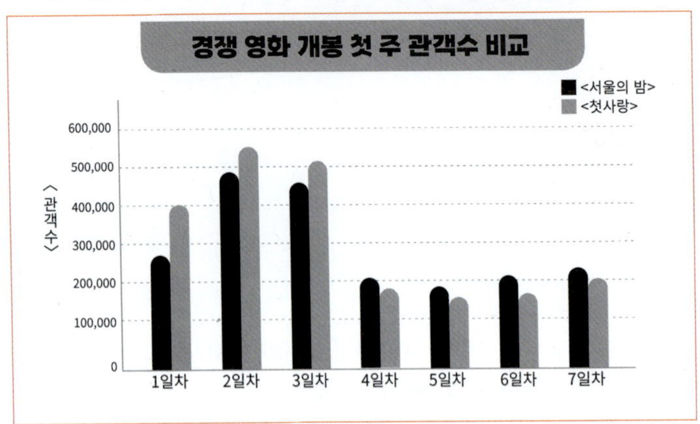

① 두 영화 모두 2일차부터 관객이 급감했다. (X) ➡ 4일차부터 크게 줄어들었다.
② 개봉 4일차부터 <첫사랑>을 본 관객이 더 많아졌다. (X) ➡ <서울의 밤>의 관객이 더 많아졌다.
④ 두 영화의 관객 수가 줄어들다가 4일차부터 다시 증가했다. (X) ➡ 6일차부터 다시 증가했다.

유형 5 순서대로 배열하기   p.51

1. ④

(나) 한국에서는 전통적으로 자녀가 아버지 성을 따르는 것이 원칙이다.
➡ 자녀가 아버지의 성을 따르는 한국의 전통을 설명하고 있다.
(다) 하지만 최근에는 자녀가 어머니의 성을 물려 받는 경우도 늘고 있다.
➡ 그러나 어머니의 성을 물려받는 것도 가능함을 추가적으로 설명한다.
(가) 부모가 미리 합의하거나 법원의 허가를 받으면 이것이 가능하다.
➡ 어머니의 성을 따르는 방법을 소개한다. '이것'은 (다) 문장 전체를 의미한다.
(라) 이러한 제도의 변화는 다양한 가족 형태를 존중하는 사회적 흐름을 보여준다.
➡ '이러한 제도의 변화'는 자녀가 어머니의 성도 물려받을 수 있다는 것을 의미한다.

2. ②

(라) 친구의 생일에 물건을 사서 주는 것보다 더 의미가 있는 선물을 주고 싶었다.
➡ 친구 생일에 의미 있는 선물을 주고 싶어 한다.
(나) 그래서 친구가 좋아하는 색으로 팔찌를 만들어 선물하기로 했다.
➡ 의미 있는 선물은 직접 만든 팔찌이다.
(다) 선물을 받은 친구는 세상에서 가장 소중한 것을 받은 듯이 기뻐했다.
➡ 선물한 팔찌를 받은 친구의 모습을 묘사하고 있다.
(가) 나의 정성이 친구에게 전해진 것 같아서 마음이 따뜻해졌다.
➡ 친구가 기뻐하는 모습을 본 나의 기분에 대해서 말하고 있다.

3. ①

> (가) 제주 남방큰돌고래는 제주도 바다에 사는 야생 돌고래로 유명하다.
> ➡ 제주 남방큰돌고래가 유명하다고 소개하고 있다.
> (나) 그 덕분에 최근에는 돌고래를 보기 위한 관광 상품도 인기를 끌고 있다.
> ➡ 돌고래의 유명세 덕분에 관광 상품이 인기이다.
> (라) 하지만 버려진 그물이나 가까이 다가오는 배 때문에 돌고래들이 다치기도 한다.
> ➡ 돌고래가 유명하니까 잘 관리되고 있을 것이라는 예상과 반대이다.
> (다) 그래서 돌고래가 사는 바다를 보호구역으로 지정하고 엄격하게 관리하고 있다.
> ➡ 문제를 인식하고 돌고래를 위험으로부터 보호하고자 노력하고 있다.

4. ④

> (다) 며칠 전부터 몸이 좋지 않아서 약을 사 먹었지만 낫지 않았다.
> ➡ 약을 먹었지만 몸이 나아지지 않았다.
> (가) 혹시 큰 병일까 봐 병원에 가서 진료를 받아 보았다.
> ➡ 약으로 낫지 않는 큰 병이라고 생각해서 병원에 방문했다.
> (나) 다행히 심각한 병은 아니라는 이야기를 듣고 안심이 되었다.
> ➡ 진료 결과 심각한 병은 아니라고 한다.
> (라) 이 일로 나는 건강이 얼마나 중요한지 다시 한번 깨닫게 되었다.
> ➡ '이 일'은 아파서 건강을 걱정했던 경험을 의미한다.

5. ①

> (나) 공유사무실은 사업을 처음 시작하는 사람들에게 인기가 높다.
> ➡ 공유사무실이 인기가 높다는 일반적 설명이다.
> (가) 필요한 공간과 시설을 저렴하게 이용할 수 있기 때문이다.
> ➡ 인기가 높은 이유를 소개하고 있다.
> (다) 또한 사무실을 이용하는 다양한 사람들과 교류할 기회도 얻을 수 있다.
> ➡ 또 다른 인기의 이유를 추가적으로 이야기한다.
> (라) 이 과정에서 우연한 대화로 새 아이디어를 얻거나 사업 동료를 만나기도 한다.
> ➡ '이 과정'은 (다)에서 다양한 사람과 교류하는 것을 의미한다.

6. ③

> (다) 한정 판매는 수량이나 기간을 제한해서 구매를 유도하는 마케팅이다.
> ➡ 한정 판매가 무엇인지 소개하는 일반적 문장이다.
> (가) '오늘만 세일'이나 '한정 수량'과 같은 말을 광고에 넣는 것이다.
> ➡ 한정 판매의 예시를 이야기하고 있다.
> (나) 이 말을 들은 소비자는 제품이 곧 사라질 수 있다고 생각하기 쉽다.
> ➡ '이 말'은 (가)의 '오늘만 세일'이나 '한정 수량'을 의미한다.
> (라) 따라서 오래 고민하지 않고 물건을 사게 되어 회사의 매출이 오르게 된다.
> ➡ 제품이 사라질 것이라는 생각으로 소비자는 쉽게 구매를 하게 된다.

7. ③

> (나) 여름이 되면 모기에 물려서 고생하는 사람들이 많다.
> ➡ 모기에 대한 이야기를 할 것을 언급하고 있다.
> (가) 그런데 이렇게 사람을 괴롭히는 모기는 암컷뿐이다.
> ➡ '이렇게'는 모기가 사람을 무는 것을 의미한다.
> (다) 수컷 모기는 사람이나 동물의 피가 아니라 꽃의 꿀을 먹고 산다.
> ➡ 수컷 모기는 사람을 물면서 괴롭히지 않는다.
> (라) 반면 암컷 모기는 알을 낳을 때 영양분이 필요하기 때문에 피를 찾는다.
> ➡ 수컷 모기와 반대로 암컷 모기가 사람을 무는 이유 설명하고 있다.

8. ②

> (나) 나는 우산이 없어서 교실에서 비가 그치기를 기다리고 있었다.
> ➡ 비가 오는데 우산이 없어서 교실에서 기다리는 상황이다.
> (가) 그때 같은 반 친구가 다가와서 자기 우산을 같이 쓰자고 했다.
> ➡ '그때'는 내가 교실에서 비가 그치기를 기다리고 있는 시간을 의미한다.
> (라) 작은 우산 안에 둘이 들어가려니 서로 어깨가 닿을 수밖에 없었다.
> ➡ 두 사람이 우산을 같이 쓰려고 하는 모습을 묘사하고 있다.
> (다) 어색했지만 빗소리를 들으며 함께 걷는 시간이 나쁘지 않았다.
> ➡ 우산을 쓰고 같이 걸어갈 때의 기분을 이야기한다.

9. ④

> (라) 식당의 한 손님이 주문한 감자튀김을 먹더니 너무 두껍다고 불평을 했다.
> ➡ 손님이 감자튀김이 두껍다고 불평했다.
> (다) 요리사는 화가 난 나머지 감자를 아주 얇게 썰어 바삭하게 튀겨 버렸다.
> ➡ 요리사는 손님의 불평과 반대로 아주 얇게 요리했다.
> (가) 그런데 뜻밖에도 음식을 다시 받은 손님은 매우 만족스러워했다.
> ➡ 싫어할 것이라고 예상했지만 예상과 반대로 손님은 좋아했다.
> (나) 이렇게 만들어진 음식이 오늘날의 인기 간식인 감자칩이 되었다.
> ➡ 요리사가 화가 나서 얇게 썰어 튀긴 요리가 오늘날의 감자칩이다.

10. ①

> (나) 농구선수 황민수는 경기 도중 사고로 심각한 부상을 입었다.
> ➡ 황민수 선수의 부상 소식을 전한다.
> (다) 사람들은 그가 더 이상 농구를 할 수 없을 것이라고 생각했다.
> ➡ 부상 상황에 대해서 사람들은 부정적으로 인식하고 있다.
> (가) 하지만 그는 힘든 재활 과정을 이겨내고 코트로 돌아왔다.
> ➡ 사람들의 생각과는 반대로 선수는 어려움을 극복했다.
> (라) 다시 농구를 하게 된 그를 보고 관중들은 감동의 눈물을 흘렸다.
> ➡ 코트로 돌아온 것은 다시 농구를 하게 되었다는 것을 의미한다.

11.③

> (가) 태풍의 이름은 여러 나라에서 제출한 것을 돌아가며 사용한다.
> ➡ 태풍의 이름을 짓는 방법을 소개한다.
> (라) 최근에는 동물이나 식물과 같이 자연 친화적인 이름으로 많이 부르고 있다.
> ➡ 최근 이름을 짓는 경향을 이야기하고 있다. (보편적인 경우)
> (다) 만약 태풍으로 큰 피해를 받으면 그 태풍의 이름은 다시 쓰지 않는다.
> ➡ 이름을 사용하지 않는 특별한 경우를 이야기하고 있다. (특별한 경우)
> (나) 우리나라에 큰 피해를 입힌 태풍 '매미'도 퇴출된 이름 중 하나이다.
> ➡ '(다)'의 구체적 사례를 제시하고 있다.

12.②

> (가) 돼지풀은 과거에는 우리나라에 없었던 귀화식물이다.
> ➡ 귀화식물 '돼지풀'로 이야기를 시작하고 있다.
> (라) 돼지풀과 같은 귀화식물들은 기존의 생태계에 큰 피해를 입힌다.
> ➡ 귀화식물이 미치는 부정적인 영향을 언급한다.
> (나) 우리나라 고유의 식물들이 성장할 자리를 빼앗기 때문이다.
> ➡ '(라)'의 이유를 제시하고 있다.
> (다) 이를 막기 위해서 귀화식물에 대한 면밀한 관리가 필요하다.
> ➡ 앞서 언급된 문제점에 대한 대책 마련이 필요하다고 주장한다.

유형 6 빈칸에 알맞은 말 고르기

p.63

1. ② 방수가 되지 않는

> 우산과 양산은 비슷해 보이지만 기능과 재질이 다르기 때문에 사용할 때 구분이 필요하다. 우산은 물이 스며들지 않아야 하기 때문에 방수 기능이 중요하다. 하지만 양산은 햇빛이 강할 때 자외선 차단이 목적이기 때문에 (   ) 것이 많다. 따라서 날씨와 목적에 맞게 사용할 필요가 있다.

◉ 우산과 양산의 사용 목적에 따라 기능의 차이를 대조하고 있다. 우산은 물이 스며들지 않도록 하기 위해 방수 기능이 있지만 양산의 목적은 비를 막는 것이 아니라 자외선을 차단하는 것이기 때문에 방수 기능이 없다는 내용이 자연스럽다.

2. ③ 인식할 수 있어서

> 노란색은 눈에 잘 띄는 색이기 때문에 주의나 경고의 표시로 자주 사용된다. 게다가 노란색은 멀리서도 쉽게 (   ) 교통 표지판이나 공사 현장의 안전모 등에 사용되기도 한다. 이 경우 흐린 날씨나 어두운 곳에서도 잘 보여서 사고 위험을 줄이는 데 도움이 된다. 이처럼 노란색은 사람들의 주의를 빠르게 끌어야 하는 상황에서 매우 효과적이다.

◉ 노란색의 특징에 대해 나열하고 있다. 이는 모두 '보이는 것'에 공통점이 있다. 따라서 멀리서도 쉽게 보이는 특징 때문에 교통 표지판이나 안전모로 사용되고 있다는 문장이 적절하다. 따라서 '보고 알아차리다'라는 의미의 '인식하다'가 가장 적절하다.

3. ① 부담 없이

> 요즘은 기부하는 방법이 다양해지고 있다. 예전에는 돈이나 물건을 직접 도움이 필요한 사람이나 단체에 주는 경우가 많았지만, 이제는 자전거를 타거나 책을 읽는 활동이 기부로 연결되기도 한다. 이런 새로운 기부 방법은 누구나 (   ) 참여할 수 있어 기부에 대한 더 많은 사람의 관심과 참여를 불러일으키고 있다.

◑ 과거와 현재의 기부 방법을 비교하고 있다. 예전에는 '물질적'으로 '직접' 도와줄 수 있는 사람만이 기부를 했다. 하지만 이제는 물질적 기부가 어려운 사람도 생활 속에서 간접적으로 쉽게 기부를 할 수 있게 되었다. '힘들지 않고 압박이 없다'라는 뜻의 '부담 없다'가 자연스럽다.

4. ④ 몸과 마음이 건강해지고

> 걷기를 꾸준히 하면 심장 건강에 큰 도움이 된다. 걷기는 심장이 혈액을 온몸 구석구석까지 잘 보내도록 도와주기 때문이다. 또한 걷는 동안 우리 몸에서는 스트레스를 일으키는 호르몬 양이 줄어들어서 기분이 좋아진다. 그래서 꾸준히 걷기를 하면 (   ) 일상에서 받는 스트레스도 줄어든다.

◑ 걷기가 몸(→ 심장 건강)과 마음(→ 스트레스 감소로 인해 기분이 좋아짐)에 미치는 긍정적인 효과에 대해 이야기하고 있다.

5. ④ 규정 속도를 지키도록

> 후방단속카메라는 운전자가 과속 단속을 피하기 위해 단속 카메라 앞에서만 속도를 줄이는 행동을 방지하기 위해 설치되었다. 이는 카메라가 있는 교차로나 횡단보도를 통과한 후에도 (   ) 유도한다. 급제동과 급가속을 막아 교통 사고가 줄기 때문에 점차 설치가 확대되고 있다.

◑ 후방단속카메라는 카메라 앞에서만 속도를 줄이는 행동을 막기 위해 설치되었다. 따라서 후방단속카메라는 차량이 카메라를 지난 다음에도 운전자가 계속 속도를 지키도록 한다는 내용이 적절하다.

6. ③ 자원을 재활용하는

> 최근 과학 기술이 발전하면서 플라스틱으로 옷을 만드는 새로운 방법이 개발되었다. 사용된 페트병을 깨끗이 씻어 아주 작게 부수고 뜨거운 열로 녹여 플라스틱 실을 만들어 티셔츠나 청바지 등을 만들고 있다. 이러한 기술은 플라스틱 쓰레기를 줄이는 동시에 (   ) 친환경 기술로 주목받고 있다.

◑ 버려진 플라스틱으로 실을 만들고 그 실로 옷을 만든다는 내용의 글이다. 사용된 페트병을 다시 활용하여 환경에 도움이 되는 기술이므로 자원을 재활용한다는 내용이 들어가야 한다.

7. ① 불편한 마음을

> 아이들은 보호자가 가까이 있을 때 감정을 다르게 표현하는 경우가 많다. 보호자가 없을 때보다 있을 때 (   ) 더 강하게 드러낸다. 때로는 보호자의 관심을 끌기 위해 이런 부정적인 감정을 이용하기도 한다. 이것은 보호자와의 관계를 가깝게 느껴 마음이 편하기도 하고, 보호자에게 자신이 이해 받을 거라고 믿기 때문이다.

◎ 아이들은 보호자에게 이해를 받을 수 있을 것이라는 생각으로 부정적인 감정을 이용한다. 본문에서 언급한 부정적인 감정이나 행동을 선택지에서 찾는다.

8. ② 정보를 잘 정리하도록

> 공부나 일을 한 뒤에 잠시 쉬는 시간은 정보를 기억하는 데 큰 도움이 된다. 사람의 뇌는 정보를 입력한 직후에 바로 저장하는 것이 아니라 일정한 시간이 지나면서 그 내용을 체계화하고 강화한다. 이때 휴식은 새로운 자극을 줄이고 뇌가 (　　　　) 돕는다. 특히 조용한 환경에서의 짧은 휴식은 학습한 내용을 장기 기억으로 전환하는 데 효과적이다.

◎ 뇌가 정보를 처리하는 데에 있어서 휴식이 미치는 영향을 반복적으로 설명하고 있다. 따라서 빈칸에는 휴식 시간에 뇌는 정보를 잘 정리하도록 돕는다는 의미가 자연스럽다.

9. ④ 진로를 결정할 수 있도록

> 한국의 도로 위에는 다양한 색깔의 표지판이 존재하는데 각 색깔에 따라서 의미하는 것이 다르다. 그중에서도 갈색 표지판은 관광지나 문화유산과 같은 여행의 목적지를 안내하기 위해 사용된다. 이 표지판들은 해당 관광지까지 남은 거리나 방향을 함께 안내해주기 때문에 운전자가 미리 (　　　　) 도와준다. 이처럼 갈색 표지판은 관광지 접근성을 높이고 문화유산이나 지역 명소에 대한 관심을 유도하는 데 긍정적인 역할을 한다.

◎ 갈색 표지판은 관광지까지의 남은 거리와 방향을 함께 알려 준다. 그 정보를 바탕으로 운전자는 어디로 가야 하는지, 거리가 얼마나 남았는지를 미리 판단해 이동 계획을 세울 수 있다.

10. ② 식욕을 자극하기

> 제로칼로리 음료는 이름처럼 '0 칼로리(kcal)'라고 생각하기 쉽다. 그래서 다이어트를 하거나 건강을 생각하는 사람들이 제로칼로리 음료를 찾는 경우가 많다. 그렇지만 실제로는 인공감미료가 포함되어 있어 체중 조절이나 당뇨 예방에 효과가 없다는 연구를 찾아볼 수 있다. 오히려 뇌가 단맛을 느끼게 되어 (　　　　) 때문에 오히려 체중 증가로 이어지기도 한다. 따라서 전문가들은 건강을 생각한다면 제로칼로리 음료보다 가능한 물을 섭취할 것을 권장한다.

◎ 본문은 제로칼로리 음료는 오히려 뇌가 단맛을 느끼게 하고 그 결과가 체중 증가로 이어지기도 한다고 설명한다. 따라서 체중이 증가하는 원인이 되는 내용이 들어가는 것이 자연스럽다.

11. ③ 방송을 통해 소개된

> 최근 인기를 끌고 있는 '출동! 집 구하기'는 직접 집을 구하기 어려운 사람들을 위해 신청자가 원하는 조건과 예산에 맞는 집을 대신 찾아주는 프로그램이다. 집 구조부터 채광, 교통 등 여러 가지 조건을 꼼꼼히 확인하는 모습을 보면서 시청자는 집을 구하는 과정을 생생하게 경험할 수 있다. 특히 (　　　　) 집은 실제 부동산 매물인 경우가 많기 때문에 집을 찾고 있는 사람들에게는 현실적인 도움이 되기도 한다.

◎ '출동! 집 구하기'는 신청자의 조건과 예산에 맞는 집을 대신 찾아 주는 프로그램이다. 따라서 빈칸의 뒤에 오는 '집'은 방송에서 여러 조건을 꼼꼼하게 확인한 집이기 때문에 현실적인 도움이 된다는 것이 자연스럽다.

12. ④ 좌우가 다르게 설계된

> 　조선 시대의 광화문은 단순히 궁궐의 정문이 아니라, 유교적 이념과 국가 통치 철학이 담긴 상징적인 공간이었다. 특히 광화문을 기준으로 (　　　) 것에서 그 의도가 잘 나타난다. 그 당시 광화문의 왼쪽에는 문관과 관련된 기관들이 자리하고 있었고, 오른쪽에는 무관과 군사 시설이 배치되어 있었다. 이는 해가 뜨는 동쪽, 즉 왼쪽이 더 중요한 곳으로 인식되었기 때문에 학문을 중요하게 생각한 조선의 철학과 사상이 녹아 있는 것이다.

◎ 첫 문장에서 말하는 조선 시대의 통치 철학은 마지막 문장에 나타난 '학문을 중요하게 생각한 조선의 철학과 사상'에서 알 수 있다. 이는 광화문의 왼쪽과 오른쪽에 서로 다른 기관을 두었지만 더 중요하다고 생각하는 곳을 왼쪽에 배치한 공간 구성에 나타난다. 따라서 광화문을 기준으로 좌우가 다르게 설계되었다는 것이 가장 자연스럽다.

p.77

[1~2]

> 　운동 경기에서는 실력뿐만 아니라 강한 정신력도 중요하다. 정신력이 강하면 긴장되는 순간에도 자신의 실력을 잘 보여줄 수 있다. 예를 들어 중요한 경기에서 실수하더라도 다시 집중해 경기를 이어갈 수 있다. (　　　) 힘든 훈련이나 반복되는 실패를 이겨 내며 끝까지 포기하지 않게 해 준다. 이처럼 강한 마음은 좋은 결과를 이루는 데 큰 도움이 된다.

1. ③ 또한

◎ 빈칸의 앞과 뒤에는 '강한 정신력의 좋은 점'을 나열하고 있다. 첫 번째 장점에 이어서 두 번째 장점을 덧붙이고 있는 것으로 보아 앞선 내용에 새로운 사실을 추가할 때 사용하는 '또한'이 적절하다.

2. ① 실력과 정신력이 좋은 운동 성과로 이어진다.

◎ 첫 문장을 통해 '신체 능력뿐 아니라 정신력도 운동 경기의 결과에 중요한 영향을 미친다'고 설명한다. 특히 강한 정신력이 승패를 좌우할 수 있다는 점을 강조한다.

　② 끝까지 포기하지 않는 것이 운동 경기 정신이다. ➡ 내용 없음
　③ 힘든 훈련과 계속되는 실패는 정신력을 높여 준다. (X) ➡ 정신력이 높으면 힘든 훈련과 실패를 이겨낼 수 있다.
　④ 운동 경기에서 실수를 하면 실력이 향상될 수 있다. ➡ 내용 없음

[3~4]

> 　기념주화는 특별한 사람이나 행사를 기념하기 위해 제작되는 동전이다. 일반 동전과 달리 주화는 한정된 수량만 만들어 시간이 지날수록 (　　　) 더 귀해지고 가치가 높아진다. 또한 역사와 문화 그리고 예술을 담고 있어 사람들이 모아 두고 간직하는 물건으로 여겨진다. 주화에 담긴 의미와 그림은 그 시대의 분위기와 기술을 잘 보여준다. 이 때문에 기념주화는 수집가나 투자자들에게 큰 관심을 받으며 시간이 지날수록 더욱 소중해진다.

3. ② 점점

기념주화는 적은 수량만 제작될 뿐만 아니라 제작 당시의 역사와 문화, 예술을 담고 있어 시간이 흐르면서 그 가치가 더 높아진다. 따라서 빈칸에 시간이 지나면서 조금씩 달라지는 모습을 설명하는 '점점'이 알맞다.

4. ④ 기념주화는 특별한 의미와 가치를 지닌 수집품이다.

첫 문장을 통해 기념주화가 특별한 사람이나 행사를 기념하기 위한 것임을 알 수 있다. 이후 기념 주화의 가치를 설명하고 그러한 가치 때문에 특별한 물건임을 강조한다.

① 기념주화는 비싸게 팔기 위해 제작된다. (X) ➡ 특별한 사람이나 행사를 기념하기 위해 제작된다.
② 기념주화는 대량으로 생산되어 가치가 높다. (X) ➡ 한정된 수량만 만든다.
③ 기념주화는 특별한 행사에서 사용되는 동전이다. (X) ➡ 실제로 사용되지 않는다.

[5~6]

> 약을 복용할 때는 물과 함께 먹는 것이 가장 안전하고 효과적인 방법이다. 물은 약이 위 내에 머무르는 시간을 줄여주고 약이 녹아서 빠르게 체내에 흡수되도록 돕는다. 반면 우유는 건강에 좋은 음료라는 인식이 있지만 약과 함께 먹으면 (   ) 문제가 생길 수 있다. 우유에 들어 있는 칼슘과 단백질이 약의 흡수를 방해해서 약효를 감소시키기 때문이다. 따라서 건강을 위해 먹는 약인만큼 복용 방법을 잘 지키는 것이 중요하다.

5. ④ 오히려

사람들은 우유를 좋은 식품이라고 생각하지만 우유와 함께 약을 먹으면 생각과 다르게 문제가 생길 수 있다고 말한다. 따라서 빈칸에는 생각한 것과 반대되는 상황을 나타내는 '오히려'를 써야 한다.

6. ② 약의 효과를 높이기 위해서는 복용 방법을 잘 따라야 한다.

함께 먹는 음료에 따른 약효의 차이를 비교하고 있다. 약은 물과 함께 복용하는 것이 올바르며 이를 따르지 않고 우유와 함께 먹는 경우 약효가 줄어든다. 따라서 약효를 높이기 위해 복용 방법을 지켜야 한다고 주장하고 있다.

① 약을 빠르게 흡수하기 위해 음료를 함께 복용해야 한다. (X) ➡ 물과 함께 먹는 것이 가장 효과적이다.
③ 약을 흡수하는 과정에서 다양한 영양소의 도움이 필요하다. (X) ➡ 우유의 영양소는 방해가 된다.
④ 약의 성분에 따라 복용하는 방법이 다르므로 성분을 확인해야 한다. ➡ 내용 없음

[7~8]

> 강릉시가 전통시장을 살리기 위해 시도해 온 다양한 마케팅이 드디어 (   ) 있다. 그동안 강릉시는 강릉 중앙시장을 홍보하고자 다양한 온라인 마케팅을 펼쳐 왔다. 또한 상인들은 강릉에서만 맛볼 수 있는 음식을 판매하거나 지역 주민들 역시 직접 공연에 참여하며 관광객에게 특별한 경험을 제공하기도 했다. 이러한 노력 덕분에 강릉 중앙시장은 관광 명소로 자리 잡았고 상인들의 매출도 크게 늘어났다. 이는 지자체와 주민들이 함께한 마케팅 전략이 실제 성과로 이어진 긍정적 사례로 평가된다.

7. ① 빛을 보고

이 글은 강릉시가 전통시장을 살리기 위해 노력한 마케팅이 성공했다는 내용이다. 빈칸 뒤에는 구체적인 마케팅 성공 사례가 나오고 있다. 따라서 빈칸에는 그동안 노력하거나 기다리던 일이 드디어 성공하거나 인정받는다는 뜻을 가진 '빛을 보다'가 들어가야 한다.

8. ② 전통시장을 홍보하기 위한 마케팅이 성공했다.

① 강릉 중앙시장을 방문하는 관광객이 감소했다. (X) ➡ 관광 명소가 되고 매출도 늘어났다.
③ 지역 주민들이 요리를 해서 관광객에게 판매했다. (X) ➡ 음식을 판매한 것은 상인들이다.
④ 강릉을 방문한 관광객들은 직접 공연에 참여할 수 있다. (X) ➡ 지역 주민들이 공연에 참여하였다.

[9~10]

> 명절이나 휴가철이 되면 관광지를 찾는 사람들이 많아진다. 그런데 이 시기를 이용해 일부 상인들이 숙박비를 올린다거나 음식값을 평소보다 훨씬 비싸게 받는 경우가 있다. 이렇게 정해진 가격보다 지나치게 많은 돈을 요구하는 것을 '바가지요금'이라고 한다. 이러한 바가지요금은 관광객에게 불쾌감을 줄 뿐만 아니라 지역의 이미지도 나쁘게 만들 수 있다. 따라서 이를 방지하기 위해 지자체들이 (   ) 필요가 있다.

9. ③ 발 벗고 나설

✪ 이 글은 명절이나 휴가철에 관광지에서 평소보다 비싸게 가격을 올려 받는 '바가지요금'에 관한 내용이다. 빈칸이 포함된 문장은 '바가지요금' 문제를 지자체가 해결해야 한다고 말하고 있다. 따라서 적극적으로 앞에 나서서 일을 한다는 뜻을 가진 '발 벗고 나서다'가 들어가야 한다.

10. ② 관광객들은 평소보다 비싸진 요금 때문에 기분이 나쁠 수 있다.

① 바가지요금은 숙박비와 음식값을 함께 부르는 말이다. (X) ➡ 특정 시기에 정해진 요금보다 지나치게 많이 받는 것을 의미한다.
③ 휴가철에는 지자체에서 숙박 요금을 높게 책정해서 상인들을 돕는다. (X) ➡ 일부 상인들이 요금을 높인다.
④ 관광지를 찾는 사람들이 많아지면 판매자는 요금을 싸게 받으려고 한다. (X) ➡ 요금을 비싸게 받으려고 한다.

[11~12]

> 출산율이 급격히 줄어들고 있는 가운데 지방의 한 도시가 시행한 출산 장려 정책이 성과를 내며 관심을 끌고 있다. 이 도시는 첫째 아이부터 출산 장려금을 지급하고 일을 하는 부모들을 위해 유치원의 수를 늘려 아이들을 돌볼 수 있도록 지원했다. 또한 자녀가 있는 가정에는 주택을 우선적으로 공급하거나 다양한 경제적 지원도 아끼지 않았다. 이러한 노력 덕분에 이 도시에서는 출산율이 (   ) 증가하는 긍정적인 변화가 나타났다.

11. ① 눈에 띄게

✪ 이 글은 지방 정부가 실시한 여러 가지 출산 장려 정책 덕분에 출산율이 증가했다고 설명하고 있다. 따라서 빈칸에 누구나 쉽게 알 수 있을 정도로 큰 변화가 있다는 뜻을 가진 '눈에 띄다'가 들어가야 한다.

12. ② 아이가 있으면 집을 먼저 공급받을 수 있다.

① 첫째 아이만 출산 장려금을 지급하고 있다. (X) ➡ 첫째 아이부터 계속 받을 수 있다.
③ 출산 장려 정책에도 출산율이 하락하고 있다. (X) ➡ 증가하고 있다.
④ 공공 보육시설이 늘어 부모들의 부담이 커졌다. (X) ➡ 유치원의 수를 늘려 일하는 부모들을 지원하고 있다.

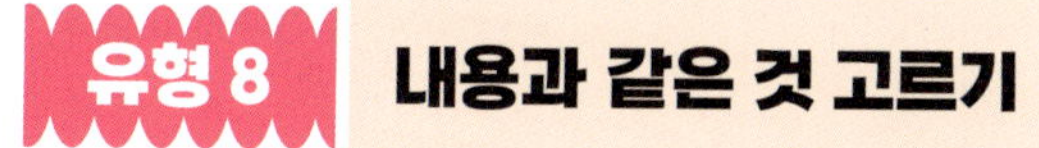

p.89

1. ① 지역화폐는 소비자에게도 경제적 혜택을 준다.

지역화폐는 지역 내 소비를 유도하여 골목상권과 전통시장 활성화에 도움이 된다. 대형마트나 프랜차이즈 매장에서는 사용할 수 없기 때문에 자연스럽게 동네 가게에 소비가 집중되는 효과가 있다. 또한 지역화폐를 사용하는 소비자에게도 일정 금액을 포인트로 돌려주거나 할인 혜택을 제공하기도 한다. 그럼에도 불구하고 지역화폐는 사용처가 제한되어 있고 현금화처럼 악용하는 사례도 있어 여전히 제도적 보완이 필요하다.

② 지역화폐는 전국적으로 동일하게 사용될 수 있다. (X) ➡ 지역내에서만 소비할 수 있다.
③ 지역화폐로 인해 대형마트에서의 소비가 늘어난다. (X) ➡ 대형마트에서는 사용할 수 없다.
④ 지역화폐를 현금으로 바꿔서 사용하면 효율적이다. (X) ➡ 현금으로 바꾸는 것은 지역화폐를 나쁘게 사용하는 방법이다.

2. ② 문화재 보호를 위해서는 점검을 통한 피해 예방이 중요하다.

흰개미에 의한 문화재 훼손은 전 세계적으로 매우 심각한 문제다. 흰개미는 목재를 먹이로 삼기 때문에 겉으로 보기에는 멀쩡한 건축물도 속이 텅 비어 있는 경우가 있다. 이는 단순히 물리적인 피해뿐만 아니라 역사적 가치가 훼손되기 때문에 그 영향이 크다. 특히, 조선 시대의 한옥이나 사찰은 나무로 만들어졌기 때문에 흰개미로 인한 피해에 더욱 취약하다. 따라서 정기적인 점검과 친환경적인 방충 처리와 같은 노력이 문화재 보호에 있어 필수적으로 요구되고 있다.

① 외관상의 피해가 없다면 큰 문제가 되지 않는다. (X) ➡ 겉은 괜찮지만 속이 비어 있는 경우도 있다.
③ 목재 건축물이 많은 한국에서만 흰개미에 의한 피해가 나타나고 있다. (X) ➡ 전 세계적인 문제이다.
④ 조선 시대에는 건축물의 역사적 가치를 보존하기 위해 목재를 사용하지 않았다. (X) ➡ 나무로 만들어졌다.

3. ④ 건강한 생활 습관으로 노화를 늦출 수 있다.

노화는 나이가 들면서 신체 기능이 점차 약해지는 현상을 말한다. 그러나 모든 사람이 같은 속도로 늙어가는 것은 아니다. 노화 속도는 유전뿐만 아니라 식습관, 운동, 스트레스 등 생활 습관에 따라 달라지고 이러한 요인들은 몸속 세포의 손상과 회복 속도에 영향을 미친다. 각자의 생활 방식이 노화에 영향을 주게 되는 것이다. 따라서 건강한 생활을 유지하는 것은 노화를 늦추는 하나의 방법이 될 수 있다.

① 사람은 누구나 같은 속도로 늙어 간다. (X) ➡ 같은 속도로 늙어가는 것은 아니다.
② 노화는 갑자기 시작되는 신체 변화이다. (X) ➡ 노화는 급속하게 진행되지 않고 나이가 들면서 점차 진행된다.
③ 스트레스는 노화에 영향을 미치지 않는다. (X) ➡ 스트레스에 영향을 받는다.

4. ① 간접 광고는 전통 광고에 지친 사람들에게 효과적이다.

> 간접 광고는 드라마나 영화에 제품이나 제품의 상표를 자연스럽게 넣어 시청자가 광고임을 잘 모르게 하는 판매 전략이다. 이런 방식은 전통적인 광고에 피로를 느끼는 사람들에게 효과적이다. 간접 광고는 이야기의 흐름을 방해하지 않고 판매 제품에 좋은 이미지를 갖게 해 무의식적으로 시청자들을 설득한다. 하지만 너무 많이 사용하면 오히려 시청자의 집중을 방해할 수 있어 적절한 사용이 중요하다.

② 간접 광고는 이야기의 흐름을 이해하는 데 도움이 된다. (X) ➡ 광고라는 것이 인식되면 안 되기 때문에 이야기의 흐름에 영향을 주지 않는다.
③ 간접 광고는 시청자가 광고라는 것을 알도록 해야 한다. (X) ➡ 영화나 드라마의 장면에 자연스럽게 넣어 광고임을 모르게 한다.
④ 간접 광고가 많을수록 시청자는 영화에 더 집중하게 된다. (X) ➡ 오히려 집중을 방해할 수 있다.

5. ① 마중물은 압력으로 물을 끌어올리는 원리이다.

> '마중물'은 원래 펌프로 지하수를 끌어올릴 때 먼저 붓는 물을 의미한다. 만약 펌프 안에 물이 전혀 없으면 아무리 펌프질을 해도 물이 올라오지 않는다. 하지만 이때 '마중물'을 먼저 붓고 펌프질을 하면 압력이 형성되어 지하수가 올라오게 된다. 그러나 요즘은 원래의 의미보다 비유적인 표현으로 자주 쓰인다. 예를 들면, 경제 활성화를 위해 투입하는 예산을 '마중물'이라고 한다. 즉, 성공적인 결과를 이끌어내기 위한 시작이라는 의미로 사용되고 있는 것이다.

② 마중물은 현재에는 거의 사용하지 않는 표현이다. (X) ➡ 현재에도 비유적 표현으로 자주 쓰인다.
③ 마중물은 경제 분야에서 사전적으로 사용되는 용어이다. (X) ➡ 비유적으로 사용된다.
④ 마중물은 좋지 않은 결과를 얻었을 때 비유적으로 사용된다. (X) ➡ 일을 시작하기 전 긍정적인 의미로 사용한다.

유형 9   기사 제목 의미 파악하기   p.99

1. ③

> 밤새 쏟아진 폭우, 아침 출근길 시민 발 묶여

◉ 원인과 결과를 차례대로 나타내는 제목이다. 밤새 강한 비가 와서 아침에 출근하는 시민들이 이동하는 데에 큰 불편을 겪었다는 의미로 해석하는 것이 자연스럽다.
- 폭우: 강하게 내리는 비
- 발이 묶이다: 움직일 수 없게 됨

2. ③

육상 국가대표 김민지, 국제 대회에서 대한민국 최초 '깜짝 금메달'

◈ 육상 국가대표 김민지가 금메달을 획득할 것이라고 아무도 예상하지 못했다. 그런데 국제 대회에서 예상 밖의 성과를 내서 금메달을 땄다는 의미를 포함하는 선택지를 찾아야 한다.
- 깜짝: 예상 밖의 일

3. ④

추석 앞두고 채소 값 '껑충', 정부 명절 물가 잡기 총력

◈ 추석을 앞두고 채소 값이 크게 오른 상황이 앞에서 제시되고 있다. 이러한 문제 상황을 해결하기 위해 정부가 물가 안정을 위해 온 힘을 기울이고 있다는 내용이 이어지는 것을 찾으면 된다.
- 껑충: 크게 오름
- 물가를 잡는다: 물가가 오르는 것을 안정시킴
- 총력: 모든 힘

4. ①

오래된 주택가 주차 공간 부족, 불법 주차 늘어

◈ 앞 문장에는 원인, 뒤에는 그로 인한 결과 나타나는 제목이다. 장소(오래된 주택가)에 문제(주차 공간 부족)가 있어 결과적으로 불법 주차가 증가하는 결과가 나타났다는 선택지를 찾아야 한다.

5. ②

공연장 소리 '쩌렁쩌렁', 늦은 밤 잠 못 자는 인근 주민들

◈ 공연장의 큰 소리가 원인이 되어 공연장 주변의 주민들이 잠을 자기 어렵게 되었다는 내용의 기사 제목이다.
- 쩌렁쩌렁: 크고 세게 울리는 소리
- 인근: 주변

6. ④

출산 지원금 확대, 출산율 소폭 증가

◈ 정책 시행과 그 효과에 대해 이야기하고 있는 제목이다. 출산 지원금이 늘어나니까 그 결과로 출산율 또한 증가했다는 내용이다. 다만, 그 증가 폭이 크지 않다(소폭 증가)는 것을 고려하여 선택지를 골라야 한다.
- 확대: 지원 범위나 규모가 늘어남
- 소폭: 수치가 늘기는 했으나 그 폭이 크지 않음

7. ①

> 배우 임병헌, 촬영 중 부상에도 연기에 집중

◐ 배우 임병헌이 촬영을 하다가 다쳤다는 사실을 먼저 언급한다. 보통은 부상을 당하면 촬영을 중단하는 것이 자연스럽다. 하지만 임병헌은 생각과는 다르게 촬영을 계속 이어갔다는 내용의 선택지가 적절하다.
- 집중: 멈추지 않고 계속해서 몰두함

8. ④

> 번져가는 산불에 국보급 문화재 '속수무책', 보호 대책 시급

◐ 산불이 확산되면서 중요한 문화재가 피해를 입고 있지만 해결할 방법이 없는 상황이다. 그렇기 때문에 빠르게 문화재를 보호할 방안을 마련해야 한다는 의미의 선택지를 찾아야 한다.
- 불이 번지다: 불이 점점 더 넓은 지역으로 퍼져 나감
- 속수무책: 문제를 해결할 방법이 없어서 대응을 하지 못하는 상태
- 시급: 긴급하게 서둘러야 함

9. ④

> 장년층 일자리는 '맑음', 청년 고용시장은 '흐림' … 일자리 양극화 극심

◐ 긍정적인 전망을 보이는 장년층의 고용 상황과 악화되고 있는 청년층 고용 상황을 대비시키고 있다. 그리고 이러한 상황으로 인해 세대 간 일자리 격차가 커졌다는 내용의 기사 제목이다.
- 맑음: 긍정적인 상황
- 흐림: 부정적인 상황
- 양극화: 두 현상이 점점 달라지고 멀어지게 됨
- 극심: 매우 심함

10. ②

> AI 로켓 엔진 개발, 2050년 우주여행 청신호

◐ AI 로켓 엔진 개발로 인해 2050년에는 우주여행을 할 가능성이 높아졌다는 의미로 해석하는 문장을 골라야 한다.
- 청신호: 앞으로 일이 잘 될 것을 의미

11. ②

> 철창 없는 곳에서 자유로운 동물의 삶 … 동물 복지 1번지 인주동물원

◐ 보통 동물원의 우리 안에 살고 있는 동물들은 삶이 자유롭지 못하다. 그러나 인주동물원은 이런 우리가 없는 환경으로 동물들의 복지에 신경을 쓰고 있다는 것을 알 수 있다.
- 철창: 감옥을 비유적으로 나타내는 말로 자유가 없음을 의미
- 복지: 생활에 어려움 없이 잘 지내도록 도와주는 것
- 1번지: 어떤 분야에서 가장 우수하거나 대표적인 곳

12. ④

SNS에 피로한 청년들, 소셜미디어 탈출 바람

◯ SNS에 피로하다는 것은 SNS에 실증이 났다는 의미이다. 이로 인해 청년들이 소셜미디어 사용을 그만두는 현상이 나타나고 있다.
- 탈출: 어떤 상황에서 빠져나옴
- 바람: 사회에서 나타나는 유행이나 분위기

유형 10 등장인물 심정 파악하기   p.108

[1~2]

> 면접을 망치고 터덜터덜 돌아오는 길이었다. 괜히 직장에 다니는 친구들과 가정을 꾸리고 행복하게 사는 친구들이 생각났다. 그들의 삶과 비교하면 할수록 나 자신이 작아 보이고 부족해 보였다. 그렇게 고개를 푹 숙인 채 걷다가 아스팔트 틈새로 노랗게 빛나는 것을 보게 되었다. 처음에는 쓰레기인가 싶어서 그냥 지나가려고 했지만 다시 돌아본 순간 나는 그 자리에 멈춰 설 수밖에 없었다. 그곳에는 작고 노란 꽃 한 송이가 딱딱한 아스팔트를 뚫고 올라와 있었다. 흙도 없고 물도 없는 아스팔트 길 위에 생명이 살고 있었던 것이다. 그 여린 줄기가 얼마나 오랜 시간 버티고 견뎠을까……. 하지만 이 작은 생명은 모든 어려움을 이겨내고 꽃을 피웠다. 내가 지금 겪는 이 시간도 노란 꽃과 비슷할지도 모른다. 상황이 어렵지만 나도 언젠가는 피어날 수 있지 않을까?

1. ④ 대견하다

◯ '대견하다'는 '자랑스럽게 여기는 마음'이라는 의미이다. 꽃이 피기 위해서 필요한 흙과 물이 없는 곳에서 꽃이 피어난 것을 보았다. 그러한 힘든 상황을 견디고 피어난 꽃을 보고 대견함을 느끼는 것이 적절하다.

2. ③ 나는 길에 핀 꽃을 보고 다시 희망을 얻었다.

　① 나는 길에서 본 쓰레기를 꽃으로 착각했다. (X) ➡ 꽃을 쓰레기로 착각했다.
　② 나는 면접을 보러 가는 길에 꽃을 발견했다. (X) ➡ 면접이 끝난 후 돌아가는 길이었다.
　④ 나는 친구들의 삶과 비교해 봐도 부족함이 없다. (X) ➡ 친구들에 비해 나의 삶은 부족해 보였다.

[3~4]

> 벌써 내 나이도 오십이 넘었다. 바쁘게 일하고 가족을 챙기느라 정신없이 살았는데 어느 날 고등학교 동창으로부터 연락을 받았다. 우리 담임 선생님께서 돌아가셨다는 소식이었다. 그 이름을 듣는 순간 잊고 지냈던 장면들이 마음속에서 조용히 되살아났다.
> 고등학생 때 나는 급식비도 내기 힘들만큼 가난했다. 교복이 아무리 낡아도 쉽게 새것을 살 수 없었다. 힘든 현실에 학교는 점점 멀게 느껴졌다. 자주 학교를 결석하고 학교에 가면 친구들과 많이 싸웠다. 그런 나를 담임 선생님은 쉽게 포기하지 않으셨다. 혼내고, 불러내고, 야단도 많이 치셨다. 선생님께 혼이 나기 싫어서 어떻게든 학교에 나갔다. 그때는 그 모든 게 억울하고 귀찮았다. 하지만 졸업을 하고 나서야 선생님께서 나의 학비와 급식비를 내고 계셨다는 것을 알게 되었다. 나는 그 은혜에 보답하지도 못하고 내가 감사의 말씀을 드리기도 전에 선생님은 이 세상을 떠나셨다. 그 소식을 들은 날 밤에는 오래도록 잠이 오지 않았다.

3. ② 후회스럽다

선생님의 도움을 뒤늦게 알게 되어 감사하다는 말씀도 드리지 못하고 은혜에 보답하지 못했다는 아쉬움을 느끼고 있다. 특히 선생님이 돌아가셨기 때문에 더 일찍 찾아 뵙지 못한 것에 대한 후회로 인해 잠이 오지 않았다는 것이 자연스럽다.

4. ④ 나는 가난하고 어려운 상황에서도 고등학교를 졸업했다.

① 나는 선생님을 직접 뵙고 감사의 인사를 드렸다. (X) ➡ 감사의 말씀을 드리기 전에 돌아가셔서 직접 뵙지 못했다.

② 나는 선생님이 돌아가신 것을 동창들에게 알렸다. (X) ➡ 동창으로부터 이야기를 들었다.

③ 나는 담임 선생님의 야단 때문에 학업을 포기했다. (X) ➡ 혼이 나기 싫어서 어떻게든 학교에 나갔고 결국 졸업했다.

[5~6]

> 귀국 날짜가 다가오자 나의 작은 방은 온통 상자로 가득 찼다. 짐을 싸면 쌀수록 고향으로 가져갈 수 없는 물건들이 자꾸 눈에 밟혔다. 정든 물건을 그냥 버리기 아까워서 친구들에게 필요한 것이 있는지 물어보기로 했다. 메시지를 보내자마자 고맙다는 답장과 함께 친구들이 하나둘씩 방으로 찾아왔다. 한 후배는 내가 밤새워 공부할 때 쓰던 낡은 스탠드를 보더니 자신에게 필요한 것이라며 가져갔다. 다른 친구는 두꺼운 전공 책을 챙기면서 몇 번이고 고맙다고 인사했다. 그렇게 나의 손때가 묻은 물건들이 새로운 주인을 찾아 떠나고 나니 북적이던 방이 순식간에 조용해졌다. 무겁던 짐이 줄어든 만큼 마음도 한결 가벼워지는 것 같았다. 하지만 물건에 깃든 지난 시간과 추억까지 함께 떠나보내는 기분이 들어 마음 한구석이 텅 빈 듯 허전해졌다. 낯선 곳에서 나를 지켜주었던 물건들과 작별하고 나니 길었던 유학 생활이 드디어 끝난 것만 같았다.

5. ① 아쉽다

밑줄 친 부분은 단순히 짐 정리의 어려움이 아니라 그 물건들에 얽힌 추억과 정 때문에 아쉬움을 느끼는 부분이다.

6. ④ 쓰던 물건을 버리지 않고 친구들에게 나눠주기로 했다.

① 전공 책은 아무도 원하는 사람이 없었다. (X) ➡ 친구가 전공 책을 가져가면서 고맙다고 말했다.

② 후배는 스탠드가 필요해서 중고로 사 갔다. (X) ➡ 나는 친구들에게 무료로 나눠줬고 후배도 그냥 가져갔다.

③ 친구들에게 선물을 받아서 오히려 짐이 늘어났다. (X) ➡ 짐도 줄어들었다.

[7~8]

> "열이 사십 도나 되는 걸"
>
> 의사는 혼잣말하는 듯하며 알콤솜으로 주사기를 소독하면서 "산소 흡입을 시킬 테니…… 어서"
> 하고 간호사에게 준비를 명령한다. 인숙의 마음은 더욱 불안해졌다. (중략)
>
> 우스운 소리도 곧잘 하고 남자처럼 쾌활하던 허 의사는 일남을 진찰해 본 뒤부터 엄숙한 과학
> 자의 태도로 변하였다. 사실 일남의 병은 자기로서도 장담을 하지 못할 만큼 위중하였던 것이다.
> 사람의 생명을 다루는 의사로서 무거운 책임을 느낄 뿐만 아니라 일남이가 인숙에게 있어서 다
> 만 한줄기 생명선인 것을 잘 알고 유달리 동정을 해왔기 때문에 구세주와 같이 신임을 받는 자기
> 의 책임이 너무나 무거웠다. 더구나 일남의 맥박이 일 분간 백이 넘는 위험한 상태에 빠진 것을
> 보니 말 한마디 할 여유가 없을 만큼 마음이 긴장된 것이다.
>
> 인숙 역시 일남의 병 증세를 더 물어보지 못하고 더운 김을 내뿜는 아들의 조그만 입에 잠시도
> 그치지 않고 산소 흡입을 시켜주면서
>
> "일남아, 엄마가 잘못했다. 몹쓸 엄마 때문에 네가 이렇게 고통을 당하는구나. 오늘 밤만 자고
> 나면 낫는다. 그렇지 오늘 밤만 잘 자고 나면 전처럼 웃고… 옹알옹알하고 그러자? 응? 우리 일남
> 아!"
>
> 하다가 눈두덩이 뜨끈하고 솟아오르는 눈물을 몇 번이나 마음속으로 소리 없이 삼켰다.

7. ① 긴장되다

✪ 허 의사가 이전의 쾌활한 태도에서 벗어나 환자의 상태가 심각함을 깨닫고 무거운 책임감을 느끼는 순간을 보여준다. 특히 본인도 장담하지 못할 만큼 일남의 상태가 좋지 않았기 때문에 긴장하고 있는 상태이다.

8. ② 인숙은 아들의 상태가 위중하다는 것을 느끼며 불안에 떨었다.

   ① 인숙은 아들이 오늘 밤을 넘기지 못할 것이라고 확신했다. (X) ➡ 인숙은 일남의 상태가 위험하다는 것을 알
      았지만 희망을 버리지 않았다.
   ③ 허 의사는 일남의 병이 가볍다고 판단하여 인숙을 안심시켰다. (X) ➡ 일남의 병이 위중한 것을 알고 쾌활한
      모습도 사라졌다.
   ④ 허 의사는 인숙의 아들보다 다른 환자들을 더 중요하게 여겼다. ➡ 알 수 없는 내용이다.

[9~10]

> 몹시 춥던 어느 날 아침이었다. 내가 아직 꿈속에서 놀고 있을 때 어머니가 팔을 흔들어 깨우
> 셨다. 아침에 자는데 깨우면 괜스레 약이 오르는 나였다. 팔꿈치로 그 손을 툭 털어 버리고
> "아이참, 죽겠네!"
> 화를 이렇게 내니까
> "너 이 토끼 싫으냐?"
> 하고 그럼 그만두란 듯이 은근히 나를 당기고 계신 것이다. 나는 잠결에 그럼 아버지가 아마
> 오랜만에 고기 생각이 나서 토끼 고기를 사 오셨나, 그래서 어머니가 나를 먹이려고 깨우시는 것
> 이 아닐까 하였다. 그리고 고개를 돌리어 뻑뻑한 눈을 떠보니 이게 다 뭐냐 조막만하고 아주 하
> 얀 옥토끼 한 마리가 어머니 치마에 폭 쌓여 있는 것이 아닌가. 나는 눈곱을 부비고 허둥지둥 다
> 가앉으며
> "이거 어서 났수?"
> "글쎄?"
> "어디서 났느냐 말이야?"하고 조급히 물으니까,
> "아침에 쌀을 씻으러 나가니까 우리 부뚜막 위에 올라앉아서 웅크리고 있더라. 아마 어느 집에
> 서 기르는 토끼인데 빠져나왔나 봐." (중략)
> 이런 귀여운 옥토끼가 여러 사람을 제치고 나를 찾아왔음에는 아마 나의 생활 형편이 차차 피
> 려나 보다 하였다. 그리고 어머니 치마에서 옥토끼를 집어내 들고 고놈을 입에 대보고 뺨에 문질
> 러 보고 턱에다 받쳐도 보고 하였다. 참으로 귀엽고도 아름다운 동물이었다.

9. ④ 기대되다

갑자기 눈앞에 나타난 작고 하얀 옥토끼가 너무 신기하고 귀여워서 그 출처를 궁금해하고 있다. 또한 여러 번 대답을 재촉하는 것에서 들뜬 감정이 느껴진다. 따라서 밑줄 친 대사는 주인이 없는 토끼라면 키울 수 있을까 하는 기대감을 나타내는 대사이다.

10. ③ 나는 옥토끼가 자기에게 찾아온 것을 좋은 징조로 받아들였다.

① 토끼는 나의 꿈속에서만 나타난 상상의 존재였다. (X) ➡ 토끼는 실제로 존재한다.

② 나는 원래부터 동물들을 좋아해서 동물을 키우고 싶었다. ➡ 알 수 없는 내용이다.

④ 아버지가 시장에서 사 오신 토끼를 어머니가 나에게 보여 주었다. (X) ➡ 어머니가 부뚜막에서 토끼를 발견하셨다.

[11~12]

> 내가 발을 멈춘 곳은 돈의동 뒤 골목이었다. 바로 내 앞에 보이는 것은 전등 달린 대문이 있고 그 옆으로 '나명주'라고 새긴 문패가 달려 있다. 안에서는 웃음소리와 아울러 가끔 노래가 흘러나오지만 대문은 얌전히 닫겨 있었다. 나의 임무는 즉, 이집에다 편지를 바치고 그 답장을 받아오는 것이다. 그러나 아무리 생각해 보아도 다가서서 대문을 두드려볼 용기가 나진 않는다. (중략) 이러기를 서너차례 한다음에 나는 딱 결정했다. 편지를 호주머니에 다시 넣고 사직동을 향해 올라갔다. (중략)
> 그는 나를 데리고 사직공원으로 올라가며 "전했니?" 하고 조급하게 묻는 것이다.
> "응" 하고 나는 코대답으로 받았으나 그것만으로는 좀 불충분함을 깨닫고 "잘 전했다" 하고 명백히 대답하였다.
> "그래 잘 받더니?"
> "그 자가 뭐라고 사람이 보내는 걸 안 받을까?"
> 나는 이렇게 큰소리로 하긴 했으나 미처
> "그럼 답장은?" 하고 묻는 것에는 "답장은……"
> 그만 얼떨떨하지 않을 수 없었다. 미처 거기까지는 생각이 하지 못한 까닭이었다.

11. ① 초조하다

거짓말을 하고 나서 상대방이 자신의 거짓말을 알게 될까 봐 오히려 코 대답을 하거나 큰 소리를 치고 있다. 거짓말을 들킬까 봐 '걱정이 되고 조마조마하다'는 의미의 '초조하다'가 적절하다.

12. ② 나는 망설이다가 결국 편지를 전하지 못했다.

① 나는 편지를 전달했다고 솔직하게 말했다. (X) ➡ 명확하게 대답하지 못하고 오히려 질문을 했다.

③ 그는 내가 받아온 답장을 읽고 얼떨떨해했다. (X) ➡ 답장을 받지 못했으니 그가 얼떨떨할 만한 답장은 없다.

④ 그는 내가 편지를 못 전해줄 것을 알고 있었다. (X) ➡ 그는 내가 편지를 전해주고 답장을 받아올 것을 기대하고 있었다.

1. ② 정부의 소비 장려책이 경제에 활력을 불어넣는다.

> 사람들은 돈을 아끼고 소비를 줄이려고 노력한다. 하지만 소비가 줄어들면 기업의 수입이 감소하고 투자와 고용도 감소하여 경제에 부정적인 영향을 미칠 수 있다. 그래서 정부는 소비를 늘리기 위해 지원금을 지급하거나 할인 행사를 열어 국민의 소비를 유도하고 있다. 이러한 노력은 경기가 나빠지는 것을 막고 기업과 가정의 경제 회복에 도움이 된다.

사람들의 소비 감소는 결과적으로 경제에 악영향을 주게 된다. 그러므로 이러한 문제를 해결하기 위해 정부가 다양한 소비 장려 정책을 시행하고 있으며 이에 따른 긍정적인 효과를 소개하고 있다.

　① 기업의 투자는 고용에 부정적인 영향을 미친다. ➡ 내용 없음
　③ 기업의 수입이 증가하는 것이 경제 성장에 반드시 필요하다. ➡ 일부 내용
　④ 가정 경제가 살아나기 위해서 정부 지원금을 아껴 써야 한다. ➡ 내용 없음

2. ② 심해 생물들은 빛을 이용하여 생존 문제를 해결한다.

> 깊은 바다에는 스스로 빛을 내는 생물들이 살고 있다. 발광 해파리나 심해 물고기는 몸에서 빛을 만들 수 있다. 이 생물들은 빛으로 적을 놀라게 하기도 하고 먹이를 유혹하기도 한다. 또한 같은 종끼리 신호를 보내거나 구애를 할 때도 이 빛을 이용한다. 즉, 깊은 바닷속 생물들에게 빛이란 어두운 바다에서 생존하는 데에 꼭 필요한 도구인 셈이다.

이 글은 심해 생물들이 적을 놀라게 하거나 먹이를 유혹하고 같은 종끼리 신호를 보내거나 구애하기 위해 스스로 만든 빛을 이용한다는 내용이다. 이러한 예시를 바탕으로 빛이 심해 생물들에게 얼마나 필요한 도구인지 설명하고 있다.

　① 심해 생물들은 빛으로 서로 신호를 주고받는다. ➡ 일부 내용
　③ 발광 생물들의 아름다운 빛은 사람들에게 감동을 준다. ➡ 내용 없음
　④ 깊은 바다에 사는 생물들은 특이한 생김새를 가지고 있다. ➡ 내용 없음

3. ① 단점을 가지고 있더라도 노력에 따라 성공할 수 있다.

> 평발은 발바닥 안쪽의 아치가 없어서 발바닥 전체가 지면에 닿는 상태를 말한다. 이 경우 발의 피로가 쉽게 누적되고 무릎이나 허리에 통증을 유발하기도 한다. 그렇기 때문에 평발은 운동선수에게 큰 단점이 된다. 하지만 축구선수 '박지성'은 선천적인 평발 때문에 체력이 부족하다는 평가를 받았으나 체계적인 관리와 꾸준한 훈련을 통해 세계적인 성공을 거두었다. 이처럼 평발이더라도 자신의 신체를 잘 이해하고 보완해 나간다면 성공할 수 있는 가능성은 충분하다.

운동선수에게 평발은 단점이 될 수 있지만 훈련으로 보완이 가능하다는 내용이다. 특히 '박지성'처럼 단점을 극복하고 세계적으로 성공을 거둔 사례를 근거로 들고 있다.

　② 운동선수는 결점이 없는 완벽한 신체를 갖추어야 한다. ➡ 잘못된 내용
　③ 육체적 단점을 극복하지 못하면 위대한 선수가 될 수 없다. ➡ 내용 없음
　④ 평발은 신체 건강에 악영향을 미치기 때문에 치료를 받아야 한다. ➡ 내용 없음

4. ④ 환경을 보호하기 위해 지역에서 생산한 상품을 소비해야 한다.

> 지역에서 생산된 상품을 소비하는 것은 환경 보호를 위한 실천으로 볼 수 있다. 예를 들어, 외국에서 수입한 과일 대신 국내에서 재배한 사과나 배를 선택하는 것이다. 운송 거리가 짧아져 차량이나 항공 운송에서 발생하는 온실가스 배출을 줄일 수 있고 포장과 저장 과정이 간단해지기 때문에 에너지 소비를 줄이는 데도 도움이 된다. 이러한 점에서 지역 생산 상품 소비는 온실가스를 줄이는 효과적인 실천 방법이다.

◉ 이 글은 지역에서 생산된 상품을 소비하는 것이 어떻게 환경에 도움이 되는지를 설명하고 환경 보호를 위해 지역 생산 상품의 소비가 필요함을 알리고 있다.

    ① 지역 경제를 발전시키기 위해 지역 상품을 소비해야 한다. ➡ 내용 없음
    ② 수입 농산물의 품질 문제를 해결하는 방법을 찾아야 한다. ➡ 내용 없음
    ③ 온실가스 배출을 줄이는 다양한 생활 습관을 실천해야 한다. ➡ 내용 없음

5. ② 고령자의 면허 반납은 이동 수단 지원이 선행되어야 한다.

> 최근 고령 운전자의 교통사고가 사회 문제로 떠오르고 있다. 특히 70세 이상 고령자가 일으킨 사고 비율은 해마다 증가하고 있으며 이로 인한 사망자 수도 늘고 있다. 이 문제를 해결하기 위해 정부는 고령 운전자가 자발적으로 면허를 반납할 경우 대중교통비 지원, 지역 상품권 제공 등 다양한 혜택을 주고 있다. 한편으로는 이 정책으로 시골이나 교통 수단이 부족한 지역의 노인들이 이동권을 제한 받을 수 있다는 지적도 있다. 그러므로 정부의 면허 반납 정책은 고령 인구의 이동 수단이 충분히 확보되었을 때 긍정적인 효과를 기대할 수 있을 것이다.

◉ 이 글은 고령 운전자로 인해 발생하는 사고 비율과 '자발적 면허 반납' 정책에 대해 이야기하고 있다. 다만 노인들의 '이동권' 문제가 함께 있음을 밝히며 이 문제를 해결할 수 있어야 정책의 긍정적 효과를 기대할 수 있다고 덧붙이고 있다.

    ① 일정 나이 이상이 되면 면허를 반납할 필요가 있다. ➡ 내용 없음
    ③ 정부의 정책은 국민들의 자발적인 참여가 바탕이 되어야 한다. ➡ 일부 내용
    ④ 고령 운전자의 교통 사고는 대부분 대중 교통의 부족으로 발생한다. ➡ 내용 없음

6. ④ 디지털 노마드는 자유와 불편함을 동시에 경험하는 새로운 근무 방식이다.

> '디지털노마드'는 노트북이나 스마트폰 같은 디지털 기기를 활용해 전 세계를 여행하며 일하는 형태를 말한다. 이들은 정해진 사무실이 없어도 인터넷만 연결되면 일할 수 있기 때문에 어디에서든지 업무를 처리할 수 있다. 그렇지만 경우에 따라서는 새로운 장소에 적응해야 하고 안정적인 인터넷 환경을 찾는 것이 쉽지 않을 때도 있다. 또한 일과 생활의 균형을 유지하는 데 어려움을 겪기도 한다. 그럼에도 불구하고 많은 사람들이 자유로운 삶과 다양한 경험을 선호하게 되면서 디지털노마드가 새로운 일의 방식으로 주목받고 있다.

◉ 이 글은 '디지털 노마드'라는 새로운 근무 개념을 장점과 단점을 비교하며 소개하고 있다.

    ① 일과 생활이 구분되지 않으면 시간을 더 효율적으로 사용할 수 있다. ➡ 내용 없음
    ② 디지털 노마드는 사무실이 없어도 일을 할 수 있다는 데에 의의가 있다. ➡ 일부 내용
    ③ 여행하는 동안 돈을 벌기 위해서는 기존과는 다른 방식으로 일해야 한다. ➡ 내용 없음

7. ③ 내진 설계는 사회를 보호하기 위한 대비책으로서 필요하다.

> 지진은 언제, 어디에서 발생할지 예측하기 어렵기 때문에 그 피해가 매우 클 수밖에 없다. 이러한 피해를 줄이기 위해 건물을 지을 때부터 지진에 견딜 수 있도록 설계하는 방식을 '내진 설계'라고 한다. 최근에는 잦은 지진의 발생으로 인해 사회적 경각심이 높아지면서 새로 짓는 모든 건물에는 내진 설계가 의무적으로 포함되도록 하고 있다. 하지만 과거에는 내진 기준이 적용되지 않았기 때문에 이미 지어진 건물들은 보강 공사를 통해 위험에 대비할 필요가 있다. 이처럼 건축물의 안전은 곧 시민의 안전과 직결되므로 내진 설계는 단순한 기술이 아니라 우리 사회를 보호하는 중요한 장치라고 볼 수 있다.

◈ 지진이 나는 것은 예측하기 어렵고 피해가 크기 때문에 안전한 사회를 위해 내진 설계의 필요성을 강조하고 있다.

　① 신축 건물에는 내진 설계가 필수적으로 요구된다. ➡ 일부 내용
　② 지진 피해로 인해 사회가 어려움을 겪게 될 가능성이 높다. ➡ 일부 내용
　④ 지진이 발생했을 때 신속한 구조 활동을 위해 내진 설계를 해야 한다. ➡ 내용 없음

8. ① 인공지능을 사용할 때 환경을 고려한 의사소통 방식이 필요하다.

> 사람들은 인공지능으로부터 필요한 정보를 얻고 난 후 자연스럽게 "감사합니다"라고 한다. 하지만 인공지능은 감정을 가진 존재가 아니기 때문에 꼭 감사의 인사를 하지 않아도 기능적으로 아무런 문제가 없다. 전문가들은 오히려 큰 의미 없는 메시지를 인공지능과 주고받는 것은 환경에 부담을 줄 수도 있다고 말한다. 인공지능이 작동하기 위해서 소비되는 전력의 대부분이 여전히 화석 연료에 의존하고 있기 때문에 결과적으로 탄소 배출 증가로 이어지기 때문이다. 따라서 환경을 생각한다면 인공지능에게 필요한 정보 요청만 간결하게 하는 것이 더 바람직한 접근 방식이라고 할 수 있다.

◈ 인공지능은 감정이 없으므로 인사와 같은 메시지 교환은 오히려 전력을 소비해 환경에 영향을 미친다. 그렇기 때문에 필요한 정보만 간결하게 요청하는 것이 인공지능을 사용하는 바람직한 방식이라고 설명하고 있다.

　② 화석 연료 대신 재생 에너지를 사용하는 것이 환경에 도움이 된다. ➡ 내용 없음
　③ 인공지능은 감정을 느끼지 못하기 때문에 인간과 소통을 할 수 없다. ➡ 내용 없음
　④ 처리하는 정보의 양이 많으면 많을수록 인공지능의 발전이 빨라진다. ➡ 내용 없음

유형12　문장 들어갈 곳 찾기

p.129

1. ③

> ▲따라서 양치를 하기 전에 입 안의 산성 성분을 먼저 ◆중화시키는 과정이 필요하다.

▲입 안에 산성 성분이 생기게 된 이유, 부정적인 작용 등에 대해 앞선 문장에서 나타나야 한다.
◆이후 산성 성분을 없애기 위한 방법에 대해 소개할 것임을 알 수 있다.

> 사람들은 치아 건강을 위해서 양치를 한다. 하지만 탄산음료를 먹고 난 후 바로 칫솔질을 하면 오히려 치아에 해로울 수 있다. 탄산음료의 산성 성분이 일시적으로 치아 표면을 약하게 해 양치를 하는 동안 치아가 쉽게 마모되기 때문이다. (㉢) 음료를 마신 후 30분 정도 기다리거나 무설탕 껌을 씹는 것이 방법이 될 수 있다. 이처럼 건강한 치아를 유지하고 싶다면 상황에 맞는 적절한 관리 방법을 알고 실천하는 것이 중요하다.

2. ②

> ▲이때 부드러운 말투와 안정된 몸짓은 신뢰를 형성하는 데 도움이 된다.

▲말과 신뢰를 쌓을 수 있는 방법에 대해 소개하고 있다. 말과 인간 사이의 신뢰에 대한 정보가 먼저 나타나고 그 방법을 소개하는 것이 자연스럽다.

> 승마를 하기 위해서 말을 훈련하는 것은 인내심과 꾸준한 노력이 필요하다. 말은 감정에 민감해서 작은 행동에도 쉽게 반응하기 때문에 훈련을 시작하기 전에 말의 신뢰를 얻는 것이 중요하다. (㉡) 신뢰가 생긴 후에는 기본적인 명령을 반복해서 가르치고 올바르게 행동했을 때는 칭찬이나 보상을 주는 과정을 거친다. 이런 과정을 반복하면 말은 점점 사람의 지시를 이해하고 잘 따르게 된다.

3. ②

> ‘◆피치클락’은 ▲이러한 상황에서 경기의 속도감을 높이고자 도입되었다.

▲‘이러한 상황’이 무엇인지 보기 문장 앞에 나타나야 한다. ‘이러한 상황’과 ‘속도감이 느껴지는 상황’은 서로 반대되는 상황이다. 따라서 ‘이러한 상황’은 느리거나 지루하다는 의미가 담긴 문장임을 추측할 수 있다.
◆새로운 용어를 제시하고 있기 때문에 피치클락의 의미가 무엇인지 소개가 필요하다.

> 최근 몇 년 간 야구 경기 시간은 평균적으로 3시간을 넘는 경우가 많았다. 이로 인해 야구는 지루한 스포츠라는 인식이 퍼지게 되었다. (㉡) 투수와 타자의 준비 시간에 제한을 두는 것이다. 실제로 피치클락을 도입한 후 평균 경기 시간이 약 30분 단축되었고 긴장감 넘치는 경기 진행으로 관중들의 만족도도 상승했다고 한다. 반면에 위기상황에서 제한 시간 때문에 집중하기 어려워 불만을 가지는 선수도 있어 여전히 보완이 필요한 제도이기도 하다.

4. ③

> 나연은 비록 ▲서툴고 어색하지만 ◆진심을 전하기 위해 노력한다.

▲부모님을 잃기 전과 다르게 행동하려고 하기 때문에 서툴고 어색한 모습을 보인다.
◆부모님을 다시 만날 수 있게 된 후 주인공이 어떻게 행동하는지 이어지는 것이 자연스럽다. 이어지는 ‘이러한 모습’도 진심을 전하기 위해 노력하는 주인공의 모습을 지칭한다.

> 올해의 ‘현대 문학상’ 수상작인 『마지막 인사』가 대중들에게도 큰 호평을 받고 있다. 이 책은 부모님과 사이가 좋지 않았던 사춘기 소녀가 불의의 사고로 부모님을 잃기 전으로 돌아가는 내용이다. 항상 차가운 말만 하던 나연에게 다시 한번 부모님을 만날 수 있는 기회가 주어진 것이다. (㉢) 이런 주인공의 모습을 보면서 독자들은 당연하게 생각했던 가족의 존재가 얼마나 소중한지 다시 한번 깨닫는다.

5. ④

> ▲게다가 박사는 자신의 연구 결과를 ◆독점하지 않았다.

▲'게다가'는 앞에서 말한 사실에 추가적으로 내용을 덧붙일 때 사용한다. 뒤에 오는 문장에 우장춘 박사의 업적이 나타나 있으므로 이 문장의 앞에도 박사의 또 다른 업적이 제시되고 있을 것이라고 추측할 수 있다.
◆'대신'은 어떤 행동을 포기하고 다른 행동을 선택할 때 쓴다. 연구 결과를 독점하는 것을 포기하고 모든 이들과 씨앗을 나누기를 선택했다는 순서로 이어지기 때문에 ㉣이 자연스럽다.

> 　전쟁 직후 한국은 식량 부족으로 어려움을 겪고 있었다. 농사에 필요한 대부분의 씨앗은 일본에서 수입할 수밖에 없었다. 이 모습을 본 우장춘 박사는 한국의 흙과 기후에 맞는 씨앗을 개발하는 데 평생을 바쳤다. 그의 연구 덕분에 한국은 다양한 작물을 자급자족할 수 있게 되었다. (㉣) 대신 굶주리던 나라를 구하기 위해 모든 농민과 씨앗을 나누는 헌신을 보여 주었다.

6. ③

> 시청률은 텔레비전 시청자의 수만 ▲반영하기 때문이다.

▲'-기 때문이다'는 이유를 나타내는 문법이다. 제시된 문장은 시청률의 신뢰성이 낮아지게 된 이유를 말하고 있다.
◆특히 이 글에서는 사람들이 텔레비전 시청자만 반영하는 측정 방식의 문제점을 지적하고 있다.

> 　과거에 방송 프로그램의 인기를 가장 잘 드러내는 것은 '시청률'이었다. 하지만 요즘 사람들은 보고 싶은 영상을 원하는 시간에 볼 수 있기 때문에 텔레비전보다 온라인 콘텐츠를 선호하는 경향이 있다. 이로 인해 텔레비전의 이용자 수는 계속 감소하고 있으며 시청률에 대한 신뢰성도 낮아지고 있다. (㉢) 따라서 사람들의 미디어 이용 방식이 변화한 시대에는 새로운 시청 행태를 반영할 지표가 필요하다.

7. ④

> ▲이처럼 청바지는 하나의 옷이 ◆세월을 거치며 문화의 아이콘이 된 대표적인 예라고 할 수 있다.

▲'이처럼'은 앞에서 소개된 내용들을 정리하거나 요약하는 연결어이다.
◆전체 내용에서 시간의 흐름에 따라 청바지가 가지는 의미의 변화 단계를 찾아볼 수 있다.

> 　청바지는 원래 광산 노동자들을 위해서 만들어진 작업복이었다. 당시 청바지는 내구성이 뛰어날 뿐만 아니라 먼지와 때가 덜 타는 특징 덕분에 노동자들에게 큰 인기를 얻었다. 그러다가 영화 속에서 반항적인 청춘을 상징하는 옷으로 등장하며 젊은이들에게도 사랑을 받기 시작했다. 이후 종류와 디자인이 다양해지면서 청바지는 단순한 작업복을 넘어 다양한 연령과 계층이 입는 일상복이 되었다. (㉣)

8. ①

> 만약 ▲이 돌을 ◆암컷이 받아들이면 두 펭귄은 짝이 되어 함께 둥지를 만들고 알을 낳는다.

▲'이 돌'이 어떤 돌인지 앞에서 설명이 필요하다.
◆암컷에게 무엇인가를 준다는 내용이 문장 앞서서 나타나야 한다.

> 남극에 사는 젠투펭귄의 수컷은 짝짓기 철이 되면 둥지를 만들기 위해 여러 개의 돌을 모으다가 그중에서 가장 예쁜 돌을 찾아서 마음에 드는 암컷에게 선물한다. (㉠) 그래서 그들에게 돌이란 단순히 둥지를 만드는 재료 이상의 의미를 가진다. 마치 인간이 반지를 통해 진심을 전하듯이 펭귄도 가장 좋은 돌을 통해서 자신의 정성을 표현하는 것이다. 이처럼 인간과 펭귄은 서로 다른 환경에 살면서도 사랑을 표현하는 방식에서는 놀라운 공통점을 가진다.

모의고사 1
p.149

1. ①	2. ②	3. ①	4. ①	5. ②	6. ③	7. ①	8. ②	9. ①	10. ④
11. ④	12. ③	13. ②	14. ③	15. ④	16. ②	17. ④	18. ④	19. ①	20. ③
21. ④	22. ①	23. ①	24. ②	25. ③	26. ②	27. ④	28. ③	29. ④	30. ③
31. ②	32. ④	33. ④	34. ③	35. ②	36. ③	37. ②	38. ④	39. ③	40. ②
41. ③	42. ②	43. ①	44. ③	45. ④	46. ④	47. ②	48. ③	49. ④	50. ②

1. ①
⊙ 어제의 날씨와 오늘의 날씨의 달라진 점을 비교하고 있다. '-더니'는 시간이 지나 달라진 점을 비교할 때 사용하는 표현이다.
⊜ -는데, -지만

2. ②
⊙ 한번 창문을 열면 닫기 전까지 창문은 계속 열려 있다. 이처럼 어떤 일이 끝나고 그 상태가 계속될 때 사용하는 표현은 '-아/어 놓다'이다.
⊜ -아/어 두다

3. ①
⊙ 낮잠을 자는 행위가 끝나고 기분이 어떤지 설명하고 있다. '-(으)ㄴ 다음에'는 시간의 순서를 나타낼 때 사용하는 표현이다. 선택지에서는 '-(으)ㄴ 후에'가 비슷한 의미로 사용된다.

4. ①
⊙ 방학이 시작된다는 것은 학기가 끝났다는 뜻이다. 이 문장에서는 방학이 얼마 남지 않았다고 했기 때문에 학기가 거의 끝났다고 생각할 수 있다. 이처럼 앞과 뒤의 상황이 크게 다르지 않을 때 '-(으)ㄴ/는 셈이다'를 사용한다.
⊜ -(으)ㄴ/는 것이나 다름없다

5. ② 냉장고

> 시간이 지나도 '아삭아삭'
> 자연 그대로의 신선함을 오래도록

○ '아삭아삭'이라는 소리는 음식 재료가 신선할 때 들을 수 있는 소리이다. 음식 재료를 신선하게 유지시켜 주는 것은 '냉장고'이다.

6. ③ 체육관

> 좋은 시설, 전문적인 강사와 함께!
> 의지만 있다면 당신도 건강해질 수 있습니다!

○ 건강을 위한 장소 중에서 가르치는 강사가 있는 곳은 '체육관'이다. 좋은 운동 기구나 샤워실과 같은 시설 또한 체육관을 홍보할 때 강조하는 것이다.

7. ① 봉사 활동

> 작은 도움도 큰 사랑이 됩니다.
> 당신의 따뜻한 마음을 보여주세요.

○ 물건이나 돈이 많고 적은 것보다 시민들이 자발적으로 참여하는 마음이 중요하다는 공익 광고이다. 시민들의 작은 행동이 큰 의미가 있다는 뜻으로 '봉사 활동'과 관련된 광고라고 볼 수 있다.

8. ② 예매 방법

> 1) 로그인을 하신 후에 원하시는 공연의 날짜와 좌석을 선택하십시오.
> 2) 카드 결제가 완료되면 모바일로 공연 티켓을 전송해 드립니다.

○ 공연의 날짜와 좌석을 선택하고 결제를 하는 것은 티켓을 사는 순서이다. 1), 2)의 순서를 따르면 티켓을 살 수 있다. 공연이나 교통 수단에 필요한 티켓을 사는 것을 예매한다고 한다.

9. ① 가입 신청서는 이메일로 보내면 된다.

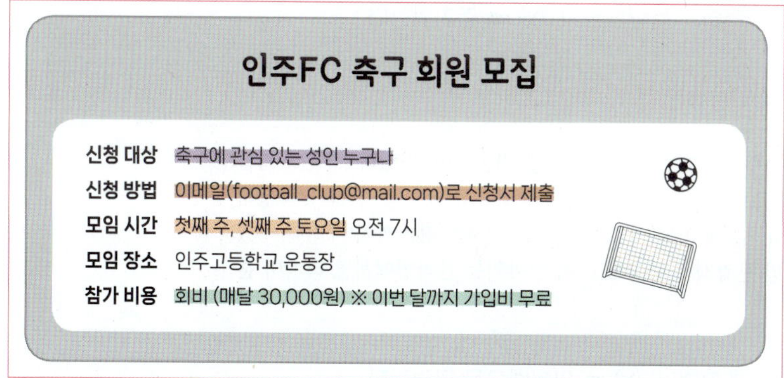

② 가입비 3만 원을 내면 매달 회비는 무료이다. (X) ➡ 회비는 3만 원이며 이번 달만 가입비가 무료이다.
③ 인주고등학교 학생이면 누구나 신청할 수 있다. (X) ➡ 성인이면 신청할 수 있다.
④ 축구 경기는 매주 토요일 오전 7시부터 진행된다. (X) ➡ 매주 모이지 않는다.

10. ④ 부모님이 받고 싶어하는 선물 중 여행 상품권보다 현금 비율이 높다.

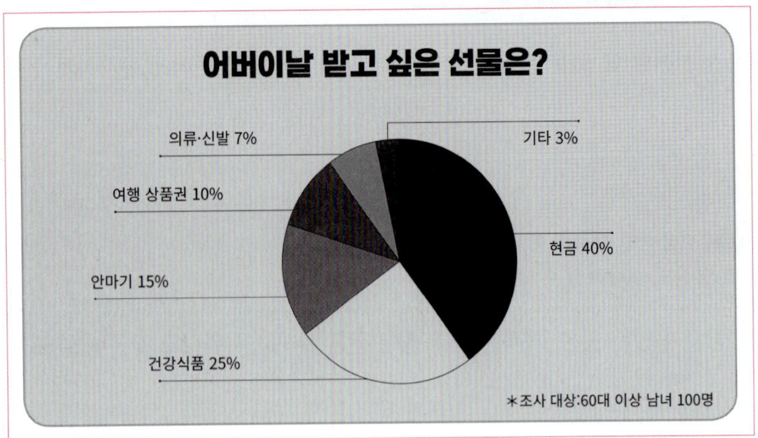

① 부모님이 받고 싶어하는 선물 중 건강식품 비율이 가장 높다. (X) ➡ 두 번째로 높다.
② 부모님이 받고 싶어하는 선물 중 안마기 비율은 두 번째로 높다. (X) ➡ 세 번째로 높다.
③ 부모님이 받고 싶어하는 선물 중 의류나 신발 비율은 10%를 넘는다. (X) ➡ 의류나 신발의 비율은 7%로 10%에 못 미친다.

11. ④ '차 없는 거리'는 어린이들을 위해서 처음 시작하였다.

인주시 달빛공원의 주변 도로는 주말마다 '차 없는 거리'로 바뀐다. 어린이들의 안전한 놀이 공간을 만들기 위해서 시작된 이 정책이 벌써 5째 이어지고 있다. 이 날은 차가 없는 대신 차도에서 자전거를 타거나 산책을 할 수 있을 뿐만 아니라 색다른 공연이 열리기도 한다. 지역 주민들은 이웃과 같이 어울릴 수 있어 즐겁다는 반응이다. 이에 인주시 역시 앞으로도 안전하고 즐거운 문화 공간으로 만들겠다고 약속했다.

① '차 없는 거리'는 올해 마지막으로 진행된다. (X) ➡ 인주시에서는 앞으로도 계속 진행할 것이라고 한다.
② 어린이들이 위험하기 때문에 자전거는 탈 수 없다. (X) ➡ 차가 없기 때문에 도로에서 자전거를 타거나 산책을 할 수 있다.
③ 주민들은 주말에 차를 이용할 수 없어서 불편해한다. (X) ➡ 즐거워한다.

12. ③ 외국인 관광객은 반대 방향으로 가는 버스를 타 버렸다.

최근 한 도시에서 외국인 관광객이 버스를 잘못 타서 어려움을 겪은 일이 있었다. 이 관광객은 눈이 보이지 않아서 버스 방향을 제대로 확인하지 못했고 반대 방향으로 가게 된 것이다. 다행히 버스 기사가 이를 알아채고 자신의 퇴근길에 직접 차로 관광객을 원하는 장소까지 데려다 주었다. 버스 기사의 따뜻한 배려에 외국인 관광객은 감동했고 이 이야기는 온라인에서 알려지며 훈훈한 반응을 얻고 있다.

① 이 이야기는 신문 기사로 알려지게 되었다. (X) ➡ 인터넷으로 알려졌다.
② 버스 기사는 관광객에게 어떤 문제가 있는지 몰랐다. (X) ➡ 버스 기사가 관광객의 어려움을 알아채고 도움을 줬다.
④ 외국인 관광객은 버스를 놓칠까 봐 서두르다가 버스를 잘못 탔다. (X) ➡ 관광객은 눈이 보이지 않아서 버스 방향을 확인하지 못했다.

13. ②

> (나) 요즘 사람들은 밤에 잠들기 어려워하는 수면 장애를 겪고 있다.
> ➡ 요즘 사람들에게 일어나는 현상으로 이야기 시작한다.
> (다) 이런 현상이 나타나는 주된 원인은 휴대전화의 청색광 때문이다.
> ➡ '이런 현상'은 요즘 사람들이 수면 장애를 겪는 현상을 의미한다.
> (가) 청색광은 우리 뇌의 자연스러운 수면 주기를 방해한다.
> ➡ 청색광이 사람들의 수면 주기에 미치는 영향 설명한다.
> (라) 따라서 취침 전 최소 1시간은 휴대전화 사용을 피하는 것이 좋다.
> ➡ 앞서 제시된 수면 문제에 대한 해결 방안을 제시한다.

14. ③

> (기) 미술 대회에서 '추억'이라는 주제를 받고 몹시 당황했다.
> ➡ 미술 주제를 알게 되었을 때 첫 감정이다.
> (라) 하지만 금세 마음을 정하고 나서 생각한 장면을 그리기 시작했다.
> ➡ 첫 감정과 다르게 차분해지고 그림을 그리기 시작했다.
> (다) 어두운 부분과 밝은 부분을 구분하며 색을 하나씩 칠해 나갔다.
> ➡ 그림을 그리는 중이다.
> (나) 그림이 완성되자 기억 속의 그 장면이 종이 위에 되살아났다.
> ➡ 그림이 완성되었다.

15. ④

> (다) 사람에게 이름은 사회적 관계를 형성하는 중요한 요소이다.
> ➡ 이름의 특징을 먼저 제시한다.
> (가) 그런데 자신의 이름 때문에 불편을 겪는 사람들이 있다.
> ➡ 이와 반대로 부정적인 특징도 있음을 언급한다.
> (나) 이름이 발음하기 어렵거나 특이해서 놀림을 받는 것이다.
> ➡ '(가)'에서 언급한 '불편'의 예시이다.
> (라) 이러한 이유로 사람들은 이름을 바꾸는 '개명'을 하게 된다.
> ➡ 앞서 나타난 불편함을 해결하기 위한 방법을 소개한다.

16. ② 선호도가 높아지는

> 사람들은 이미 알고 있거나 경험한 제품에 대해 더 신뢰를 느낀다. 낯선 것보다 익숙한 것을 선택하는 경향은 위험을 줄이고 결정 과정을 단순하게 만든다. 그래서 유명한 브랜드나 광고에서 자주 본 제품일수록 (　　　　) 경우가 많다. 결국 익숙함은 소비자의 선택을 결정하는 중요한 요인 중 하나가 된다.

◈ 사람들은 물건을 구매할 때 익숙한 제품을 더 쉽게 신뢰한다 것을 반복적으로 언급하고 있다. 따라서 빈칸 앞의 '자주 본 제품'은 '익숙한 것'이기 때문에 쉽게 호감을 느끼고 구매를 하게 된다는 의미의 내용이 와야 자연스럽다.

17. ④ 농작물의 양도 줄어들게

>   벌은 꽃에서 꽃가루를 옮겨 식물이 열매를 만들 수 있도록 돕는다. 그러나 기후가 변하고 농약이 많이 사용되면서 벌의 수가 점점 줄어들고 있다. 벌이 줄어들면 식물이 꽃가루를 옮기기 어려워지고 (   ) 된다. 또한 이로 인해 사람들의 식생활에도 문제가 생길 수 있다. 그래서 벌은 작지만 인간에게 꼭 필요한 중요한 존재이다.

⟳ 벌은 식물이 열매를 맺게 돕는다. 그런 벌이 줄어든다면 식물도 열매를 맺을 수 없게 된다. 따라서 열매를 맺지 못해 사람들의 식생활에 문제를 일으킬 수 있는 것을 선택지에서 찾아야 한다.

18. ④ 신분을 확인하고자

>   인건비를 줄이려고 편의점이나 아이스크림 가게를 무인으로 운영하는 곳이 많아졌다. 그러나 계산하지 않고 물건을 가져가는 사람이 있어 문제가 되고 있다. 이런 문제를 막기 위해 가게의 곳곳이 보이도록 여러 대의 카메라를 설치할 뿐만 아니라 손님의 (   ) 신용카드나 휴대전화의 앱을 이용하여 가게에 들어갈 수 있게 하고 있다.

⟳ 무인 가게에서 물건 값을 계산하지 않고 가져가는 사람들이 문제가 되고 있다. 이는 가게에 오는 손님이 누구인지 알 수 없기 때문에 생기는 문제이다. 따라서 문제를 해결하기 위해 카메라를 설치하고 신용카드나 휴대전화의 앱을 통해 손님이 누구인지 알 수 있도록 하고 있다는 내용이 와야 한다.

[19~20]

>   한국의 박물관은 입장료가 매우 저렴하거나 무료인 경우가 많다. 이는 국민들이 문화 생활을 쉽게 즐길 수 있도록 하기 위한 것이다. (   ) 무료 관람으로 인해 관람객이 지나치게 많아 관리가 어렵고 운영비가 부족하여 전시의 질을 높이는 데 한계가 있다는 의견도 존재한다. 그러나 문화는 공공재이므로 박물관 무료 정책을 계속해야 한다고 생각하는 사람이 여전히 더 많다.

19. ① 반면

⟳ 빈칸 앞뒤 문장의 관계가 긍정적인 설명(무료 관람의 장점) ➡ 반대되는 의견(무료 관람의 단점)으로 이어지고 있다. 보기 중 '대조' 또는 '상반'되는 내용을 연결하는 의미의 선택지를 찾아야 한다.

20. ③ 박물관 무료 정책에는 장점과 단점이 모두 존재한다.

⟳ 박물관 무료 정책에 대하여 한 쪽의 의견만 내세우는 것이 아니라 국민들이 문화 생활을 쉽게 즐길 수 있다는 장점과 관리가 어렵고 운영비가 부족하다는 단점을 모두 제시하고 있다.

    ① 부족한 박물관의 운영비는 정부가 책임져야 한다. ➡ 내용 없음
    ② 문화는 공공재이므로 누구나 자유롭게 누려야 한다. ➡ 일부 내용
    ④ 무료 관람 정책은 관광객을 증가시킬 수 있는 좋은 방법이다. ➡ 내용 없음

[21~22]

>   가정에서 사용하고 남은 약을 변기나 싱크대에 버리는 일이 흔하다. 이는 하수도와 토양을 오염시키고 인간의 건강을 위협할 수 있다. 이러한 문제를 해결하기 위해 정부는 약국과 보건소에 폐의약품 수거함을 설치하고 폐의약품의 올바른 처리를 유도하고 있다. 그러나 전문가들은 이런 정책은 적극적인 시민 홍보가 함께 이루어져야 한다고 말한다. 시민들이 처리 방법을 잘 알지 못하면 정부의 계획이 (   ) 수도 있기 때문이다.

21. ④ 물거품이 될

◑ 빈칸의 앞 문장에서 시민들에게 정책 홍보가 이루어져야 한다고 말하고 있다. 시민들에게 홍보가 되지 않으면 정책이 성공하지 못하기 때문이다. 따라서 '아무 성과 없이 끝나다', '실패하다'라는 의미의 관용어인 '물거품이 되다'가 가장 적절하다.

22. ① 정책을 시민들에게 알려야 시행 효과가 있다.

② 사람들은 남은 약을 약국에 잘 반납하고 있다. (X) ➡ 오히려 약을 변기나 싱크대에 버리는 일이 자주 일어나고 있다.

③ 정부의 계획이 시민들의 건강을 위협하고 있다. (X) ➡ 잘못된 방법으로 폐기하면 인간의 건강을 위협하기 때문에 정부는 이를 해결하고자 한다.

④ 폐의약품은 가정에서 버려도 환경에 문제가 없다. (X) ➡ 하수도와 토양을 오염시킨다.

[23~24]

> 어릴 적 내가 본 엄마는 잔소리가 많은 사람이었다. 주말에 쉬려고 하면 "방 좀 치워."라며 야단을 쳤다. 밖에 나갈 때마다 "따뜻하게 입어!"라고 소리치던 엄마의 말이 귀찮게만 들렸다. 나는 그런 엄마가 싫었고, 엄마의 잔소리가 듣기 싫어서 소리를 지른 날도 있었다. 그런데 지금의 나는 아침마다 아이에게 "양말은 제대로 신었니?"라고 묻는다. 아이의 귀가 시간이 조금만 늦어도 걱정부터 앞서는 모습이 낯설지 않다. 학교에 가는 아이를 배웅하며 본 거울 속에 비친 내가 꼭 엄마다. 예전엔 이해 못 했던 그 행동들이 이젠 나에게도 일상이 되어버렸다. 따뜻하게 입으라고 했던 엄마의 말이 사랑이었다는 것을 이제야 알게 되었다. 그때는 엄마가 왜 그렇게 미웠을까… 나는 왜 그렇게 철이 없었을까…

23. ① 미안하다

◑ 어렸을 때는 어머니의 야단이 너무 싫어서 어머니를 미워했지만 시간이 지나고 지금은 그렇게 생각했던 것을 후회하는 내용이다. 즉, 어머니께 나쁜 감정을 가졌던 것을 미안해하고 있다.

24. ③ 나는 아이를 키우면서 엄마의 행동을 이해하게 되었다.

① 나는 아이에게 아무 말도 하지 않는다. (X) ➡ 아침마다 질문을 한다.

② 나는 엄마의 잔소리가 듣기 싫어서 집을 나왔다. (X) ➡ 소리를 질렀다.

④ 나는 거울을 통해서 엄마가 아이를 배웅하는 것을 보았다. (X) ➡ 거울에 비친 사람은 엄마를 닮은 내 모습이었다.

25. ③

> 평년보다 빠르게 핀 벚꽃, 시민들 얼굴에도 미소가 '활짝'

◑ 꽃이 활짝 피는 것과 미소를 환하게 짓는 사람들의 모습을 대칭적으로 배치해 둔 기사 제목이다. 과거에 비해 올해 벚꽃이 빨리 폈고 그 벚꽃을 본 사람들이 크게 미소를 지으며 행복해했다는 의미의 선택지를 골라야 한다.
- 평년: 과거 평균적인 해
- 활짝: 크게, 환하게 열리는 모습

26. ②

> 배우 김민수 '최우수 연기상' 수상, 기나긴 무명 생활 떠올리며 눈물

김민수는 유명해지기 전 긴 시간 동안 인정받지 못하고 힘들게 활동했던 시절이 있었다는 것을 알 수 있다. 그래서 상을 받고 그 시절을 생각하며 감격의 눈물을 흘렸다고 생각할 수 있다.
- 수상: 상을 받음 ↔ 시상: 상을 줌
- 눈물: 기쁨, 감동, 지난 어려움의 기억이 뒤섞인 감정의 표현

27. ④

> 교사 부족 심각, 농어촌 학교 교사 확보 '빨간 불'

교사 수가 부족한 것이 큰 문제가 되고 있다. 특히 농어촌 학교에서 학생을 가르칠 교사를 충분히 구하는 것이 매우 어려운 상황인 것을 기사 제목을 통해 알 수 있다.
- 심각: 교사가 부족한 상황이 큰 문제가 되고 있고 상황이 매우 좋지 않음
- 확보: 필요한 수의 교사를 모집하는 것
- 빨간 불: 어렵고 위기 상황임

28. ③ 관계를 형성하는

> 코끼리가 코를 흔드는 행동은 단순한 움직임이 아니다. 코끼리는 긴장하거나 불안할 때 코를 천천히 흔들며 마음을 진정시킬 뿐만 아니라 다른 코끼리에게 인사하거나 친근감을 나타낼 때도 코를 흔든다. 전문가들은 이러한 몸짓이 코끼리가 자신의 감정을 표현하고, 무리 안에서 (   ) 중요한 역할을 한다고 말한다.

코끼리가 코를 흔드는 행동을 하는 이유를 나열하고 있다. 코를 흔들며 마음을 진정시키는 것은 코끼리 자신의 감정을 표현하는 것이며 다른 코끼리에게 인사하거나 친근감을 나타내는 것과 관련된 내용이 빈칸에 들어가야 문맥에 알맞다. 따라서 다른 코끼리와의 관계에 대한 선택지를 골라야 한다.

29. ④ 그대로 기록하는

> 눈과 카메라는 모두 이미지를 받아들이는 기능을 한다. 눈은 빛을 통해 사물을 보고 카메라도 빛을 받아 사진을 찍는다는 점에서 두 대상은 비슷하지만 중요한 차이도 있다. 눈은 감정을 느끼고 기억과 연결되며 순간을 추억으로 남기지만 카메라는 감정 없이 그 순간을 (   ) 도구이다. 다시 말해 카메라로는 눈에 보이는 모습만 남길 수 있을 뿐이다.

눈과 카메라의 비슷한 점과 다른 점을 비교하는 내용이다. 눈은 감정을 느끼면서 이미지를 받아들인다. 그러나 카메라는 감정 없이 이미지를 기록하기 때문에 빈칸에 그 순간을 그대로 기록한다는 내용이 오는 것이 가장 자연스럽다.

30.③ 조화나 관계를 해치는

문화에 따라 갈등을 보는 시각과 해결하는 방법은 다르다. 집단 문화에서는 사람들 사이의 화합이 중요하기 때문에 갈등이 생기면 그것을 (   ) 것으로 생각해 피하려는 경우가 많다. 반면, 개인 문화에서는 개인의 권리와 표현의 자유가 중요하기 때문에 갈등을 자연스럽고 필요한 일로 보고 갈등이 생기면 자기 생각을 분명히 말하고 문제를 해결하려고 한다.

✚ 집단 문화와 개인 문화에서 각각 갈등을 어떻게 다르게 생각하는지를 비교하는 내용이다. 문제를 해결하고자 하는 개인 문화와는 달리 집단 문화에서는 갈등을 피하려고 하는 이유를 찾아야 한다.

31.② 여러 혼란을 줄이고

'척'은 사람의 신체를 기준 삼는 한국 전통 길이 단위로서 사람의 팔꿈치에서 손끝까지의 길이를 나타낸다. 그러나 사람마다 신체 크기가 달라 일정한 기준을 유지하는 데 문제가 있었다. 이를 해결하기 위해 조선시대 세종대왕은 '동자 척'을 만들어 표준 길이 기준을 설정했다. 이후 전국에서 같은 기준으로 길이를 잴 수 있게 되어 (   ) 정확하게 일을 할 수 있게 되었다.

✚ '척'은 신체 크기에 따라 달라지기 때문에 기준을 일정하게 유지하지 못하는 문제점이 있었다. 그래서 공통된 기준의 '동자 척'을 만들어서 사용하도록 했다. 이 덕분에 같은 길이를 사용하게 되어서 혼란을 줄일 수 있다는 내용이 오는 것이 가장 자연스럽다.

32.④ 해치는 위험을 막아주는 보호의 상징으로 여겨진다.

해치는 상상 속 동물로 사자와 비슷한 몸을 가지고 있으며 이마에 뿔이 하나 달려 있다. 이런 해치는 정의로운 성격에 나쁜 것을 구별하는 능력이 있다고 전해진다. 그래서 옛날부터 궁궐이나 법원 앞에 해치 조각상을 세워 정의와 공정함을 상징했다. 또한 해치는 재난이나 나쁜 기운을 막아 주는 수호 동물로 여겨졌다. 이러한 의미 때문에 지금도 전통 문화나 공공기관의 상징물로 활용되고 있다.

① 해치는 옛 궁궐 안에서 조각상으로 세워졌다. (x) ➡ 궁궐이나 법원 밖에 세워졌다.
② 해치는 사자의 외모에 뿔이 여러 개 달려 있다. (x) ➡ 뿔이 하나 달려 있다.
③ 해치는 실제로 존재했던 동물로 공정함을 상징했다. (x) ➡ 실제로 존재하지 않는다.

33.④ 해녀 문화는 제주도의 귀중한 문화유산으로 평가받고 있다.

제주도의 해녀들은 호미와 집게 같은 기본적인 도구만 가지고 해산물을 얻기 위해 바다에 들어간다. 이들은 깊은 바닷속에서도 1분 이상 숨을 참으며 해산물을 캐는 작업을 한다. 그 작업은 힘들고 위험하지만 해녀들은 서로 협력하면서 바다 환경을 보전하고 지속 가능한 방식으로 일한다. 이러한 해녀 문화는 제주도의 중요한 유산으로 인정받아 2016년 유네스코 인류무형문화유산에 등록되었다.

① 해녀들은 해안에 가까운 얕은 물에서 작업한다. (x) ➡ 깊은 바닷속에 들어가 작업한다.
② 해녀들은 복잡한 기계를 사용해 해산물을 캐낸다. (x) ➡ 호미와 같은 기본적인 도구만 사용한다.
③ 해녀들은 경쟁적으로 해산물을 캐내는 것으로 유명하다. (x) ➡ 서로 협력하여 작업한다.

34. ③ 디지털 교육은 노인들이 가족과 가까워지도록 돕는다.

> 오늘날 많은 노인들이 디지털 기기를 사용하는 것이 어려워서 외로움을 겪는다고 한다. 이를 해결하기 위해 인주시에서는 노인들을 대상으로 '스마트폰 교실'을 운영하고 있다. 스마트폰 사용 교육을 받은 어르신들은 문자 보내기와 영상통화 같은 기능을 익혀 가족과 자주 연락할 수 있게 되었다. 이처럼 디지털 교육은 노인들이 사람들과 다시 가까워지고 더 나은 삶을 살도록 돕고 있다.

① 스마트폰 교실은 남녀노소 누구나 참여할 수 있다. (X) ➡ 노인들을 대상으로 한다.
② 노인들이 스마트폰을 사용하면서 외로움이 증가했다. (X) ➡ 오히려 스마트폰을 사용하지 못해서 외로움을 느낀다.
④ 노인들이 스스로 쉽게 디지털 기기 사용을 익히고 있다. (X) ➡ 스마트폰 사용 교육을 통해 사용법을 익힌다.

35. ② 개인의 작은 실천이 환경 보호에 긍정적인 영향을 미친다.

> '제로 웨이스트'는 말 그대로 쓰레기를 '0'으로 줄이자는 운동이다. 이를 실천하는 사람들은 마트 대신 시장에서 장바구니와 유리병을 들고 다니며 장을 본다. 또, 물티슈나 휴지대신 손수건을 사용하며 종이컵과 같은 일회용품은 아예 사용하지 않으려고 한다. 이처럼 제로 웨이스트는 특별한 행동이 아니라 작은 실천의 반복을 통해 환경에 긍정적인 영향을 주는 생활 방식이다. 쓰레기 없는 삶은 완벽하게 이루어지기는 어렵지만 조금씩 줄여 나가려는 노력 자체가 중요한 의미를 가진다.

◉ 이 글은 단순히 제로 웨이스트 운동의 개념과 실천 방법을 나열하는 데 그치지 않는다. 오히려 글의 마지막 부분을 통해 쓰레기를 완벽하게 없애기는 힘들고 환경을 보호하고자 하는 꾸준한 노력이 더 중요하다는 것을 강조하고 있다.

① 환경을 지키기 위해 쓰레기를 만들지 않도록 해야 한다. ➡ 일부 내용
③ 정부의 정책 없이 개인의 노력만으로는 환경을 지킬 수 없다. ➡ 잘못된 내용
④ 일회용품의 사용을 완전히 없애는 것이 환경 보호의 핵심이다. ➡ 잘못된 내용

36. ③ 정책을 재검토하여 중개 기업의 독점 문제를 막아야 한다.

> 과거 정부가 경제 활성화를 위해 공급자와 소비자를 연결해주는 중개 기업에 대한 규제를 완화한 덕분에 중개 기업들은 빠르게 성장할 수 있었다. 그러나 결국 몇몇 큰 기업이 시장을 독점하게 된 결과를 낳았다. 기업들은 초기에는 값싸고 편리한 서비스로 소비자에게 이익을 주었지만 최근 가격을 올리거나 소비자의 선택권을 줄여 피해를 주고 있다. 따라서 공정한 경제 성장을 위해 정책을 재검토할 필요가 있다.

◉ 정부의 규제 완화로 중개 기업이 성장하게 되었지만 일부 기업이 시장을 독점하게 되면서 부정적인 결과를 낳았다. 이를 막기 위한 정부의 규제가 다시 필요하다고 말하고 있다.

① 중개 기업의 성장은 경제 성장에 큰 도움이 된다. ➡ 내용 없음
② 중개 기업의 경쟁으로 소비자가 많은 혜택을 받고 있다. ➡ 잘못된 내용
④ 소비자의 이익을 위해 기업에 대한 규제를 완화해야 한다. ➡ 잘못된 내용

37. ② 비언어적 표현은 소통에 중요한 역할을 한다.

> 사람들은 말을 하지 않아도 표정이나 몸짓으로 서로의 마음을 알 수 있는 경우가 있다. 이를 '비언어적 표현'이라고 한다. 예를 들어, 밝은 미소나 고개를 끄덕이는 행동은 긍정적인 의미지만 팔짱을 끼는 행동은 상대방과 거리를 두려는 태도로 해석된다. 따라서 다른 사람과 대화할 때는 말뿐만 아니라 비언어적 표현도 함께 살핀다면 더 원활하게 소통할 수 있을 것이다.

이 글은 사람들이 비언어적 표현을 통해 마음을 전달할 수 있다는 점을 구체적인 사례와 함께 설명한다. 이러한 사례를 바탕으로 비언어적 표현이 소통을 원활하게 한다는 결론이 나타나고 있다.

① 부정적인 비언어적 표현을 자제해야 한다. ➡ 내용 없음
③ 소통할 때는 말보다 표정이나 몸짓이 더 중요하다. ➡ 내용 없음
④ 대화할 때 말을 하지 않으면 오해를 일으키기 쉽다. ➡ 내용 없음

38. ④ 곤충은 미래 식량 문제를 해결할 수 있는 대안이 될 수 있다.

> 전 세계의 인구가 늘어나면서 전문가들은 2050년에는 현재보다 70% 더 많은 식량이 필요하다고 예측한다. 이런 상황에서 곤충이 미래 식량의 해답이 될 수 있다. 곤충은 단백질이 풍부하고 친환경적이기 때문이다. 예를 들어 귀뚜라미는 소보다 기르는 데 물이 2천 배나 적게 들고 번식 속도가 빨라 좁은 공간에서도 많이 기를 수 있다. 그래서 이미 여러 나라에서는 곤충 식품 개발이 활발히 진행되고 있다.

이 글은 인구 증가로 인한 식량 문제를 먼저 제시하고 이 문제를 해결할 수 있는 방법으로 곤충을 이야기하고 있다. 특히 미래 식량으로서 곤충의 장점을 근거로 제시하며 자신의 주장을 강조하고 있다.

① 인구 증가로 인한 식량 부족 문제가 심각해지고 있다. ➡ 일부 내용
② 집에서 동물을 기르는 데는 많은 자원과 공간이 필요하다. ➡ 내용 없음
③ 여러 나라에서 곤충을 활용한 식품 개발이 이루어지고 있다. ➡ 일부 내용

39. ③

> ▲그러나 아무리 조건이 좋더라도 대출은 결국 ◆갚아야 할 빚이다.

▲'그러나'는 앞뒤 문장이 반대될 때 사용하는 연결어이다. 대출은 결국 빚이라는 부정적인 문장이므로 앞 문장은 학자금 대출이 학생들에게 도움이 된다는 긍정적인 내용이 와야 한다.
◆빚이란 결국 갚아야 하는 것이므로 필요한 만큼만 신청해야 한다는 문장 앞에 오는 것이 자연스럽다.

> '학자금 대출'은 등록금이나 생활비 마련이 어려운 학생들을 국가가 낮은 대출 이자율로 도와주는 제도이다. 쉽게 말해, 대학을 다니는 동안 국가로부터 필요한 돈을 먼저 빌리고 졸업 후에 소득이 생기면 천천히 갚는 방법이라고 할 수 있다. 이 제도는 경제적으로 어려운 가정의 학생들에게 교육의 기회를 보장한다. (㉢) 따라서 무리하게 대출을 받기 보다 필요한 만큼만 신청하는 것이 바람직하다.

40. ②

> ▲바람이나 연기, 양파 같은 자극이 눈의 신경을 건드리면 ◆눈물샘이 바로 반응한다.

▲주어진 문장은 이런 반사 눈물이 반응하는 여러 자극의 예를 들면서 눈물샘의 반응을 설명하고 있다.
◆'이때'는 눈물샘이 반응할 때를 뜻한다.

> 눈물은 슬플 때만 흘린다고 생각하기 쉽지만 눈물의 원인에 따라 기초 눈물, 반사 눈물, 감정 눈물로 나뉜다. 그중에서 반사 눈물은 눈에 자극이 가해질 때 자동으로 나오는 눈물이다. (㉡) 이때 눈물샘에서는 평소보다 훨씬 많은 양의 액체가 빠르게 분비된다. 이렇게 나온 눈물은 해로운 물질을 씻어내어 눈의 손상을 막는다. 즉, 반사 눈물은 눈 건강을 위한 몸의 즉각적인 방어 장치라 할 수 있다.

41. ③

> 작가는 ▲이러한 산행 경험들이 정신적 치유의 과정이었다고 말한다.

▲'이러한 산행 경험들'의 구체적인 내용이 앞서 제시되어야 한다. 산 정상에서의 일출, 계곡물 소리 등 자연에서 경험한 순간들이 해당 문장의 앞에 오는 것이 자연스럽다.

> 등반 전문 작가 이산하 씨가 신간 『산속의 발견』을 출간했다. 이 책은 국내 유명 산들을 직접 다니며 얻은 깨달음과 감동을 기록한 수필집이다. 특히 산 정상에서 맞이한 일출의 감동, 계곡물 소리에서 느끼는 고요함 등 자연 속에서 발견하는 소중한 순간들이 인상 깊게 다가온다. (㉢) 『산속의 발견』은 바쁜 일상에 지친 독자들에게도 자연에서 얻을 수 있는 여유와 성찰의 기회를 제공하게 될 것이다.

[42~43]

> 순영은 언제든지 잊어버리지 못하는 사람이 있었다. 그것은 다른 사람이 아니라 원산에서 물에 빠졌을 때 자기를 건져준 사람이었다. 그때 그 사람이 아니었다면 영원히 수중고혼이 되었을 것을, 그 사람 때문에 살아난 것을 잊을 수가 없었다. (중략)
> 대철은 그때 보던 기억을 찾아내려고 하는 듯하였다.
> "저같이 생겼어요?"
> 순영은 눈자위가 붉어지고 얼굴빛이 변하더니 눈물이 주르르 흐른다. 뜻밖에 그 광경을 보는 대철은 놀랄 만큼 이상하였으나, 냉큼 웬일이냐고 묻지도 못하고 한참 그대로 보았다. 순영은 이마를 방바닥에 대고 두 손으로 양쪽 볼을 가리고 흐느낀다.
> "왜 그러세요?"
> 하고 물어보았다. 순영은 들었는지 말았는지 흐느끼는 소리가 더욱 커질 뿐이다.
> "도대체 왜 그러세요?"
> "제가 원산서 선생님이 살려주신 장순영이에요."
> 순영은 비로소 머리를 들고 눈물도 씻지 아니한 채 울음 섞어서 말한다. 대철은 뭐라고 말을 해야 좋을지 몰라서 순영의 얼굴만 쳐다본다.

42. ② 당혹스럽다

◎ '뜻밖에 광경을 보다'는 생각하거나 예상하지 못한 일이 일어났을 때 사용한다. 대철은 순영의 우는 모습을 예상하지 못했고 순영이 울 때 무슨 말을 해야 할지 몰랐다. 따라서 대철의 심정이 당혹스럽다는 것을 알 수 있다.

43. ① 순영은 대철이 자신을 구했다고 밝혔다.

　　② 대철은 순영을 보자마자 누구인지 알았다. (X) ➡ 바로 알아채지 못해서 기억해 내려고 했다.

　　③ 순영은 처음에 우는 얼굴을 보여주지 않았다. (X) ➡ 대철이 보고 난 후 순영은 얼굴을 가렸다.

　　④ 대철은 순영이 울자마자 우는 이유를 물었다. (X) ➡ 뭐라고 말해야 할지 몰랐다.

[44~45]

　　'호작도'는 한국 전통 민화에서 호랑이와 까치를 함께 그린 그림을 일컫는다. 옛날부터 까치는 반가운 손님이나 기쁜 소식을 알리는 길조로 여겨졌으며 호랑이는 귀신을 쫓고 액운을 막는 수호의 상징으로 인식되어 왔다. 그래서 호작도는 이 두 동물의 상징을 결합하여 한 해의 풍요와 외부로부터의 보호를 기원하는 그림으로 제작되었다. 하지만 흥미로운 점은 호작도에 등장하는 호랑이가 다소 어리숙하고 순박한 표정을 하고 있다는 것이다. 이는 호랑이로 대변되는 당시의 권력자를 해학적으로 표현하면서도 (　　　　) 전통적인 호랑이의 이미지를 모두 표현하고 있는 것이다. 즉, 호작도는 까치가 전하는 기쁜 소식과 호랑이가 지닌 강인한 힘 그리고 그 속에 담긴 민중의 유머와 지혜가 어우러진 상징적인 그림이라고 할 수 있다.

44. ② 나쁜 기운을 막아주는

　◎ 옛날부터 까치는 기쁜 소식을 알려주고 호랑이는 액운을 막는 수호의 상징이라고 말하고 있다. 따라서 빈칸에 들어갈 호랑이의 전통적인 특징은 귀신이나 액운 같은 나쁜 기운으로부터 민중을 수호하는 것이다.

45. ④ 호작도는 동물이 가지고 있는 상징적 의미를 통해 민중의 소망과 유머를 담아냈다.

　◎ 호작도는 호랑이와 까치가 그려진 그림으로 풍요와 보호를 기원하는 민중의 소망을 담고 있다. 뿐만 아니라 호랑이의 우스운 모습도 담고 있어 민중의 소망과 유머를 동시에 담아내고 있다고 말할 수 있다.

　　① 민화에는 까치와 호랑이처럼 상반되는 이미지의 동물이 등장해야 했다. ➡ 내용 없음

　　② 과거에는 권력자를 풍자하는 그림으로 정치적 의미를 표현할 수 있었다. ➡ 내용 없음

　　③ 호작도는 무섭다고 여겨지던 호랑이에 대한 인식을 바꿨다는 데 의의가 있다. ➡ 내용 없음

[46~47]

　　최저임금제는 국가가 법적으로 정한 임금의 최저 기준을 통해 근로자의 기본적인 삶을 보장하려는 제도이다. 이 제도는 저소득층의 생활 안정을 도모할 뿐만 아니라 소득의 안정화가 소비를 촉진시켜 경제 전반에 긍정적인 파급 효과를 줄 수 있다. 그러나 최저임금이 급격히 인상될 경우 인건비 부담이 커진 자영업자나 중소기업은 인력을 감축하거나 영업시간을 단축하는 등의 방식으로 대응하게 되며 고용 불안정이라는 또 다른 문제를 초래할 수 있다. 더불어 기업이 인건비로 인해 증가한 비용을 제품 가격에 전가하게 되면 전반적인 물가 상승을 유발하여 최저임금 인상의 실질적 효과가 감소할 우려도 있다. 즉, 최저임금제는 사회적 약자의 권익 보호와 경제 활성화라는 측면에서 중요한 역할을 담당하지만 경제 상황과 산업 구조, 다양한 이해관계자의 의견을 종합적으로 고려하여 신중하게 조정될 필요가 있다.

46. ④ 최저임금제의 필요를 인정하면서 문제점도 지적하고 있다.

　◎ 필자는 최저임금제가 사회적 약자를 보호하고 경제 발전에 도움이 된다고 말하면서 제도의 필요성을 인정한다. 동시에 경제 상황에 맞게 조정해 여러 사람의 의견을 잘 반영해야 한다고 말하면서 문제를 해결할 방안의 필요성도 강조하고 있다.

47. ② 최저임금의 상승은 근로자의 소비를 늘려 경제를 활성화한다.

① 최저임금이 인상되어도 자영업자들은 경영에 부담이 없다. (X) ➡ 인건비 부담으로 경영에 어려움을 겪을 수 있다.

③ 최저임금제는 사회적 약자의 기본 생활을 보호해 주지 못한다. (X) ➡ 기본적인 삶을 보장해 주기 위해 만들어진 제도이다.

④ 최저임금이 상승할수록 자영업자나 중소기업의 고용이 늘어난다. (X) ➡ 인건비 부담으로 고용을 줄이게 된다.

[48~50]

'확증편향'은 사람들이 자신의 신념이나 관점에 부합하는 정보만을 받아들이고 그와 상반되는 정보는 무시하거나 중요하지 않게 여기는 심리적 현상을 말한다. 그런데 이러한 현상은 개인 차원의 문제를 넘어 사회 전체의 이익에도 부정적인 영향을 미칠 수 있다. 예를 들어, 사람들이 정치적 성향이나 이념적 배경에 따라 특정 정보만을 수용하게 되면 기후변화나 전염병 예방과 같은 과학적이고 객관적인 접근이 필요한 주제에 대해서도 (   ) 때문에 공동체와 협력하지 않는다. 더 나아가, 유사한 생각을 지닌 집단과만 소통하고 반대 의견은 배제하게 되면서 사회적 갈등이 심화되고 이념적 양극화 역시 가속화된다. 이와 같은 상황은 특정 언론이나 소셜미디어에 대한 맹신으로 이어질 수 있으며 그 결과 허위 정보나 가짜 뉴스의 확산 가능성도 커지게 된다. 이러한 문제를 줄이기 위해서는 다양한 출처의 정보를 비판적으로 분석하고 '내 생각이 틀릴 수도 있다'는 마음으로 반대 입장을 이해하려는 노력이 필요하다. 무엇보다도 정보의 신뢰성과 근거를 판단할 수 있는 비판적 사고력을 지속적으로 길러 나가는 것이 공동체의 건강한 소통과 발전을 위한 핵심적인 과제이다.

48. ③ 확증편향의 문제와 해결 방법을 알리려고

◉ 이 글에서 확증편향이 개인의 문제를 넘어 합리적이지 않은 정책의 추진과 사회 양극화와 같은 사회적 문제로 발전할 수 있다고 지적한다. 그리고 이러한 문제를 해결하기 위해 다양한 의견을 받아들이고 비판적인 사고를 하는 노력의 필요성을 강조하고 있다.

49. ④ 자신의 믿음만을 따르기

◉ 확증편향을 가진 사람은 누구나 인정할 수 있는 공통된 기준이 있는 객관적인 주제에도 공동체와 다른 의견을 가진다. 왜냐하면 자신의 신념이나 관점에 부합하는 정보만을 받아들이기 때문이다. 따라서 확증편향의 특성을 나타내는 선택지를 고르는 것이 적절하다.

50. ② 확증편향은 사회 갈등과 양극화를 심화시킬 수 있다.

① 확증편향은 가짜 뉴스의 확산을 막는 데 효과적이다. (X) ➡ 오히려 가짜 뉴스를 확산시킬 수 있다.

③ 확증편향을 극복하려면 하나의 정보만 수용해야 한다. (X) ➡ 다양한 출처의 정보를 분석해야 한다.

④ 확증편향은 새로운 정보를 객관적으로 해석하게 도와준다. (X) ➡ 주관적으로 판단하여 원하는 정보만 받아들이게 된다.

모의고사 2

1. ④	2. ③	3. ①	4. ③	5. ①	6. ④	7. ②	8. ③	9. ①	10. ④
11. ①	12. ③	13. ③	14. ④	15. ②	16. ③	17. ②	18. ④	19. ①	20. ④
21. ②	22. ③	23. ④	24. ③	25. ①	26. ②	27. ④	28. ①	29. ②	30. ②
31. ①	32. ④	33. ③	34. ④	35. ④	36. ③	37. ②	38. ③	39. ①	40. ③
41. ③	42. ②	43. ②	44. ④	45. ④	46. ④	47. ①	48. ②	49. ③	50. ④

1. ④

교통사고가 난 이유는 급하게 운전해서이다. 따라서 빈칸에 이유를 나타내는 말이 와야 자연스럽다. '-다가'는 의도하지 않게 생긴 부정적인 결과의 이유를 나타내는 표현이다.

-아서/어서, -는 바람에, -는 탓에

2. ③

나를 봤지만 못 본 것처럼 행동했다는 표현을 찾아야 한다. 이렇게 사실과 다르게 행동할 때 사용하는 문법은 '-(으)ㄴ/는 척하다'이다.

-(으)ㄴ/는 듯하다

3. ①

'-듯이'는 앞과 뒤의 내용이 거의 동일하다는 것을 나타낸다. '-다시피'도 듣는 사람이 이미 알고 있는 것과 같음을 나타낼 때 사용하는 표현이다.

4. ③

'-(으)ㄹ 뿐이다'는 그 이상은 아니고 딱 그 정도이다는 제한의 의미가 있다. '-에 불과하다'도 제한을 나타내는 의미로 사용된다.

-에 지나지 않다

5. ① 침대

> 잠드는 순간 새로운 시간이 시작됩니다.
> 가장 편안한 잠을 경험해 보세요.

반복적으로 나타나는 '잠'과 관련된 물건을 찾는다. 특히 잠을 자는 동안 편안함과 관련된 것은 '침대'이다.

6. ④ 세탁소

> 시간은 흘러도 옷은 언제나 새것처럼
> 당신의 옷이 다시 살아나는 곳!

시간이 흐르면 옷은 낡고 더러워지기 마련이다. 하지만 옷을 다시 새것처럼 깨끗하게 만드는 곳은 '세탁소'이다.

7. ② 화재 예방

> 당신이 버린 작은 담뱃불
> 큰 숲이 사라집니다.

○ 담뱃불은 화재의 원인 중 하나이다. 담뱃불과 같은 작은 불씨가 숲 전체를 위협하는 대형 산불이 될 수 있으므로 미리 조심해야 함을 이야기하고 있다.

8. ③ 이용 후기

> 분위기도 좋고 직원분들이 친절해서 아주 만족했습니다.
> 다음에도 또 방문하고 싶습니다!

○ 분위기나 직원들의 친절함은 가게를 방문한 손님들이 평가하는 요소이다. 손님이 만족했으며 또 방문하고 싶다고 한 것을 보아 가게를 방문한 '후기'로 보는 것이 적절하다.

9. ① 참가 종목에 따라 참가비가 다르다.

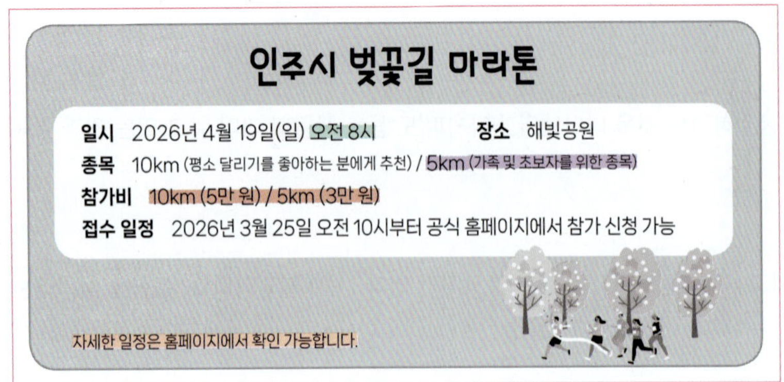

② 마라톤 행사는 오전 10시에 시작된다. (X) ➡ 오전 8시에 시작한다.
③ 초보자는 10km를 달리는 것을 추천한다. (X) ➡ 초보자를 위한 종목은 5km이다.
④ 자세한 일정은 이메일로 받아 볼 수 있다. (X) ➡ 홈페이지에서 확인해야 한다.

10. ④ 배달 음식 중에서 치킨을 가장 많이 시켜 먹는다.

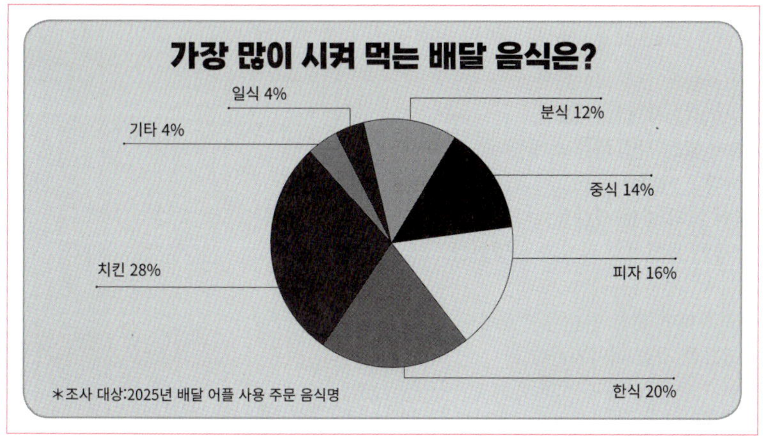

① 분식을 주문하는 비율은 14%가 넘는다. (X) ➡ 12%로 14%를 넘지 않는다.
② 피자보다 중식을 시켜 먹는 사람들이 많다. (X) ➡ 피자를 더 많이 시켜 먹는다.
③ 한식은 세 번째로 많이 시켜 먹는 메뉴이다. (X) ➡ 두 번째로 많이 시켜 먹는다.

11. ① 구호를 활용하여 금연 캠페인을 하고 있다.

청소년들이 직접 참여한 금연 캠페인이 큰 호응을 얻고 있다. 학생들의 눈높이에 맞게 '담배는 노답, 나는 노담'이라는 구호를 만들어 흡연의 해로움을 알렸다. 이 캠페인 확산 이후 청소년 흡연율이 줄고 있다는 조사 결과도 나왔다. 전문가들은 일방적인 금연 강요가 아닌 청소년들의 자발적인 참여 문화가 효과의 배경이라고 분석했다.

② 이 캠페인은 전문가들의 참여로 만들어졌다. (X) ➡ 청소년들이 참여했다.
③ 캠페인에도 청소년들의 흡연은 계속 늘어나고 있다. (X) ➡ 흡연율이 줄고 있다.
④ 강한 규제가 청소년들의 흡연 예방에 도움이 되었다. (X) ➡ 자발적으로 금연 캠페인에 참여한 것이 도움이 되었다.

12. ③ 선수들은 서로 응원하며 끝까지 열심히 달렸다.

대한민국 계주 대표팀이 국제육상대회에서 첫 금메달을 차지하며 국민들에게 감동을 주었다. 선수들은 어려움 속에서도 서로를 응원하며 끝까지 최선을 다했다. 마지막 주자는 결승선을 앞두고 다리가 아팠지만 끝까지 달리며 팀의 승리를 완성했다. 감독은 이번 금메달은 대표팀의 철저한 준비와 노력 끝에 얻은 의미가 있는 결과라고 말했다.

① 대한민국 계주 대표팀은 연속으로 우승했다. (X) ➡ 처음으로 우승했다.
② 첫 주자는 다리가 아팠지만 포기하지 않았다. (X) ➡ 다리가 아팠던 사람은 마지막 주자이다.
④ 충분히 준비를 못 해서 우승은 더 의미가 있었다. (X) ➡ 철저한 준비를 바탕으로 우승을 했다.

13.③

(나) 운전면허를 따고도 운전 경험이 거의 없는 사람들이 있다.
➡ 운전면허는 가지고 있지만 운전 경험이 없는 사람들을 소개한다.
(가) 이런 사람들의 운전면허를 장롱면허라고 한다.
➡ '이런 사람들'은 앞서 말한 운전 경험이 거의 없는 사람들이다.
(라) 장롱 안에 면허증을 넣어 두고 오랫동안 운전하지 않았다는 말이다.
➡ 장롱 면허의 뜻을 설명한다.
(다) 그래서 장롱면허 운전자가 다시 운전하려면 운전 연습이 필요하다.
➡ 이 사람들이 다시 운전하기 위해서 필요한 것을 이야기한다.

14.④

(라) 비행기를 타면 귀가 막힌 듯이 소리가 잘 들리지 않을 때가 있다.
➡ 비행기를 탔을 때 귀에 생기는 문제를 이야기한다.
(나) 갑작스러운 기압의 변화로 귀 안팎의 압력이 달라지기 때문이다.
➡ 귀가 잘 들리지 않는 문제의 원인을 설명한다.
(다) 특히 아이들의 귀는 압력에 약해서 이런 증상을 더 자주 겪는다.
➡ 앞서 말한 문제가 아이들에게 특별히 더 잘 나타난다.
(가) 이때 아이들에게 침을 삼키게 하면 불편함이 줄어들 수 있다.
➡ 이런 증상을 겪을 때 아이들이 할 수 있는 방법을 제시한다.

15.②

(가) 목욕을 시작하자 고양이는 겁이 나서 눈을 크게 떴다.
➡ 목욕을 시작할 때 겁을 먹은 고양이의 모습을 묘사한다.
(라) 그러다가 물이 몸에 닿자 온몸의 힘이 빠져 그대로 가만히 있었다.
➡ 물이 닿았을 때 고양이의 모습이다.
(나) 목욕이 끝나고 털을 말릴 때쯤에는 차분한 표정이 되었다.
➡ 목욕이 끝난 다음에는 차분해진 모습을 이야기한다.
(다) 마음이 가라앉자 스스로 몸을 핥아 털을 정리하기 시작했다.
➡ 목욕이 끝나서 차분해진 고양이가 스스로 자신의 털을 정리하는 모습이다.

16.③ 바닥 전체에 전달되어

　온돌은 방바닥 아래에 불을 피워 집을 따뜻하게 하는 전통 난방 방법이다. 따뜻한 공기는 바닥 속 통로를 지나며 방바닥을 골고루 데운다. 불과 가까운 아랫목은 가장 빨리 따뜻해지고, 먼 윗목은 천천히 따뜻해진다. 이처럼 열이 (　　　　) 따뜻한 공기가 방 안에 고르게 퍼져 실내 온도가 올라간다.

◇ 온돌은 방바닥 아래에 불을 피워 바닥 속 통로를 지나며 방바닥을 골고루 데운다. 따라서 빈칸에 열이 이동한다는 의미의 '바닥 전체에 전달되어'가 가장 자연스럽다.

17.② 발이 동시에 닿으면

> 새들이 전기가 흐르는 전선에 앉아도 다치지 않는 이유는 새가 한 줄의 전선 위에만 있기 때문이다. 전기는 전압의 차이가 있을 때만 흐르는데 한 줄의 전선에서는 전압 차이가 거의 없어 새의 몸에 전기가 흐르지 않는다. 하지만 새가 전압이 다른 두 줄의 전선에 (   ) 전기가 새의 몸을 통과하여 위험해진다.

✚ 새가 전선에 앉아도 다치지 않는 이유를 설명하고 있다. 전기는 전압 차가 있을 때만 흐른다. 따라서 새가 전압이 다른 두 줄에 동시에 닿아서 새의 몸이 두 전선 사이의 통로가 되면 전기가 몸을 통과하게 된다는 내용이 자연스럽다

18.④ 상황에 맞게 조정해

> 신호등의 색이 바뀌는 시간은 항상 같을까? 사실 교통 신호의 시간은 일정하지 않고 시간대나 교통 상황에 따라 달라진다. 예를 들어 출근 시간에는 도심으로 향하는 차량이 많기 때문에 도심 방향의 신호 시간이 더 길다. 반면 퇴근 시간에는 반대 방향의 신호 시간을 늘린다. 이처럼 신호 시간을 (   ) 교통의 흐름을 원활하게 하고 있다.

✚ 출근 시간에는 도심 방향으로 향하는 차가 많고 퇴근 시간에는 그 반대이다. 이때 차량 흐름이 많은 쪽의 신호 시간이 더 길다. 이처럼 도로의 신호 시간은 차량의 이동 흐름 따라 '상황에 맞게' 조정된다.

[19~20]

> '국내산'과 '국산'은 비슷하게 보이지만 사용되는 대상과 의미에 차이가 있다. '국내산'은 주로 식품의 원산지를 나타낼 때 사용된다. 반면 '국산'은 자동차, 전자제품처럼 공장에서 만들어진 제품의 생산지를 나타내는 말이다. 이처럼 두 단어는 비슷하지만 정확한 구분이 필요하다. (   ) 식품의 경우에는 원산지 표시와 관련된 법적 기준이 있기 때문에 '국내산'이라는 용어를 사용해야 한다.

19.① 특히

✚ '국내산'과 '국산'의 차이를 설명하면서 식품에 한정된 특별한 경우를 강조하고 있다. 일반적인 구분 규칙 속에서 식품은 더욱 주의해야 하는 특별한 경우임을 나타내고 있으므로 '특히'를 사용하는 것이 가장 자연스럽다.

20.④ 비슷한 단어일지라도 상황에 맞게 구분해서 사용해야 한다.

✚ 글 전체가 두 단어의 유사성으로 인해 혼동하기 쉽다는 점을 지적하며 각각 어떤 경우에 써야 하는지 설명하고 있다.

① 혼란을 주는 표기는 통일된 명칭을 만들어야 한다. ➡ 내용 없음
② 원산지를 표시와 관련된 법적 기준 마련이 필요하다. ➡ 잘못된 내용
③ 국산 제품을 이용하는 것이 국가 경제에 도움이 된다. ➡ 내용 없음

정답 및 해설 한국어

[21~22]

> 서울의 한 마을에서 주민들과 중학교 학생들이 마을을 위해서 한 일이 화제이다. 이 마을은 예전부터 쓰레기가 많기도 하고 골목이 어둡기도 해서 사람들이 걱정하는 곳이었다. 그런데 이번 주말에 주민들과 학생들이 (   ) 마을을 바꿨다. 함께 힘을 모아 쓰레기도 치우고 벽에 그림도 그렸더니 마을은 깨끗해졌고 분위기도 환해졌다. 바뀐 마을의 모습을 본 마을 사람들의 표정도 더 밝아졌다.

21. ② 손을 맞잡고

주민과 학생들이 함께 힘을 합쳐 마을을 바꾸었다는 상황을 나타낼 수 있는 관용 표현을 찾아야 한다. '힘을 합쳐 협력하다'라는 의미의 '손을 맞잡다'가 가장 적절하다.

22. ③ 주민들은 새롭게 바뀐 마을의 모습이 마음에 들었다.

① 벽에 그린 그림 때문에 마을이 지저분해졌다. (X) ➡ 마을이 깨끗해졌다.

② 활동 후에도 마을의 쓰레기는 그대로 남아 있었다. (X) ➡ 주민들과 학생들이 쓰레기를 치웠다.

④ 이 마을은 예전부터 조용하고 안전한 곳으로 유명했다. (X) ➡ 사람들이 걱정하는 곳이었다.

[23~24]

> 나는 한 번도 혼자 여행을 가 본 적이 없었다. 그런 내가 큰 용기를 내서 제주행 비행기를 탔다. 낯선 곳에 홀로 남겨진다는 생각에 두려웠지만 막상 도착하니 모든 것이 새롭게 다가왔다. 이번 여행의 목표였던 한라산을 오르기 시작하자 복잡했던 머릿속이 오히려 차분해지는 것을 느꼈다. 한 걸음 한 걸음 산을 오르는 동안 나를 힘들게 했던 회사의 일과 고민들을 차분하게 떠올릴 수 있었다. 오랜만에 내 자신에게 집중할 수 있는 시간이었다. 그리고 드디어 한라산 정상에 올랐을 때 나는 눈물이 날 뻔했다. "다 괜찮아. 별것 아니야." 눈앞에 펼쳐진 푸른 바다와 넓은 하늘이 그렇게 말해주는 듯했다. 한라산을 내려올 때 나의 발걸음은 올라갈 때보다 훨씬 가벼워져 있었다.

23. ④ 감격스럽다

'눈물이 날 뻔했다'는 표현은 단순히 기쁜 정도를 넘어서 마음 깊은 곳에서 올라오는 벅찬 감정을 느낄 때 사용하는 표현이다. 한라산 정상에 올랐다는 성취감과 눈앞에 펼쳐진 풍경을 보며 위로 받는 듯한 벅찬 감격을 느끼고 있다.

24. ③ 나는 산을 오르며 회사 일과 개인적인 고민을 떠올렸다.

① 나는 고민이 사라지지 않아 눈물을 흘렸다. (X) ➡ 발걸음이 가벼워진 것을 보아 고민이 해결되었음을 알 수 있다.

② 나는 혼자 여행하는 것을 좋아해서 자주 하는 편이다. (X) ➡ 혼자 여행한 것은 이번이 처음이다.

④ 나는 한라산을 오르려고 했지만 날씨 때문에 계획을 바꿨다. (X) ➡ 한라산을 올라 정상까지 갔다.

25. ①

> 여름만 되면 찾아오는 불청객 '러브버그'로 온 도시가 몸살

◑ 매년 여름이 되면 '러브버그'라는 곤충으로 인해 도시에 살고 있는 사람들이 생활에 불편을 겪고 있다는 사실을 알 수 있다.
- 불청객: 원하지 않았는데 나타난 성가신 존재
- 몸살: 도시 전체가 큰 불편과 고통을 겪고 있음

26. ②

> 여름의 끝자락, 다채로운 축제 한마당 '얼쑤'

◑ 여름이 끝나가는 시기에 다양한 축제가 열리고 있다는 내용이다. 특히 '얼쑤'라는 추임새를 통해서 축제가 즐겁고 흥겨운 분위기로 진행됨을 알 수 있다.
- 끝자락: 어떤 시간이나 시기의 마지막 부분
- 얼쑤: 전통 민속 놀이에서 들을 수 있는 추임새, 신나고 흥겨운 분위기 강조

27. ④

> AI 병 진단 정확도 99% … 인공지능 의사 시대 예고

◑ AI가 환자를 진단한 결과가 높은 정확도를 보여 의료 현장에서 인공지능이 본격적으로 사용될 가능성이 크다는 것을 알 수 있다.
- 정확도 99%: 매우 정확함, 거의 오류가 없음
- 예고: 앞으로 일어날 일을 미리 알림

28. ① 성능을 높이려고

> 자동차의 타이어 색은 대부분 검은색이지만 타이어의 재료인 고무는 원래 흰색이어서 처음에는 흰색 타이어가 사용되었다. 그러나 (   ) 검은색 탄소 물질을 고무에 섞게 되었다. 이 물질을 넣으면 타이어가 더 튼튼해지고 열에도 잘 견딜 수 있기 때문이다. 그뿐만 아니라 자외선 때문에 타이어가 상하거나 약해지는 것을 막아 주기 때문에 타이어를 더 오래 사용할 수 있다.

◑ 흰색 타이어보다 검은색 타이어가 기능적으로 더 나은 부분을 나열하고 있다. 더 튼튼하고 열에 잘 견딜 수 있고 쉽게 약해지지 않는 다는 것을 보아 검은색 탄소 물질은 타이어의 성능을 향상시키기 위해 섞게 되었다고 하는 것이 가장 적절하다.

29. ② 배가 가득차기 전에

> 과식은 단순히 살이 찌는 문제뿐만 아니라 혈당의 변화로 인해 건강을 해칠 수 있다. 반대로 80% 정도에서 식사를 멈추는 습관은 위에 여유를 주어 소화를 잘 되게 하고 불쾌한 배부름이나 졸음을 줄인다. 또한 배부름을 알리는 신호가 뇌에 도착하기까지 시간이 걸리므로 천천히 먹으면서 (   ) 식사를 멈추는 것이 효과적이다. 이런 생활 습관은 체중 관리는 물론 성인병 예방에도 도움이 된다.

◑ 올바른 식사 습관에 대해서 이야기하는 글이다. 배가 부르게 먹거나 과식하는 것은 건강에 좋지 않다. 대신 80% 정도 위가 채워졌다고 느낄 때 식사를 멈추는 것이 좋다고 한다. 80%는 완전히 배가 부르기 전이다. 이와 비슷한 내용을 선택지에서 찾으면 된다.

30. ② 새로운 형태의

> 인주시에서는 작년부터 '스마트 쉼터'라는 버스 정류장을 운영하고 있다. 이 공간은 버스를 기다리는 시민들이 더위와 추위를 피할 수 있도록 설계되었다. 또 쉼터 안의 화면을 통해 버스 도착 시간을 확인할 수 있으며 휴대폰 충전도 가능하다. 시민들은 이러한 (   ) 버스 정류장에 만족하고 있으며 인주시는 스마트 쉼터를 더 많은 곳에 설치할 예정이다.

기존의 버스 정류장은 단순히 버스를 기다리기만 하는 곳이다. 하지만 인주시에 새롭게 생긴 '스마트 쉼터'라는 버스 정류장은 기존의 버스정류장과는 다른 기능을 가지고 있다. 그리고 시민들이 이러한 기능에 만족해하고 있다는 내용이다. 기존과 다른 형태라는 정류장이라는 의미의 선택지를 찾아야 한다.

31. ① 기존 기억과 섞여

> 우리 뇌는 완벽한 기록 장치가 아니어서 실제로 겪지 않은 일도 사실처럼 기억할 수 있다. 시간이 지나면서 진짜 기억은 약해지고 새로운 정보가 들어오면 (   ) 버리기 때문이다. 그래서 친구의 이야기를 내 경험으로 착각하거나 상상한 일을 현실과 혼동하기도 한다. 하지만 이러한 가짜 기억은 부정적인 기억을 긍정적으로 바꿔 마음의 짐을 덜어 주곤 한다.

우리 뇌는 시간이 지나면서 기억이 약해진다. 그래서 친구의 이야기를 나의 경험으로 착각하거나 상상을 현실과 혼동하게 된다. 이는 기존 기억과 새 정보가 서로 섞인 결과인 것을 알 수 있다.

32. ④ 제주도는 언어 보존을 위해 다양한 문화 사업을 진행하고 있다.

> 제주어는 다른 지역 사람들에게는 낯설게 느껴지지만 오랜 시간 동안 섬이라는 지리적 특성 속에서 독자적으로 발달해 온 것으로 학문적 가치가 높다. 그러나 최근에는 대부분 노년층에서만 사용되고 있어 언어 소멸의 위기를 맞고 있다. 따라서 제주도는 학교 교육, 문화 콘텐츠 제작 등을 통해 제주어 보존에 힘쓰고 있다. 이는 단순한 언어 보호를 넘어 제주 고유의 정체성과 문화유산을 지키기 위한 중요한 노력이다.

① 제주어는 젊은 세대에서 많이 사용되고 있다. (X) ➡ 노년층에서만 사용하고 있다.
② 제주어는 학문적 가치가 낮다는 이유로 사용이 줄고 있다. (X) ➡ 학문적 가치가 높다.
③ 제주어는 오랜 시간 동안 외부와의 교류를 통해 발전해 왔다. (X) ➡ 섬 안에서 독자적으로 발달해 왔다.

33. ③ 추운 환경에서는 체온을 지키기 위해 혈액이 몸의 중심으로 모인다.

> 추운 환경에서 오래 있으면 몸은 체온을 지키기 위해 혈관을 좁히고 혈액을 안쪽으로 모으려고 한다. 그런데 그 상태에서 바로 뜨거운 물에 들어가면 혈관이 갑자기 넓어지면서 혈압이 떨어지게 된다. 이때 차가운 혈액이 몸의 중심으로 이동하여 심장의 온도를 낮추면서 부담을 줄 수 있다. 그러므로 추위에 있다가 목욕이나 사우나를 할 때는 반드시 미지근한 물부터 시작하여 점차 체온을 올리는 것이 안전한 방법이다.

① 추운 환경에서 혈압은 자연스럽게 떨어지게 된다. (X) ➡ 추운 환경에 있다가 바로 뜨거운 물에 들어가면 혈압이 감소한다.
② 미지근한 물로 목욕을 하면 심장에 더 큰 부담이 된다. (X) ➡ 뜨거운 물에 들어가면 심장에 부담이 되므로 오히려 미지근한 물로 씻어야 한다.
④ 추위에 있다가 뜨거운 물에 들어가면 따뜻한 혈액이 빠르게 움직인다. (X) ➡ 차가운 혈액이 이동한다.

34. ④ 단청은 건물을 외부 위험으로부터 보호하기도 한다.

> 단청은 한국의 전통 목조 건축물에 파란색, 빨간색, 노란색, 흰색, 검정색으로 무늬를 그려 넣어 아름답게 장식한 것을 말한다. 보통 연꽃이나 구름, 용처럼 행복을 기원하거나 나쁜 기운을 막는 상징을 그린다. 뿐만 아니라 단청을 칠하면 나무에 막이 생기는 효과가 있어서 비와 햇빛에 쉽게 망가지지 않고 건물이 더 오래 유지될 수 있다. 이처럼 단청은 그냥 예쁘기만 한 장식이 아니라 건물을 오랫동안 지켜주고 좋은 의미까지 담은 우리 조상들의 지혜를 담고 있다.

① 단청에 그려지는 무늬는 단순한 장식이다. (X) ➡ 단청에 그려지는 무늬들은 여러 의미를 가지고 있다.
② 단청을 그릴 때는 어떤 색이든 사용할 수 있다. (X) ➡ 다섯 가지 색이 사용된다.
③ 단청은 현대 건축물을 장식하는 데에 사용된다. (X) ➡ 전통 건축물에서 볼 수 있다.

35. ④ 수컷 매미의 울음은 번식과 살아남기 위한 수단이다.

> 수컷 매미는 배에 진동판이라는 얇은 판을 가지고 있다. 진동판은 배에 있는 근육이 움직이면서 떨리게 된다. 수컷 매미는 이 진동판을 빠르게 떨며 울음소리를 낸다. 그 소리는 암컷을 유혹하거나 경쟁 상대에게 자신을 알리기 위한 신호로 사용된다. 이처럼 매미의 울음은 단순한 소리가 아니라 생존과 번식을 위한 필수적인 의사소통 방법인 셈이다.

◆ 수컷 매미의 진동판에 관한 글이다. 수컷 매미는 진동판을 이용해 소리를 만들고 그 소리로 암컷을 유혹하거나 경쟁 상대에게 자신을 알려 번식과 생존을 한다. 따라서 매미의 진동판 소리는 생존과 번식의 수단인 것을 알 수 있다.

① 매미의 울음소리는 생태계에 큰 영향을 미친다. ➡ 내용 없음
② 수컷 매미는 진동을 통해 다양한 소리를 만든다. ➡ 잘못된 내용
③ 매미의 진동판 구조와 기능은 복잡하고 다양하다. ➡ 잘못된 내용

36. ③ 목표를 이루기 위한 과정의 가치를 인식하는 것이 중요하다.

> '상승정지 증후군'은 목표를 이루면 행복해질 것이라는 착각 때문에 성취 후에 오히려 허무함과 공허함을 느끼는 현상이다. 하나의 목표에만 집중했던 동력이 사라지면서 앞으로 나아갈 방향을 잃거나 더 큰 성공을 찾지 못해 불안과 압박을 겪게 되는 것이다. 이를 피하기 위해서는 목표를 달성하는 과정에서 의미를 찾아야 하며 큰 하나의 목표보다 여러 작은 목표를 세우는 것이 도움이 된다.

◆ 상승정지 증후군을 극복하는 방법을 설명하고 있다. 이 방법으로 상승정지 증후군을 극복하기 위해 결과보다는 과정을 중요하게 생각하고 작은 목표들을 많이 세우는 것이 도움이 된다고 소개하고 있다.

① 공허함을 극복하기 위해 한 가지 목표에만 집중해야 한다. ➡ 잘못된 내용
② 더 큰 성공을 위해 불안과 압박을 느끼는 것은 자연스럽다. ➡ 내용 없음
④ 작은 목표보다 큰 목표를 이룰 때 더 큰 행복을 느낄 수 있다. ➡ 잘못된 내용

정답 및 해설 | 한국어

37. ② 온라인 콘텐츠를 비판적으로 받아들이는 자세가 요구된다.

> 　1분 내외의 짧은 영상인 '숏폼'은 정보를 빠르게 얻고자 하는 현대인의 성향과 잘 맞아 큰 인기를 얻고 있다. 그러나 숏폼 콘텐츠를 반복적으로 소비하다 보면 뇌는 즉각적이고 강한 자극에만 반응하게 되고 상대적으로 현실의 느린 정보에는 둔감해지게 된다. 또한 깊이 있는 사고를 요구하는 독서나 긴 글을 읽는 데 필요한 집중력도 점차 감소한다. 이처럼 숏폼은 정보를 빠르게 전달한다는 순기능이 있지만 이를 비판적인 시각 없이 그저 수용하기만 한다면 스스로 사고하는 힘을 점차 잃어버릴 수도 있다.

　이 글은 먼저 숏폼의 장점을 설명한 후 이어서 문제점을 구체적으로 지적하고 있다. 특히 숏폼 시청으로 인해 사고하는 능력이 감소될 수 있다고 말한다. 즉, 숏폼과 같은 온라인 콘텐츠는 빠른 정보 전달의 장점이 있지만 비판적으로 수용하지 않으면 사고력과 집중력을 잃을 수 있다는 점을 강조한 글이다.

　　① 숏폼 콘텐츠를 통해 정보를 효율적으로 소비해야 한다. ➡ 내용 없음
　　③ 숏폼의 유행에 따라 독서보다 영상 소비가 확대될 필요가 있다. ➡ 내용 없음
　　④ 자극적이고 즉각적인 정보는 뇌의 발달에 긍정적인 영향을 미친다. ➡ 잘못된 내용

38. ③ 많은 사람이 온라인의 발달로 쉽게 정치에 참여할 수 있게 되었다.

> 　정치 참여는 민주주의의 핵심이다. 과거에는 투표를 하거나 집회에 참석함으로써 정치적 의사를 표현했으나 최근 SNS의 발달로 인해 온라인에서 정치 참여가 활발해졌다. SNS는 정보를 빠르게 전달하고 집단적 공감 형성을 가능하게 한다. 이는 한 사람의 작은 목소리도 사회적 문제로 확대될 수 있는 가능성을 제공한다. 물론 잘못된 정보나 군중심리의 위험도 존재한다. 그럼에도 불구하고 SNS는 정치 참여의 장벽을 낮추고 더 많은 사람들이 사회 문제에 관심을 갖게 하는 중요한 도구가 되고 있다.

　이 글에서는 잘못된 정보와 같은 위험성을 인정하면서도 결론적으로 SNS가 정치 참여의 장벽을 낮추고 사회적 관심을 높이는 긍정적 역할을 하고 있음을 강조하고 있다.

　　① 집회나 투표는 더 이상 중요한 정치 참여 방식이 아니다. ➡ 내용 없음
　　② 온라인에서 주목을 받는 문제는 무조건 수용해서는 안 된다. ➡ 내용 없음
　　④ SNS는 사회 문제를 유발하기 때문에 정치적으로 활용되어서는 안 된다. ➡ 잘못된 내용

39. ①

> 　▲뿐만 아니라 ◆이 활동을 하는 동안 이야기 속의 다양한 역할을 상상해 보기도 한다.

　▲ '뿐만 아니라'는 상상놀이가 무엇인지를 추가로 설명하기 위해 사용되었다. 따라서 상상놀이가 상상 속 이야기를 만들어내는 활동이라는 설명 뒤에 이어지는 것이 자연스럽다.
　◆ 이 활동은 앞에서 말한 상상 속 이야기를 만들어내는 활동과 자연스럽게 연결된다.

> 　'상상놀이'는 아이들이 스스로 실제 소품이나 현실 공간을 활용하여 상상 속의 이야기를 만들어내는 활동이다. (㉠) 이렇게 일상 속 환경을 새롭게 바라보는 경험은 아이들에게 몰입의 즐거움을 주고 자발적인 참여를 끌어낸다. 그 과정에서 사고력과 문제 해결 능력이 자라며 감정 표현과 사회성도 함께 발달한다. 따라서 상상놀이는 아이들 성장에 꼭 필요한 활동이라 할 수 있다.

40. ③

> ▲이 만남을 시작으로 남자는 잊고 지냈던 삶의 온기를 되찾게 된다.

▲ '이 만남'이 무엇인지 먼저 나타나야 한다. 이 만남이 말하는 것은 남자와 소년이 우연히 마주친 것이다.
◆ 마음의 상처가 회복되는 과정은 소년과의 만남 이후 소년과의 관계 속에서 일어난다.

> 소설가 박나림이 펴낸 신작 소설 『소란한 이웃 소년』이 독자들의 공감을 불러일으키고 있다. 이 책은 일자리를 잃은 뒤 세상과 단절된 삶을 살던 중년 남성과 새로 이사 온 옆집 소년의 이야기를 담고 있다. 어느 날부터 옆집에서 시끄러운 소리가 들리고 남자는 우연히 그 소리의 주인공인 소년과 마주친다. (ⓒ) 이처럼 세대를 뛰어넘은 우정을 통해 마음의 상처가 회복되는 과정이 독자들의 마음을 울린다. 상처받은 마음에 위로가 필요한 모든 이에게 이 책을 권한다.

41. ③

> ▲반면 암흑 물질은 빛을 흡수하거나 반사하지 않아 ◆눈에 보이지 않는다.

▲ 앞뒤가 서로 대조됨을 의미하는 연결어 '반면'이 있으므로 문장 앞에는 물체가 빛을 흡수하거나 반사하여 눈에 보인다는 내용이 와야 한다.
◆ 눈에 보이지 않는 암흑 물질의 존재를 알 수 있는 방법 앞에 위치하는 것이 자연스럽다.

> 물질이 우리 눈에 보이는 이유는 빛과 상호작용을 하기 때문이다. 대부분의 물체는 스스로 빛을 내지 않아 외부 빛을 반사함으로써 보이게 된다. 이때 물체는 특정 색의 빛을 흡수하고 나머지를 반사해 색을 구분하게 한다. (ⓒ) 그렇기 때문에 과학자들은 암흑 물질의 근처에서 중력이 발생하는 현상을 통해 그 존재를 추정할 수밖에 없다.

[42~43]

> 두 사람은 버스에서 내려 결혼식장에서 나오는 신랑신부처럼 행인이 없는 데서는 팔을 끼고 걸었다. 집안 사람의 눈을 피해 나온 도망자 신세였건만 봉희의 얼굴에는 조금도 겁을 내거나 불안해하는 빛이 보이지 않았다. 다만 오랫동안 감금을 당하다가 나와서 혈색이 전처럼 좋지 못하고 다리를 옮기는 것이 허전허전해 보일 뿐.
> "다리 아프지 않으세요?"
> 세철은 타박타박한 산골 꼬부랑길로 봉희의 손을 끌고 올라 간다.
> "왜요? 업어 주실 건가요?"
> 봉희는 이마에 땀이 송송난 것을 소매로 닦으며 정말 업어 달라는 듯이 버틴다.
> 세철은 오른쪽 팔로 봉희의 허리를 덥석 껴안아 번쩍 들듯 하고는 걸음을 옮긴다.
> "그만 놓으세요. 저기 누가 와요."
> 봉희는 제 허리에 굳세게 감긴 남자의 팔을 푼다. 온몸이 간지러운 것은 둘째 치고 가슴이 두근거려서 숨이 가빠 와서 걸을 수가 없었다.

42. ② 부끄럽다

◉ 세철이 허리를 껴안자 봉희는 온몸이 간지럽고 가슴이 두근거려 숨이 가빠왔다고 한다. 즉, 봉희는 세철의 다정한 행동에 설레고 마음이 흔들렸지만 다른 사람의 시선을 의식해서 부끄러워하고 있다.

43. ② 세철은 봉희가 걷기 불편해하자 그녀를 안고 걸어 갔다.

① 봉희의 가족들은 세철과 만나는 것을 지지했다. (X) ➡ 세철을 만나기 위해 집안 사람들을 피해서 도망쳤다.

③ 봉희는 사람들이 없는 곳에서도 세철과 거리를 두려고 했다. (X) ➡ 팔짱을 끼고 걸었다.

④ 세철은 봉희에게 감정을 표현하지 않고 조용히 걷기만 했다. (X) ➡ 봉희의 손을 잡거나 허리를 끌어안았다.

[44~45]

> '왕의 길'은 옛 페르시아에서 나라를 효과적으로 통치하기 위해 만든 중요한 도로였다. 이 길은 수도와 서쪽의 큰 도시를 연결하며 왕의 명령을 빠르게 전달할 수 있는 소통의 통로 역할을 했다. 또한 군대와 물건들을 빠르게 이동시켜 반란을 막고 국경을 보호할 수 있었을 뿐만 아니라 상인들이 안전하게 이동하면서 무역할 수 있는 길이 되었다. 또한 일정한 거리마다 말을 바꿔 탈 수 있는 역이 있었으며 병사들이 지키고 있었기 때문에 길을 이용하는 사람들이 안심할 수 있었다. 이렇게 (   ) 때문에 전령은 수천 킬로미터의 거리를 며칠 만에 달릴 수 있었고 도로는 제국의 정치와 군사, 경제를 강하게 하는 토대가 되었다. 이러한 '왕의 길'은 나중에 다른 나라 도로 건설에도 영향을 주어 세계 문명 교류에 큰 도움을 준 역사적 유산으로 평가된다.

44. ④ 길이 체계적으로 관리되었기

❂ 왕의 길에는 일정한 거리마다 말을 바꿔 탈 수 있는 역이 있었고 군대가 지켜 주었다는 설명이 있다. 즉, 전령이 빠르게 이동할 수 있었던 이유는 도로가 잘 관리되고 체계적인 시스템이 갖추어져 있었기 때문이다.

45. ④ 왕의 길은 페르시아 제국의 발전에 중요한 역할을 했다.

❂ 왕의 길은 단순한 이동 통로가 아니라 페르시아 제국을 효과적으로 통치하고 정치·군사·경제를 강화하는 데 중요한 역할을 한 도로였다. 또한 이 길은 제국의 안정과 발전을 가능하게 했으며 이후 다른 나라의 도로 건설과 세계 문명 교류에도 큰 영향을 준 역사적 유산으로 평가된다.

① 페르시아의 군대 덕분에 도시들이 안전해졌다. ➡ 일부 내용

② 왕의 길은 경제 문제를 해결하는 데 한계가 있었다. ➡ 잘못된 내용

③ 페르시아는 왕의 길로 세계 무역의 중심지가 되었다. ➡ 내용 없음

[46~47]

> 최근 민간 기업들이 본격적으로 우주 개발을 시작하면서 로켓 발사 횟수가 급격히 증가하고 있다. 이는 인류의 과학 기술 발전에 기여할 수 있다는 점에서 긍정적으로 평가되나 동시에 '빛 공해'라는 새로운 문제도 나타나게 되었다. 빛 공해는 지구 주변에 가득 떠 있는 수많은 인공위성 때문에 발생한다. 위성들은 햇빛을 마치 거울처럼 반사하는데 그 결과 해가 뜨기 전이나 해가 진 직후 지상에서 관측할 때 밝은 별이 빠르게 이동하는 것처럼 보이곤 한다. 이는 천문학자들이 별이나 은하를 포착하려 할수록 반사광으로 인해 밝아진 위성이 관측 사진에 길고 흰 궤적을 남겨 연구를 심각하게 방해한다. 이로 인해 천체를 관찰하기가 점점 더 어려워질 뿐 아니라 지구에 위협이 될 수 있는 소행성이나 혜성을 미리 발견하기조차 힘들어지고 있다. 이처럼 민간 기업들의 우주 개발은 인류에게 많은 이점을 가져다주기도 하지만 밤하늘이라는 인류 공동의 자산을 잃을 수 있다는 우려도 공존한다. 따라서 기술 발전과 함께 천문학 연구와 밤하늘을 보호하기 위한 지혜로운 해결책 마련이 시급한 상황이다.

46. ④ 우주 개발의 필요성을 인정하면서도 그 부작용을 경계하고 있다.

　글의 도입에서 민간 기업의 우주 개발이 과학 기술 발전에 기여한다는 긍정적 평가를 찾아볼 수 있다. 그러나 이후 빛 공해 문제, 천문학 연구 방해, 지구 안전 위협 등 부정적 결과를 길게 설명하고 있다. 즉, 우주 개발의 긍정적인 면을 인정하기는 하지만 이로 인한 부작용을 경계하며 해결책 마련을 촉구하고 있다.

47. ① 인공위성이 햇빛을 반사하면 별처럼 보이기도 한다.

　② 위성의 빛은 은하를 정밀하게 관찰하는 데 도움이 된다. (X) ➡ 빛의 궤적이 연구를 방해한다.

　③ 밤하늘은 특정 국가의 자산이므로 국제적 협력은 필요하지 않다. (X) ➡ 밤하늘은 인류 공동의 자산이므로 국제적으로 협력하여 해결책을 마련해야 한다.

　④ 위성 덕분에 지구에 위협이 되는 혜성을 쉽게 찾을 수 있게 되었다. (X) ➡ 빛의 궤적 때문에 발견이 어려워졌다.

[48~50]

　　최근 세계 각국은 다국적 IT 기업에 대한 디지털세 도입을 활발히 논의하고 있다. 이 회사들은 물리적 사업장이 없어도 인터넷을 통해 전 세계에서 수익을 창출하고 있는데 정작 매출이 발생한 국가에는 세금을 거의 내지 않는 상황이 반복되면서 비판이 제기된 것이다. 특히 세율이 낮은 국가에 법인을 등록하여 과세를 회피해 온 사례들이 늘어나면서 중소기업이나 오프라인 유통업체들이 상대적으로 불리한 경쟁 환경에 놓이게 된 것도 디지털세가 논의되는 하나의 이유이다. 이러한 배경 속에서 등장한 디지털세는 (　　　　) 국가에 세금을 부과하도록 하는 새로운 과세 방식이다. 예를 들어, 글로벌 플랫폼 기업이 한국의 소비자를 대상으로 서비스를 제공하고 수익을 얻는 경우 해당 수익에 대해 한국 정부가 직접 세금을 부과할 수 있도록 하자는 것이다. 물론 이에 대한 반론도 존재한다. 일부 기업들은 디지털세가 중복 과세를 유발할 뿐만 아니라 국가 간 법적 해석의 차이로 인해 기업과 정부 간의 분쟁이 증가할 수 있다고 주장한다. 그럼에도 불구하고 국제적으로 디지털세의 도입은 공정하고 지속 가능한 경제 질서를 만들기 위한 필수적인 과제로 인식되고 있다.

48. ② 디지털세의 도입에 대한 필요성을 알리려고

　디지털세의 등장 배경과 의의, 그리고 찬성과 반대 의견을 모두 제시하면서 디지털세의 도입과 중요성에 대해 이야기하고 있다.

49. ③ 매출이 실제로 발생한

　기존의 세법은 물리적 사업장이 위치한 국가에서 세금을 부과하기 때문에 물리적 사업장이 없이 수익을 창출하는 IT 기업들은 세금을 내지 않는 경우가 많다. 하지만 이러한 방식은 불합리하기 때문에 물리적 사업장이 기준이 아닌 실제적인 매출을 기준으로 세금을 부과하고자 하는 디지털세가 등장하게 되었다. 이 배경을 고려하여 빈칸에 들어갈 말을 고른다.

50. ④ 낮은 세율의 국가에 법인을 등록해 세금을 피하는 경우가 있다.

　① 디지털세는 모든 국가에서 세금을 부과하자는 것이다. (X) ➡ 수익이 발생한 국가에서 세금을 부과하도록 하는 것이다.

　② 기업은 공정한 경쟁을 위해 디지털세의 도입을 찬성한다. (X) ➡ 일부 기업들은 부정적인 반응을 보인다.

　③ 디지털세는 물리적 사업장이 없는 회사에는 적용되지 않는다. (X) ➡ 물리적 사업장이 없어도 온라인에서 수익을 창출하는 모든 기업이 디지털세 부과 대상이다.

고득점을 위한 필수 어휘 200

1. 사회/정책/제도/논리 관련 어휘

번호	어휘	영어	일본어	중국어	베트남어
1	관점	perspective	観点	观点	quan điểm
2	본질	essence	本質	本质	bản chất
3	원인	cause	原因	原因	nguyên nhân
4	결과	result	結果	结果	kết quả
5	영향	influence	影響	影响	ảnh hưởng
6	효과	effect	効果	效果	hiệu quả
7	대안	alternative	代案	替代方案	phương án thay thế
8	절차	procedure	手順	程序	trình tự
9	원칙	principle	原則	原则	nguyên tắc
10	제시하다	to present	提示する	提出, 出示	đưa ra
11	반영하다	to reflect	反映する	反映	phản ánh
12	실시하다	to implement	実施する	实施	thực hiện
13	유도하다	to lead	誘導する	引导	dẫn dắt
14	배려하다	to consider	配慮する	关照, 体谅	quan tâm
15	우려하다	to worry	懸念する	担忧	lo ngại
16	풍부하다	to be abundant	豊富だ	丰富	phong phú
17	원활하다	to go smoothly	円滑だ	顺畅	suôn sẻ
18	핵심	core	核心	核心	cốt lõi
19	동기	motivation	動機	动机	động cơ

20	소비자	consumer	消費者	消费者	người tiêu dùng
21	생산자	producer	生産者	生产者	nhà sản xuất
22	제도	system	制度	制度	chế độ
23	정책	policy	政策	政策	chính sách
24	규정	regulation	規定	规定	quy định
25	규범	norm	規範	规范	chuẩn mực
26	장점	advantage	長所	优点	ưu điểm
27	단점	disadvantage	短所	缺点	nhược điểm
28	가능성	possibility	可能性	可能性	tính khả thi
29	현상	phenomenon	現象	现象	hiện tượng
30	추세	trend	傾向	趋势	xu hướng
31	변화	change	変化	变化	sự thay đổi
32	발전	development	発展	发展	sự phát triển
33	인식	perception	認識	认识，认知	nhận thức
34	주장하다	to argue	主張する	主张	chủ trương
35	분석하다	to analyze	分析する	分析	phân tích
36	검토하다	to review	検討する	审查	xem xét
37	시도하다	to attempt	試みる	尝试	thử nghiệm
38	적극적	to be proactive	積極的だ	积极的	tích cực
39	소극적	to be passive	消極的だ	消极的	thụ động
40	본능	instinct	本能	本能	bản năng
41	전수	transmission	伝授	传授	sự truyền thụ
42	단절	disconnection	断絶	断绝	sự cắt đứt
43	근본적	to be fundamental	根本的だ	根本的	mang tính căn bản
44	일반적	to be general	一般的だ	一般的	mang tính phổ biến
45	구체적	to be concrete	具体的だ	具体的	mang tính cụ thể
46	추상적	to be abstract	抽象的だ	抽象的	mang tính trừu tượng
47	정의	definition	定義	定义	định nghĩa
48	가치	value	価値	价值	giá trị
49	의미	meaning	意味	意义	ý nghĩa
50	논란	controversy	論争	争议	tranh cãi
51	협력하다	to cooperate	協力する	合作	hợp tác
52	공정하다	to be fair	公正だ	公正	công bằng

53	객관적	to be objective	客観的だ	客观的	mang tính khách quan
54	주관적	to be subjective	主観的だ	主观的	mang tính chủ quan
55	확대	expansion	拡大	扩大	sự mở rộng
56	축소	reduction	縮小	缩小	sự thu hẹp
57	능동적	to be proactive	能動的だ	主动的	mang tính chủ động
58	수동적	to be passive	受動的だ	被动的	mang tính thụ động
59	갈등	conflict	葛藤	冲突	xung đột
60	융통성	flexibility	柔軟性	灵活性	tính linh hoạt
61	전략	strategy	戦略	战略	chiến lược
62	접근하다	to approach	接近する	接近	tiếp cận
63	파악하다	to understand	把握する	把握	nắm bắt
64	해소하다	to resolve	解消する	消除，缓解	giải quyết
65	간과하다	to overlook	見過ごす	忽视	bỏ qua
66	기여하다	to contribute	寄与する，貢献する	贡献	đóng góp
67	추구하다	to pursue	追求する	追求	theo đuổi
68	제약	constraint	制約	制约	sự hạn chế
69	수용	acceptance	受容	接受	sự tiếp nhận
70	재구성	reconstruction	再構成	重构	sự tái cấu trúc
71	경향	tendency	傾向	倾向	xu hướng
72	우선	priority	優先	优先	sự ưu tiên
73	모순	contradiction	矛盾	矛盾	mâu thuẫn
74	예외	exception	例外	例外	ngoại lệ
75	균형	balance	均衡	平衡	sự cân bằng
76	시점	point in time	時点	时间点	thời điểm
77	수단	means	手段	手段	phương tiện
78	지향하다	to aim	志向する	以…为导向	hướng tới
79	관여하다	to be involved	関与する	介入，干预	can dự
80	소통	communication	疎通	沟通	giao tiếp
81	타당하다	to be valid	妥当だ	合理，妥当	hợp lý
82	비중	proportion	比重	比重	tỷ trọng
83	보편적	to be universal	普遍的だ	普遍的	mang tính phổ quát
84	특수성	particularity	特殊性	特殊性	tính đặc thù
85	기대하다	to expect	期待する	期待	kỳ vọng

86	수립하다	to establish	樹立する	制定，确立	thiết lập
87	고려하다	to consider	考慮する	考虑	cân nhắc
88	요구하다	to demand	要求する	要求	yêu cầu
89	의무	obligation	義務	义务	nghĩa vụ
90	권리	right	権利	权利	quyền lợi
91	극복하다	to overcome	克服する	克服	vượt qua
92	전개하다	to elaborate	展開する	展开	triển khai
93	환경	environment	環境	环境	môi trường
94	지속가능성	sustainability	持続可能性	可持续性	tính bền vững
95	대처하다	to cope	対処する	应对	ứng phó
96	현황	current status	現状	现状	hiện trạng
97	의도	intention	意図	意图	ý định
98	대책	countermeasure	対策	对策	biện pháp
99	적용하다	to apply	適用する	应用	áp dụng
100	파급 효과	ripple effect	波及効果	连锁反应	hiệu ứng lan tỏa

2. 경제/문화/학문/심리 관련 어휘

번호	어휘	영어	일본어	중국어	베트남어
1	소재	material	素材	材料	nguyên liệu
2	수요	demand	需要	需求	nhu cầu
3	공급	supply	供給	供应	nguồn cung
4	투자	investment	投資	投资	đầu tư
5	이윤	profit	利潤, 利益	利润	lợi nhuận
6	실태	current status	実態	实际情况	thực trạng
7	실현	realization	実現	实现	việc hiện thực hoá
8	유지	maintenance	維持	维持	sự duy trì
9	개선	improvement	改善	改善	sự cải thiện
10	시사하다	to suggest	示唆する	暗示	hàm ý, cho thấy
11	결정하다	to decide	決定する	决定	quyết định
12	선호하다	to prefer	好む	偏好	ưa thích
13	단정하다	to conclude	断定する	断定, 下结论	kết luận
14	전념하다	to devote oneself	専念する	致力于	chuyên tâm

15	정립하다	to establish	確立する	确立	xác lập
16	합리적	to be rational	合理的だ	合理的	mang tính hợp lý
17	비합리적	to be irrational	非合理的だ	不合理的	mang tính phi lý
18	긍정적	to be positive	肯定的だ	积极的	mang tính tích cực
19	부정적	to be negative	否定的だ	消极的	mang tính tiêu cực
20	잠재력	potential	潜在力	潜力	tiềm năng
21	표준	standard	標準	标准	tiêu chuẩn
22	진화	evolution	進化	进化	sự tiến hóa
23	퇴화	degeneration	退化	退化	sự thoái hóa
24	원동력	driving force	原動力	原动力	động lực
25	고정관념	stereotype	固定観念	固定观念	định kiến
26	협상	negotiation	交渉	谈判	sự đàm phán
27	합의	agreement	合意	共识，达成一致	sự thoả thuận
28	쟁점	issue	争点	争议点	vấn đề tranh luận
29	개인주의	individualism	個人主義	个人主义	chủ nghĩa cá nhân
30	집단주의	collectivism	集団主義	集体主义	chủ nghĩa tập thể
31	창출하다	to create	創出する	创造	tạo ra
32	부여하다	to grant	付与する	赋予	trao quyền
33	시행하다	to implement	施行する	施行	thi hành
34	간주하다	to regard	見なす	视为	coi là
35	저해하다	to hinder	阻害する	妨碍	cản trở
36	자발적	to be voluntary	自発的だ	自发的	mang tính tự nguyện
37	본격적	to be full-scale	本格的だ	正式的	mang tính chính thức
38	역설적	to be contradictory	逆説的だ	悖论性的	mang tính nghịch lý
39	체계적	to be systematic	体系的だ	系统的	mang tính hệ thống
40	직관적	to be intuitive	直感的だ	直观的	mang tính trực quan
41	심층적	to be in-depth	深層的だ	深层的	mang tính chuyên sâu
42	대중매체	mass media	マスメディア	大众媒体	phương tiện truyền thông đại chúng
43	여론	public opinion	世論	舆论	dư luận
44	복지	welfare	福祉	福利	phúc lợi
45	협의	consultation	協議	协商	tham vấn
46	조화	harmony	調和	和谐，协调	hài hòa

47	유입	inflow	流入	流入	dòng vào
48	유출	outflow	流出	流出	dòng ra
49	모색하다	to seek	模索する	探索	tìm kiếm
50	절감하다	to reduce	削減する	节省	cắt giảm
51	옹호하다	to advocate	擁護する	拥护	ủng hộ
52	시정하다	correct	是正する	纠正	chấn chỉnh
53	편향적	to be biased	偏向的だ	片面的	mang tính thiên lệch
54	지나치다	to overdo	行き過ぎる	过度	quá mức
55	경계하다	to be wary	警戒する	警惕	cảnh giác
56	증진하다	to enhance	増進する	增进	nâng cao
57	촉진하다	to promote	促進する	促进	thúc đẩy
58	해당되다	to apply	該当する	适用	được áp dụng
59	전반적	to be overall	全般的だ	整体的	mang tính tổng thể
60	부분적	to be partial	部分的だ	部分的	mang tính bộ phận
61	역할	role	役割	角色	vai trò
62	재원	funding	財源	财源, 经费	nguồn tài chính
63	독창성	originality	独創性	独创性	tính sáng tạo
64	합당하다	to be appropriate	妥当だ	恰当	thích đáng
65	재고하다	to reconsider	再考する	重新考虑	xem xét lại
66	전환	transition	転換	转换	sự chuyển đổi
67	추론하다	to infer	推論する	推断	suy luận
68	납득하다	to accept	納得する	信服	chấp nhận
69	간과되다	to be overlooked	見過ごされる	被忽视	bị bỏ qua
70	증명하다	to prove	証明する	证明	chứng minh
71	대비	contrast	対比	对比	sự đối chiếu
72	조작하다	to manipulate	操作する	操纵	thao túng
73	통념	common notion	通念	通念, 普遍看法	quan niệm phổ biến
74	편견	prejudice	偏見	偏见	định kiến
75	정착	establishment	定着	扎根, 固定	sự thiết lập
76	격차	gap	格差	差距	sự chênh lệch
77	통합	integration	統合	整合, 统一	sự hội nhập
78	분리	separation	分離	分离	sự tách biệt
79	대중화	popularization	大衆化	大众化	phổ biến hóa

80	차별	discrimination	差別	歧视	phân biệt đối xử
81	규명하다	to clarify	究明する	阐明	làm rõ
82	간주되다	to be regarded	見なされる	被视为	được coi là
83	활성화하다	to activate	活性化する	激活	thúc đẩy
84	정당하다	to be justified	正当だ	正当	chính đáng
85	절실하다	to be urgent	切実だ	迫切	cấp thiết
86	필연적	to be inevitable	必然的だ	必然的	tất yếu
87	우발적	to be accidental	偶発的だ	偶然的	ngẫu nhiên
88	상대적	to be relative	相対的だ	相对的	tương đối
89	절대적	to be absolute	絶対的だ	绝对的	tuyệt đối
90	전략적	to be strategic	戦略的だ	战略的	mang tính chiến lược
91	정서	emotion	情緒	情绪，感情	cảm xúc
92	자아	self	自我	自我	bản ngã
93	기반	foundation	基盤	基础	nền tảng
94	편의	convenience	便宜	便利	sự tiện lợi
95	소외	alienation	疎外	疏离，边缘化	sự xa lánh
96	명시하다	to specify	明示する	明确指出	nêu rõ
97	반박하다	to refute	反論する	反驳	bác bỏ
98	왜곡하다	to distort	歪曲する	歪曲	bóp méo
99	일관성	consistency	一貫性	一致性	tính nhất quán
100	확증	verification	確証	证实	sự xác nhận

PICK TOPIK II 읽기

책 속의 책

한글파크

한글파크는 한국어 교재
출판사이자 전문 서점입니다